重新定义金融：
加密货币
与数字资产

陈宜飚 主编　　陈万丰 副主编

REDEFINING　　FINANCE

西南财经大学出版社

中国·成都

图书在版编目(CIP)数据

重新定义金融:加密货币与数字资产/陈宜飚主编. —成都:西南财经
大学出版社,2020. 10
ISBN 978-7-5504-4595-6

Ⅰ.①重… Ⅱ.①陈… Ⅲ.①数字货币—研究 Ⅳ.①F713. 361. 3

中国版本图书馆 CIP 数据核字(2020)第 195304 号

重新定义金融:加密货币与数字资产

Chongxin Dingyi Jinrong:Jiami Huobi Yu Shuzi Zichan

陈宜飚　主编

陈万丰　副主编

总　策　划:李玉斗

策划编辑:张明星　何春梅

责任编辑:张明星

封面设计:摘星辰·Diou

责任印制:朱曼丽

出版发行	西南财经大学出版社(四川省成都市光华村街55号)
网　　址	http://www. bookcj. com
电子邮件	bookcj@ foxmail. com
邮政编码	610074
电　　话	028-87353785
照　　排	四川胜翔数码印务设计有限公司
印　　刷	四川新财印务有限公司
成品尺寸	185mm×260mm
印　　张	16. 25
字　　数	342 千字
版　　次	2020 年 10 月第 1 版
印　　次	2020 年 10 月第 1 次印刷
书　　号	ISBN 978-7-5504-4595-6
定　　价	68. 00 元

推荐语

时至今日，无论是金融从业者、金融理论研究专家学者、大专院校有关专业的学生，还是普通投资者，都应对加密货币和数字资产有所了解。陈宜飚博士主编的这本书应时而出，内容丰富，结构严谨，文字深入浅出，向各界读者很好地展示了加密货币和数字资产如何脱胎于传统金融，又有别于传统投资工具。作者提出加密货币和数字资产正在成为一个所有人都必须认真对待的全新资产类别，并对其发展可能给金融业带来的重大变革进行了颇具前瞻性的思考，值得一读。

——汪叔夜　中国人民大学商学院财务与金融系教授，国际学术期刊《中国工商管理研究前沿》（英文）执行主编

国内出版的区块链金融读物不少，但本书非常不同！作为该行业的意见领袖，陈宜飚博士汇集了大量优秀的原创作者，他们大多是拥有区块链和金融行业交叉知识与实践经验的专家：既有技术专家，又有投资专家和跨界学者，还有紧跟行业监管政策的律师和公司高管。

这本书不仅博采众长，汇集众多专家学者对于区块链的权威观点，还提供了大量实例，由浅入深、通俗易懂地向读者介绍了区块链及其带来的金融影响力。这本书不仅适合金融从业者和另类投资者，书中分析对于政策制定者亦有重要启发作用。我也强烈推荐媒体同行将此书作为重要的行业及采访背景参考资料。

——杨宇东　第一财经传媒集团总编辑

货币的本质是信用，区块链技术赋予货币一个全新的数字世界。这是一股强劲的技术浪潮，有非常广阔的应用场景，实际上，数字经济时代已经来临。区块链技术通过与金融的结合，正在产生日新月异的成果——从加密货币、数字资产、虚拟资产管理到虚拟资产交易所……金融业的方方面面，都可能会面临新技术和新商业模式的重塑。传统的金融业将来会如何演变？是否存在巨大的投资商机？这些都非常值得我们探讨。这本书，由在香港另类资产管理及金融科技领域工作多年的实践型专家陈宜飚博士主编，为我们提供了丰富的第一手的素材和专业独到的政策解读，对金融资管公司的运营和投资具有重要的参考价值。特向各位金融资产管理的同行们大力推荐这本好书。

——毛曙光　博士，粤港澳大湾区产业链研究院理事兼秘书长

当学界还在讨论加密货币和数字资产能否成为一个资产类别的时候，香港已宣布，为虚拟资产管理及相关交易所正式发牌。这预示着，在资本驱动和金融科技推动下，传统金融与财富管理或将迎来前所未有的变革。

通过陈宜飚博士编纂的这本书，读者可以全面地了解区块链技术在当下金融及实业中的应用，同时也看到业界专家如何评价现阶段"币圈"与"链圈"面临的不足与缺陷。它也为金融从业者指出了该领域未来的发展可能，不论是创业者还是投资人，都可以从本书中获益。作为一位宏观经济的研究者，我也受益匪浅。我强烈推荐此书。

——刘利刚　香港国际金融学会会长，中国首席经济学家论坛理事，花旗银行中国首席经济学家

数字技术正在改变世界，它不仅革新了生产与消费模式，也在转变货币、金融与资产的形态、功能及影响。这背后的动力与阻力相似，数字技术降低了市场交易成本，但其对社会的巨大冲击导致政府不得不提高交易成本，包括在贸易、投资、金融、货币等领域制定新的监管措施。如何匹配数字技术解放的市场去中心化生产力与政府系统监管能力，是未来数字货币、数字金融与数字资产可持续发展的关键，也为在粤港澳大湾区世界级离岸城市群开发 e-SDR 数字货币与金融生态体系提供了全新的机会。

——肖耿　北京大学汇丰商学院教授，香港国际金融学会主席

数字化的发展正对经济生活的各个垂直领域进行全面渗透，传统的企业战略理论因此受到巨大挑战。熟悉数字化和新科技应用并对其加以利用，既是新纪元时代企业改变"游戏规则"的重大挑战，也是实现战略目标的重大机遇。

陈宜飚博士的这本书很及时，它详细介绍了基于互联网技术的虚拟货币和其衍生的商业模式，以及这种模式如何改造传统金融业的结构、价值获取和价值创造过程——在这过程中，商业逻辑可能被重新梳理。企业该如何自我调整，才能适应这一系列的技术和商业逻辑变迁？大家可以在这本书中寻找答案。

——谢祖墀　博士，中国管理咨询业的先行者，高风咨询公司创始人兼董事长，曾领导全球两大著名管理咨询公司在大中华区的业务

以区块链为代表的金融科技，正给包括保险业在内的传统金融服务带来深刻的变革。作为金融科技与资产管理交叉领域的意见领袖及实践型金融学者，陈宜飙博士主编的这本书，为金融从业者探索行业未来提供了全新的思路，我毫无保留地为我的同行们推荐这本书。

——陈宇宁　博士，海峡金桥财产保险股份有限公司副总裁、合规负责人、首席风险官

区块链技术如比特币区块链，自诞生以来就深入冲击着金融领域的一些最底层的东西，如货币、信用、发行和中介等基础性概念。10 多年来，市场上介绍区块链技术的书籍比较多，但是极少有认真探讨区块链技术对传统金融的影响的著作。本书从区块链技术出发，深入讨论了区块链技术是如何重新定义现代金融的。本书内容全面覆盖加密资产和数字资产领域的各个研究领域及热门话题，其中包括加密货币的起源，央行法定数字货币 DC/EP，Libra，资产通证化，DEFI，虚拟资产投资，新金融和新产业生态，大数据数字资产产权交易，各国的监管政策与态度等。而且本书的参与作者均是行业功底深厚的经常活跃在行业一线的资深从业者，见解极为深刻。本书是数字经济时代不可多得的一部力作，能极大地启发读者深入思考区块链技术对传统金融的重大影响，引导读者勾勒出新金融和未来新的产业生态。本书值得大家细细研读，我在此强烈推荐。

——干立青　博士，GlobalSTOX COO 和 HKBA 共同主席

这是一本非常及时、重要的书。它对区块链、数字货币及虚拟资产管理进行了深入浅出的剖析，并非常深刻地解析了最新的政策，对市场各方参与者都非常有价值。

——张承良　博士，对冲基金经理，睿智华海基金创办人

区块链是实体经济发展的催化器

2019 年年底，陈宜飚博士和他的同事在组织编写一本书——《重新定义金融：加密货币与数字资产》。他邀请我写点什么，我一直犹豫着，没有动笔。一是这一块还存在争议，内地与香港地区的监管政策有所不同；二是从资产配置和货币的角度出发，加密货币与数字资产对多数人来说还是一个新生事物。我在实业界与学术界之间来往几十年，切身体会到实体经济和学术界之间还有很多空间需要填补。投资过程中，回报和风险的平衡始终存在。如果这本书能让更多的读者了解数字资产与虚拟货币的基本概念、投资风险、机会成本等，相信读者自然会有更好的判断。这至少可以帮大家节约时间，少走弯路吧！

2008 年，有一个名叫中本聪（Satoshi Nakamoto）的人，在网上发表了一篇仅 8 页纸的白皮书——*Bitcoin：A Peer-to-Peer Electronic Cash System*。一石激起千层浪，从此，我们的世界被分化成了虚拟信徒和实体信众两类。

自 2008 年以来，以比特币为首的虚拟货币，有时高歌猛进，有时万马齐喑。信者认为，这是人类历史上首次完全去中心化，没有发行机构，不可能被人为操纵发行量的一种货币。更何况比特币还可以跨越国界，完全匿名，完全免税，完全没有监管，24 小时全球化自由交易！这简直就是人类通往自由王国的一把金钥匙啊！怀疑者认为，没有中央银行这样的发行机构，没有国家背书，还有可能被用来匿名洗黑钱，最重要的是无法被监管，这不是明明白白在颠覆现有的货币体系吗？必须对之严厉打压！

然而，比特币和一众虚拟货币好像一群骑着马冲进人群中的鲁莽少年，少年胯下的战马不仅吸引了所有人的眼球，而且瞬间刷新了大家的想象力。这战马就是承载比特币和众多虚拟货币的一种底层技术——区块链技术。这项技术看似简单，只是一种去中心化的分布式账本数据库系统，却具备非常安全的信任机制、去中心化的分布式结构和不可篡改的时间戳以及灵活的可编程性等特点。业界的很多人马上意识到区块链其实可以深入我们日常生活的各个层面，比如产品溯源、企业征信、供应链打假等；再比如教育、精准扶贫、养老、医疗健康、食品安全等。一句话，区块链技术可以帮助我们的社会重新建立人与人之间的信任，同时也可以提升各个环节的效率。

于是我们惊喜地发现，区块链正在向实体经济的每个角落渗透：在珠三角地区，区块链被应用于电子发票、征信等金融领域；在长三角地区，区块链被成功地用于产品溯源、跨境结算等；在京津地区，区块链被成功地应用于供应链体系的打假等。我们也注意到，在德国，工程师们正把区块链技术用于解决个人医疗数据的隐私保护问题；在英国，他们把区块链技术用到了英国脱欧以后，英国与爱尔兰边境上的货运边检问题；在美国和加拿大之间，区块链技术也很快被成功地应用到了西雅图和温哥华边境每日的农产品边检和提升运输效率上。

区块链作为前沿技术，不仅引起了众多业界学者和工程师的重视，也引起了国家领导人的关注。习近平总书记在中共中央政治局第十八次集体学习时强调："要把区块链作为核心技术自主创新的重要突破口，明确主攻方向，加大投入力度，着力攻克一批关键核心技术，加快推动区块链技术和产业创新发展。"区块链技术成为继人工智能、量子信息、移动通信和物联网技术之后，又一项从国家战略层面提出的新技术。区块链不仅带给我们颠覆式创新的可能，也有可能改变我们未来的生产生活方式。

可以预见，区块链技术在金融、医疗、工业制造、能源等行业将会开启更多的应用，在数字身份、大数据交易、精准营销、版权保护、网络游戏、交易清算、征信等领域即将出现更多的成功应用案例。区块链与5G、物联网、人工智能等技术相结合，会产生更大的应用潜力。

据说2025年，全球将会有500亿台设备借助物联网连接在一起。如果用传统的管理方法，那么这些设备之间的安全认证、自我诊断、数据交换和隐私管理等就都是一个巨大挑战。而区块链的去中心化特性为物联网的自我诊断及隐私管理提供了一种高效的方法，可以帮助物联网中的各种设备进行安全认证、数据交换、诊断管理，从而实现物联网设备不需要依靠中心化监控，在保障用户安全及隐私的前提条件下，为整个物联网系统提供有效管理及运营保障。

总之，任何一项技术，一开始都是中性的，掌握在不同的人手中就会产生不同的社会效果。对于前期区块链技术应用过程中带来的新问题，我们没有理由惧怕。随着技术的发展，法规和监管都会健全起来。我们唯一惧怕的是对新技术的排斥与恐惧，这将会导致创新停滞。相信《重新定义金融：加密货币与数字资产》这本书可以帮助读者更好地去拥抱新技术，体验新金融。

相韶华

博士，深圳技术大学特聘教授，

大数据与互联网学院院长

2020年4月

认知数字货币和数字金融的新时代

在本书策划出版的时候，中国人民银行的数字货币 DC/EP 正在进行测试。同期，Libra 也公布了 2.0 版白皮书，列出了更清晰的路线图，预示 Libra 的推出已箭在弦上。与此同时，比特币进行了第三次减半，比特币价格走出了一波新行情，自 2020 年 5 月开始一路上扬，并在 2020 年 5 月 8 日又一次突破 1 万美元。

宏观上讲，不管是去中心化的比特币（第一个区块链技术应用），还是由中国人民银行主导的中心化 DC/EP（底层技术未必使用区块链），抑或是由 Facebook 主导的半中心化 Libra（底层技术初步计划是联盟链），都属于数字货币。它们的问世，将让世界进入数字货币时代。

一、比特币开启数字货币之路

数字货币的大爆发归功于 2009 年年初出现的比特币。这个被创造者定义为"电子现金"的新生事物，仅从名字来看，对于已熟悉电子支付的我们，毫无特别之处。然而，这个电子现金有一个关键的定语——点对点（Peer-to-Peer）。它创建了一个任何人都可以参与交易、验证、记账以及记录维护的去中心化的平等货币系统。此外，它依靠未花费的交易输出（unspend transaction output，UTXO）和时间戳技术，解决了传统电子货币存在已久的"双花"① 问题，加速了数字货币时代的到来。

作为"电子现金"，比特币账户其实难以吸引大众，因为它需要依赖由 64 位字符串组成的私钥。然而，比特币的其他金融属性却让它很快从极客② 世界走向大众，成为投机者和投资者理想的另类资产。在过去的 11 年中，比特币惊人的价格涨幅③持续不断地吸引了更多的投机者与投资者进场。今天，全球比特币持有者至少超过 3 000 万人，比特币每天的成交量经常超过 300 亿美元。

---

① "双花"，即双重支付，指电子货币系统中，由于数据的可复制性，使得系统可能存在同一笔资产因不当操作被重复使用的情况。

② 对计算机技术和网络技术有狂热兴趣并投入大量时间钻研的人。

③ 从第一次的市场公允价格 0.000 9 美元到 2017 年的牛市期间接近 2 万美元，最高涨幅超过 2 200万倍。

就像一千个人心中有一千个哈姆雷特一样，比特币的拥趸们对它的存在和价值也有多种认知，比如"数字黄金""避险资产"和"价值存储"等，这些标签都要通过更长的时间验证，才能被最终确认。然而可以肯定的是，比特币最重要的时代价值，就是打开了人类进入数字货币时代的大门。今天各种各样的虚拟货币，如公链原生币 ETH、隐私币 ZCash、稳定币 USDT，以及正在路上的 DC/EP 和 Libra，都借鉴了比特币的理念和技术架构。

二、区块链技术推动加密社会的到来

比特币背后的区块链技术，给各行各业带来了创新和启发。区块链借助密码学、共识算法和分布式存储等技术，创造了一种新的数据共享方式，通过数据的公开透明、不可篡改与多方维护等措施，降低了整个系统的信息不对称性，从而促成了新的信任机制。

过去几年，区块链行业经历了里程碑式的发展。区块链技术的应用从加密货币进入实体经济，与数字经济的兴起和发展交相辉映。习近平总书记在 2019 年 10 月 24 日提出，要把区块链作为中国的核心技术的重要突破口。区块链技术也已经逐渐开始在不同的应用场景落地，从金融领域的身份认证、跨境支付、资产清算、保险科技，再到泛娱乐的加密通信、版权保护、粉丝经济，甚至覆盖了与物联网及 AI 技术息息相关的数据存储、数据确权和数据流转领域，并渗透进了去中心化的组织与社区激励机制创设范畴。

在未来的加密社会里，区块链技术可以帮助实现精准化社会服务和分布式社会环境，使社会组织形式更加扁平化，更具效率，并大幅降低社会的信用成本，重构社会生产关系，提升社会合作方式。今后几年，我们将见证区块链技术落地应用场景的不断增加，加密社会也将会成为一种常态。

三、普惠金融时代开始到来

2020 年将是区块链技术实际应用于数字金融的元年，我们看到了数字货币的几个激动人心的进展。

（1）中国人民银行的数字货币 DC/EP 开始测试。部分事业单位的工资发放和交通费补贴已经被列入落地应用第一梯队。

（2）2020 年 4 月 16 日，Libra 推出更新的 2.0 版白皮书，做出三大重要战略调整：一是让 Libra 成为与单个法定货币锚定的"稳定币"；二是将区块链技术纳入全球的监管体系；三是正式向瑞士金融市场监督管理局（FINMA）申请支付系统牌照。

（3）2020 年 4 月 16 日，蚂蚁金服区块链面向中小企业正式推出"开放联盟链"，首次全面开放蚂蚁区块链的技术和应用。蚂蚁区块链表示，中小企业开发者可以像搭积木般开发相关区块链应用，并与蚂蚁区块链共建数字经济的未来。

（4）2020 年 4 月 14 日，20 国集团（G20）金融稳定委员会（Financial Stability Board，FSB）发布了监管咨询报告《解决"全球稳定币"（Global Stablecoin，GSC）项目所引起的监管、监督挑战》，提出了 10 项高级别监管建议。

一旦 DC/EP 正式落地，中国在数字经济方面将再一次领跑世界，我们也将真正进入数字货币时代。而 Libra 一旦推出，将真正成为一个以美元为基准的"世界货币"，把数字货币和数字金融带入全球几十亿人的日常生活中，就像微信和支付宝改变中国人的生活方式一样。

区块链技术正在改变金融，开启数字货币和数字金融的大航海时代。点对点的区块链技术正在实现金融体系的去中心化和金融交易的去中介化，并将终结旧的金融体系。也许在未来某一天，我们会见到传统银行的消亡、传统证券公司的式微和证券交易清算的实时化、资产的通证化和无边界流通。从数字货币的普及，到各种各样数字金融的创新，普惠金融正在成为一种生态和现实。

《重新定义金融：加密货币与数字资产》一书，是对数字货币和区块链技术对传统金融行业的冲击以及正在发生的变革的一个完整梳理，旨在帮助数字货币和数字金融的从业者和研究者理解和认识数字货币的逻辑，更深入地思考数字金融的发展趋势。

很荣幸纵横资本集团可以参与本书的策划和编写。

数字货币与数字金融时代的号角已经吹响，让我们把握新时代的机遇与挑战，成为这个大潮中的先行者。

余刚
博士，纵横资本集团董事长
香港地区区块链协会共同主席
2020 年 8 月于深圳

区块链技术构建"负熵"新金融

我们正在进入一个数字化和数字资产的时代。这一切的开始，除了归因于计算机和通信科技的突破，也要归因于金融科技的不断演进。

Facebook 在 2019 年 6 月公布的 Libra 白皮书和 2020 年 4 月公布的更新方案，及 2008 年年底发布的比特币白皮书，使人类多年来的"世界货币"梦想开始从幻想成为行动，并逐渐成为现实。而各国中央银行纷纷推出的 CBDC 计划，特别是最近已经开始内部测试的中国人民银行 DE/CP 方案，使数字货币和数字金融开始成为金融科技及区块链的求知者们必须关注和理解的新知。陈宜飚博士和他的同事出版的这本《重新定义金融：加密货币与数字资产》正是对这些新知的未来的解读和探索。

本人有幸为本书作序，并以我浅薄的认知和思考，和读者一起来理解区块链技术和数字货币（特别是比特币）对传统金融的重新定义和重构的逻辑，以及在这个领域的未来。

一、数学共识推动虚拟世界变革

本人学物理出身，在物理学中，有一个概念称为"熵"。熵者，无序也。根据热力学第二定律，宇宙天然熵增，最终将无序而归于热寂。天文望远镜的观测结果也验证了这一理论。

宇宙的运动在人类社会也有类似的轨迹。在金融市场，"熵增"反映的是市场稳久必乱，而金融市场的"负熵"则可以理解为金融市场在激烈动荡之后逐步寻求各方共识，走向平衡的过程。

人类有史以来的诸多努力，无非是追求各种共识的建立过程。这个过程，往大了说是减熵以建立秩序，往小了说则是构建暴风雨中一只茶杯内的宁静。然而，在人类的减熵思想实验中，一两次的人性错误就足以让我们误入歧途，徒耗生命。

布雷顿森林体系的崩溃，标志着金本位时代的结束，各国法定货币失锚，人类社会无可避免地进入"熵增"时代。人们一直期望有权威中央银行能带来一个稳定的全球金融秩序。然而，依赖于各国中央银行的法定货币体系，注定是一个有国界的体系，它们都并不完全开放，甚至是个孤立的系统。

孤立系统总有趋向混乱、无序和低维化的冲动。依靠体系内的信用而非外界能量而增发法定货币的行为，注定无法"负熵"。但几乎所有中央银行为了追求短暂的有序表象，都不愿意在增发法定货币方面收手。

2008 年的金融海啸及其后续异常的"量化宽松"过程，令全球感受到了法定货币体系的混乱。面对这场危机，众多中央银行再次进行干预，继续通过滥发货币来饮鸩止渴。

各国中央银行滥发货币造成的熵增后果，引起了人们对全球金融体系稳定的担忧，也激发了一位密码极客的责任感。他希望通过自己的行动，为全球货币体系寻找能够实现抗衡货币超发熵增过程的"麦克斯韦妖"。

结果我们都知道了，这个名叫"中本聪"的极客向世人介绍了比特币网络，一个自诞生以来最高峰一天能吞下 0.2 亿千瓦的"吃电妖"。

这个"吃电妖"，并不会犯下中央银行的错误，因为它只懂数学，不懂花言巧语，恪守一开始就设定好的发币总量与发币节奏。

这个"吃电妖"，以电为食，产出"负熵"，不会无序地滥增货币。

这个"吃电妖"一点都不封闭，开放接收所有人供奉的电，但每次都只奖励成功解答数学难题的人。

这个比特币网络第一次实现了完全基于数学的发币共识。尽管"中本聪"迄今未现真身，但比特币在数学和密码学的基础上诞生后，其底层逻辑也打开了区块链技术的法门。

过去十年比特币的火爆，也引发了人们对区块链家族的关注，人们开始尝试用这一底层技术来实现"负熵"。这是因为，区块链引导比特币打破法定货币的边界限制，对全世界所有人甚至是物开放，捕食一切"价值"。

二、区块链推动金融创新

比特币带来的数据与程序合二为一技术，可以说是人类自图灵机、冯·诺依曼现代计算机以来的第三次计算革命。这使得金融的去中心化有望在未来实现。

比特币第一次尝试在可靠性和信用度方面不再依赖人性，而完全代之以密码学证据。比特币采用的两个最重要的密码学证据——公私钥签名和工作量证明，都是数学和物理学的共同产物。只要数学原理和物理学定律没有被颠覆，那么这一证据的可信程度，将远高于某个个人或组织的信用背书和担保。

不仅如此，中本聪的比特币系统设计，使得任何一个人、组织或者强权，想僭越这套系统、控制这套系统、停止这套系统，或为一己之私而损害全网的利益都变得极为困难。

中本聪努力消除区块链系统的技术中心化、逻辑中心化、经济中心化以及人的中心化，通过在各个层面巧妙设计博弈机制，把比特币系统变成了一个去中心化且不可篡改的系统。通过数学和密码学，比特币第一次近乎完美地实现了信任的去中心化。

就金融方面而言，比特币背后的区块链技术让金融实现了公平、开放和去中心化。它旨在实现以下目标：

（1）用去中心化来实现人类梦寐以求的金融平权理想：允许任何人自主开户、持有资产而无须事先被审查、被许可。一旦这种理想实现，存折存单等将消失，私钥即权属证明。

（2）用去中心化让成本极高的中介（包括银行等金融机构）被点对点的数学算法替代，大大降低交易成本。

（3）用点对点的 P2P 网络使交易与清算同步完成，从而让传统中心化的记账主体消失。

（4）通过追求交易的边际成本趋零，令跨境支付的高成本和烦琐手续成为过去。

（5）通过区块链技术，有望令记账时间由传统金融的以日计提升至以秒计。

三、区块链催生数字资产

更进一步，通过区块链，一切价值都可以被记录并妥善保存为数字资产。已由第三方机构确认价值的传统资产也可成为数字资产，对于万物互联时代下最大的财富——数据而言更是如此。

正在到来的 5G、6G 乃至更高维数字时代，将有望为我们的每个通电设备包括人体都植入芯片，记录、存储、计算、联网并区分出每一个微小的碎片化的数据变动。它们让人类的信誉、语言文字、声音、创造力、权力、偏好甚至是本人此刻写序的表情等都可被编程，实现数字化，从而为人类行为的可测量化和价值量化提供依据。

资产要有价值，第一需要确权，而区块链让数字资产实现了确权。

过去我们的资产是否有价值，需要权威机构鉴定，而借助区块链技术，数字资产的所有权，只需一串字符组成密钥即可确认。

通过区块链技术，我们可以更稳妥、更自主地掌握自己的数据资产，诸如病历、购物偏好、旅游及住酒店习惯等数据都不再被医院、电商和旅行服务商垄断。我们将这些资产都锁进保险的数据黑匣子，只有密钥才能打开。

资产要有价值，还要有市场，可流动可交易，而这恰恰是区块链处理数字资产的极致之处。

只要资产的所有者用私钥打开锁住资产的匣子，并向交易确认者展示与私钥有非对称加密关系的公钥，一切数字资产都可在开放自由的区块链网络上全天候地流动与交易。

四、数字资产重新定义金融

基于区块链共识的数字资产市场，可以打破现在被国界约束的股票、集邮、古玩和农贸市场等各自分割、画地为牢的僵局。在这个开放的新金融世界里，全人类都可以连结在一起，进行价值互换。

　　融合了区块链技术的数字资产，可以让整个世界的产权确定、价值评估、交易清算、信用评级及资产托管等种种与金融相关的活动变得更富有效率，令运行趋于有序，达到系统减熵的目的，实现金融市场的稳定运转。

　　在物理学中，有一种耗散结构理论，认为在高能量的情况下，开放系统也可以维持稳定。例如生物体也是一种开放结构，其不断从环境中吸收能量和物质，并向环境释放熵，因而能以破坏环境的方式保持自身系统的稳定。

　　如果借助物理学的这一理论，那么我们可以看到，在区块链的带动下，以比特币为代表的数字资产，正在不断地从人类环境中吸收电力或者是实体经济中的价值，以维持底层网络下金融环境的有序运转，实现系统减熵。

　　可以说，正是因为有了区块链，才使得我们可以在维持金融系统的耗散结构的同时，实现整个金融体系的有序运转。这样一个有序的新金融即便在人类迁移外星之后依旧可持续。即便将来在月球、火星上建立起新的家园，人类曾拥有的数字资产也不会烟消云散，只要买卖双方对价值达成一致，仍然可以"以数字资产易数字资产"。

　　苹果已经砸中少年的脑袋，钥匙已经触碰暴雨中的闪电。"吃电妖"已经在每秒 1 300 万万亿次哈希碰撞中起舞，带领着它"以负熵为己任"的区块链家族，在各大新金融试验的舞台上排练。这些舞台既有包括中国人民银行、美联储在内的各国的中央银行，也有包括 Facebook 和摩根大通在内的各大巨头，更有许许多多寻求金融自由的年轻人。

　　我们正处于新金融的前夜，"麦克斯韦妖"正在蹁跹起舞。

　　"这里有玫瑰，就在这里跳舞吧"！

胡定核

博士，云图资本董事长

中国经济社会理事会理事

全国工商联执委

《清华金融评论》编委会成员

2020 年 5 月 10 日

创新奇点即将来临　区块链重新定义金融内涵

当计算机之父约翰·冯·诺伊曼首次提出技术奇点概念的时候，他预测技术进步将把人类社会带往一个"现有已知的生活将无法延续"的时代。

诺伊曼的"技术奇点"是指一个智能机器失控的时点，在该时点之后，一种更加智慧的物种将统治地球。近年来，随着人工智能（AI）技术的日新月异，人们对于 AI 技术是否会统治人类的讨论加剧，显示出诺伊曼所预测的技术奇点影响之深。

在金融科技领域，奇点时刻可能正在加速到来。如果诺伊曼仍健在，应该会同意把 2008 年列为全球金融创新迈向技术奇点的重要年份——就在这一年，中本聪用比特币开启了金融领域的重要变革。在本人撰写这篇序言的时候，全球已经有 5 361 种数字货币在 21 434 个市场上进行交易，总市值达 2 073.69 亿美元①。

比特币有许多创造性的机制设计，从金融领域来说，最具影响力的是直指金融核心的"信用"问题。信用对金融有多重要？我们不妨看看以下的例子。

2006 年，孟加拉国的经济学教授尤努斯获得诺贝尔和平奖。他获奖的原因是创办了一家"穷人银行"②，专门给缺乏信用记录的贫穷中小企业主授信。这是我第一次听到有孟加拉国的学者获得诺贝尔奖项，也是第一次发现有经济学家获得诺贝尔和平奖，更是第一次听到有人专门给穷人放贷而名利双收，不但赚到了钱还获得了全球最高和平奖的荣誉！

为何尤努斯能做到的，传统银行家却做不到？一个很重要的原因，就是对于传统银行而言，针对穷人的尽职调查成本要远高于可能获得的收益。

在号称国际金融中心的中国香港地区，情况也一样。不止一个香港企业家曾向我抱怨：很难在香港开企业户。有朋友向中银香港递交了全套文件和逾千港元的开户费，半年后仍然开不到银行账户。有星展银行的企业客户抱怨说，向银行请求提供往年的电子账单时，

---

① 数据来自 2020 年 4 月 20 日的 CoinMarketCap。
② 孟加拉国乡村银行（Grameen Bank，也译作格拉明银行）。

被告知要缴纳数百港元的费用——而该行对所有零售个人客户则免费提供 7 年的电子账单。

很难想象，在银行比米铺多的全球金融中心，类似的恶劣"金融服务"却仍是一种普遍现象！有业内人士一语道破：银行没有动力服务中小企业，因为合规及尽职调查成本太高。劣质服务背后的症结正是"信用"问题。不论是开户、贷款，还是简单的账单服务，传统银行都离不开对客户"信用"的辨别和调查，以决定是否维持这种客户关系。

谁能低成本高效率地解决传统金融中的信用问题，谁就有可能创造新的业务模式，重新定义现有的金融服务。因此，当中本聪借助点对点通信、哈希函数、默克尔数据结构等技术，结合工作证明的激励机制设计出分布式账本（区块链），并在全球首推比特币的时候，技术极客和金融创新者们都为之热血沸腾——他们甚至毫不讳言，中本聪是给予人类金融自由的哈耶克。

的确，比特币作为电子现金货币系统所具备的去中心化（无需中央银行监控）、匿名性（不需要证明你是你）、点对点（P2P，交易即结算）、开放性（理论上任何人均可参与）、不易受操纵以及全球连续性（除非全球互联网同时关闭否则不会终止运行）等特征，令所有参与者都感受到前所未有的金融自由。

与所有的新生事物一样，比特币的设计尚不完美，它能否带来真正的金融自由，业界仍有争议，但它的价格步步高升却是有目共睹的。这极大地鼓舞了金融科技创造者们的积极性，并带动了整个加密货币板块的兴起：从以太币到泰达币，再到近期的 Libra，加密货币家族成员不断增加，并逐步向主权国家货币发起挑战。

区块链行业早期的发展和任何科技发展的早期阶段类似，部分参与者及资本方都面临失去初心的诱惑，在良莠不齐的加密货币繁荣背后，既有资本的狂欢，也有投资者的血本无归；既有极客创新者的不忘初心，也有贪婪者的不择手段。各国监管机构对加密货币的态度也从漫不经心转为默默关注，直至主动出击，纳入监管。

正是在这种创新与圈钱、监管与被监管的博弈过程中，区块链行业跌跌撞撞地渡过了早期发展阶段。在中国，我们欣喜地看到，"9·4"政策①之后，野蛮炒币和割韭菜游戏正逐渐被成熟投资者的审慎态度与监管者的沙盒监管代替。

2019 年 10 月 24 日，习近平总书记强调："要把区块链作为核心技术自主创新的重要突破口，明确主攻方向，加大投入力度，着力攻克一批关键核心技术，加快推动区块链技术和产业创新发展。"

---

① "9·4"政策指的是 2017 年 9 月 4 日，由中国人民银行、中央网信办、工业和信息化部、国家工商总局、银监会、证监会及保监会共同发布的《关于防范代币发行融资风险的公告》（信息来源：中国人民银行官方网站）。

目前，区块链技术在中国的发展进入了更为成熟的第二阶段：与传统产业结合，发挥区块链技术在实体经济中的作用。

在金融领域，以区块链技术为基础的加密货币也同样进入了实务创新阶段。从现有的运作模式来看，区块链金融至少在四大领域重新定义了现有的金融服务。

第一，从资管角度来看，加密货币的出现，令虚拟资产成为全新的门类，虚拟资产管理也迅速崛起。应该如何对虚拟资产进行估值、定价、组合管理和风险控制等，都是当下亟须研究的课题。

第二，从融资角度来看，加密货币在两大领域进行了突破。首先，加密货币独特的发行机制（如 ICO 与 IEO 等）是对现有融资模式的突破。发行人用自己持有的数字货币换取投资人手上（流动性更强的）的数字货币，这开创了权益与债务之外的第三种融资模式。其次，DeFi 的出现，允许持有加密货币的资金需求方在传统银行之外寻求另一种借贷模式，实际上是利用加密货币进行了"信用"创造，这有可能对现有的借贷模式形成重大冲击。

第三，从金融中介服务端来看，区块链技术及加密货币正加速促进虚拟资产交易所的变革。传统交易所能否"革自己的命"，为 ICO、IEO 及 DeFi 等模式提供应有的虚拟资产中介服务？这或许关系到它们能否在未来获得进一步的发展空间。同样，传统的银行、信托、估值、审计、法律及合规机构，都需要为区块链金融的发展进行与时俱进的自我变革。

第四，从金融监管层面来看，加密货币的发展，对货币监管当局、证券监管当局、各级行政及立法机构均提出了全新的监管问题。各级监管部门只有掌握最前沿的区块链知识、熟悉不断演变的加密货币、跟进分布式金融的机制变革，才能判断未来的风险所在。从世界不同经济体监管部门近年来对主权数字货币、虚拟资产管理以及虚拟资产交易所的"沙盒监管"等措施来看，监管层已经开始与"去中心化"展开博弈。

可以预见，区块链创新重新定义金融的过程绝不会一帆风顺，在重新定义金融的过程中，机遇只会留给有准备的人。不论是金融普通从业者、专业投资者、金融科研人员抑或政策制定者，都必须积极参与这一进程，否则便会被历史进程无情抛弃！

而这，也正是本书的目的所在。我们非常感谢西南财经大学出版社独具慧眼地选择了这一课题，这足见其远见卓识。我们亦非常感谢出版社老师们的信任，在众多从事虚拟资产管理和研究的海外团队中，选择了我们。

本人也很幸运，能得到香港纵横资产集团创办人余刚博士的大力支持。余博士很早便进入比特币投资领域，本身也是资深的区块链和加密货币领域的研究专家，并担任香港地区区块链协会（HKBA）的共同主席。

本书副主编、纵横资产集团的虚拟资产研究总监陈万丰小姐也对本书贡献良多。她不仅负责联络区块链行业的一线专家，也根据其自身的区块链项目投资经验，为本书提供了宝贵的第一手数据及精彩的文章。

另外需要特别提及的是香港地区《奇点财经》。它是近年来大中华区异军突起的 ESG 投资+金融科技前沿财经媒体。总经理赵琪女士为本书引荐了多位区块链行业的国际顶级技术专家和资深投资人。正是有了这些行家的支持，才令本书的专业性得到极大提升。在与国际专家学者的对话中，来自美国的欧明明小姐在协助资料收集、整理及采访方面做了大量的工作，在此一并表示感谢。

本书所遴选的作者均是行业权威人士，并且是拥有非常丰富的一线实践经验的专家。我相信只有这样的撰稿人，才能给读者最有价值的指引。

尽管如此，区块链科技的发展日新月异，在本书撰写过程中，许多新科技仍在不断诞生。我战战兢兢，生怕因个人水平不足而辜负了出版社和读者的期望。在此特别声明，如本书有任何技术性纰漏，主要与本人学艺不精有关，而与这些专家作者无关。

我要感谢一路支持我撰写此书的太太和我的父母。2020 年，新冠病毒肆虐全球，香港地区经济备受冲击。一方面，隔离措施几乎令所有公司的商务活动受阻，也大大影响了我与专家们的沟通；另一方面，由于停课，我和家人也要"怪兽家长"上身，以家长学长师长"三位一体"之尊，才能与家中一众小"神兽"成功斗智斗勇，维持家中安定团结之大局。在此过程中，太太和父母几乎包揽了家中所有重活累活，让我能够心安理得地与专家学者们讨论即将到来的金融技术奇点，准备迎接难得一见的金融再定义过程。

希望此书出版之际，人们的生活已经恢复正常，大家可以在书店里边喝咖啡边看书，享受岁月静好。

陈宜飚

2020 年 8 月于中国香港

过去 10 多年以来，随着区块链技术的发展，各类加密货币和数字资产正在对现有的金融生活带来深刻影响和变革。如何理解金融领域所发生的这种变革，并未雨绸缪，对于我们尤为重要，这也正是本书的主旨所在。

和以往介绍区块链或数字货币的图书不同的是，本书的重点并非探讨区块链技术本身或其应用，而是引导读者就区块链对传统金融及实体经济所带来的底层变革进行启发性思考，并提供最新的发展指引。

本书将从区块链这一底层技术入手，详细阐述它在货币与权益资产、项目融资、资产管理，包括交易所与银行等机构在内的金融中介机构变革中所起到的作用，以及其所呈现的方式。我们也会探讨区块链所引发的金融变革对各国金融监管当局的影响、监管当局采取的应对措施，以及这些措施又如何进一步影响我们今天金融生活的方方面面。

为了更清晰地阐述全书观点，令读者对全书的内容有更清晰的理解，在本书中，我们对加密货币、数字资产、虚拟资产的概念界定如下：

"加密货币"和"数字资产"这两大类别资产均属于"虚拟资产"。

"加密货币"在本书中等同"数字货币"，指以虚拟货币形态存在的币种，而非类似钞票或硬币那样以实物货币形态存在的币种。

"加密货币"又分为"法定数字货币"（即主权数字货币）和"非法定数字货币"（非主权数字货币）两大类。

法定数字货币，是由各国中央银行或货币发行机构发行的数字化法定货币，是非实物形式的法定货币。中国的 DC/EP 和新加坡的 Ubin 均属于此类。

非法定数字货币，包括了目前全球流行的几乎所有加密货币，如比特币、以太币、泰达币（USDT）以及 Libra 等。

本书的"数字资产"主要指的是链上资产、链上数据及游戏币等加密通证或类似的利用区块链技术进行通证化的资产。如无特别说明，本书中的"通证"主要指的是上述"数字资产"的虚拟货币形态。

希望读者看完本书，能对以下问题获得进一步的理解：

· 区块链在哪些领域对金融进行了重新定义？

· 投资者是否应该把加密货币和数字资产纳入投资组合？

· 现有的投资理论是否同样可以被应用于虚拟资产管理？

· 区块链引发的金融变革，对私募股权投资及实体经济将产生什么样的影响？

· 区块链、加密货币能给人们的金融自由和财务追求带来哪些全新的变革？

· 区块链的"去中心化"与虚拟资产的监管能否协调共存？

本书适合虚拟资产的研究员、项目管理者、经营者、金融监管机构主管以及其他对于区块链技术在金融与实体经济运用方面有兴趣的读者阅读。

陈宜飚　陈万丰

2020 年 9 月于中国香港

目 录

第一章

虚拟资产之一： 加密货币家族及其对传统金融的变革

比特币从被怀疑到掀起数字货币的改革浪潮，其巨大成功离不开底层区块链技术。随着区块链技术的变迁与改进，更多的加密货币开始涌现，以满足投资者和使用者的不同需求。特别是 Libra 的出现，第一次让主权货币备感压力，各国货币主管机构不得不开始重视这场由区块链技术引爆的金融行业革命。

◆以区块链为基础的加密货币的兴起

比特币引发了全球金融体系的范式革命。一方面，它第一次实现了一个非主权货币体系，突破了法定货币的边界和资金跨境流动的藩篱；另一方面，其去中心化的底层架构（区块链技术）为现代金融体系引入了一个崭新的范式，催化了数字金融革命，开启了数字社会。

比特币：起于青萍之末的创新

2008 年 11 月 1 日，在全球金融海啸最剧烈的时候，一个自称为"中本聪"（Satoshi Nakamoto）的极客发表了一本白皮书——《比特币：一种点对点的电子现金系统》。从彼时开始，比特币逐步从极客的世界步入大众的视野，并随后在全球掀起数字货币革命，引发各国货币主管机构的密切关注。

这个起于青萍之末的创新，由于自有的金融属性，问世后很快就成为一个极受追捧的投资工具，并在全球受到越来越多的关注。比特币也被赋予了"支付工具""数字黄金""避险资产"和"价值存储工具"等众多头衔。截至今天，比特币已经吸引了超过 3 000 万钱包用户[①]以及成千上万的"矿工"（以计算机为手段、靠计算机的算力工作，以获得比特币奖励的人）和投资者。

随着越来越多的矿工的加入和投资者的参与，比特币价格从最初的 0.000 9 美元/枚[②]，到 2020 年 6 月 9 日的 9 718 美元/枚，暴涨了约 1 080 万倍，超过历史上几乎所有投资产品的回报，比特币市值也因此高达 1 300 亿美元，全球每天比特币交易金额超过 200 亿美元。在 2017 年年底虚拟币牛市高潮期，比特币价格一度接近 2 万美元/枚。

比特币自活跃在公开市场以来，它的价格展现了惊人的波动幅度，如图 1-1 所示。在

---

① 比特币钱包地址统计：https://bitinfocharts.com/top-100-richest-bitcoin-addresses.html
② 2009 年 10 月 12 日，帮助中本聪开发比特币网络的芬兰开发者 Martti Malmi 将 5 050 枚比特币以 5.02 美元的价格出售，这是第一笔比特币交易和第一笔比特币的市场价格：0.000 9 美元/枚。

过去几次虚拟货币熊市里，比特币的跌幅都超过80%。2018—2019年的熊市期间，短短的1年内，比特币价格从最高近2万美元/枚跌至最低3 192美元/枚。在2020年3月，全球新冠病毒疫情蔓延引发金融市场震荡的时刻，比特币也不能独善其身——3月12日的开盘价为7 781美元/枚，3月13日的最低价格为3 800美元/枚。

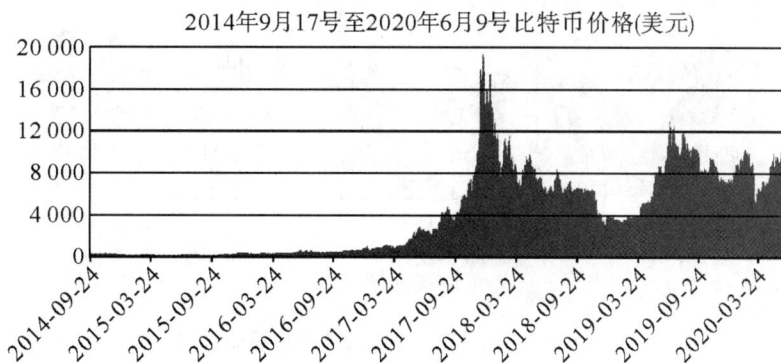

图1-1　波动惊人的比特币价格

数据来源：Yahoo Finance。

2020年8月21日，亚洲的数字资产及金融科技公司——BC科技集团（股票代码：863 HK）公开宣布，其OSL平台于香港虚拟资产监管架下营运第1类（证券交易）及第7类（自动化交易服务）受规管活动的牌照申请，已获中国香港证监会发出原则上批准通知书。我们可以预计，在不远的未来，不排除中国香港证监会等监管机构将会认可或批出更多类似的虚拟资产交易商牌照，将更多的加密货币交易从"江湖"纳入"庙堂"，进行正式规管。

（作者：余刚[①]，陈万丰）

比特币和区块链技术：开启新金融之路

中本聪创立比特币的初衷是在数字世界中创造与现实世界对等的货币体系，让普通人获得"铸币权"，从而避免传统金融体系下中央银行滥发货币导致金融危机。

一、借助区块链技术实现去中心化

比特币的问世，是人类货币发行技术和机制的一个重大突破。如图1-2所示，在比特币问世之前，流通货币是通过主权国家的中央银行发行，个人金融服务则通过传统的银行账号和各种各样的金融中介进行，个人与个人之间无法通过现有的金融系统进行"点对点"

---

① 余刚，博士，香港纵横资本集团董事长，其很早便进入比特币投资领域，是资深的数字货币和虚拟资产专家，也是香港地区区块链协会（HKBA）的共同主席。余刚于1993年获得美国纽约大学金融学博士，之后在高盛集团及摩根大通公司等顶级投资银行工作多年，并曾任香港大学金融学助理教授。

的交易。而比特币利用包含点对点网络、分布式一致性算法和加密签名算法等技术在内的区块链技术，巧妙地实现了去除中介环节的"点对点"信任及交易①。

货币技术的逻辑演进

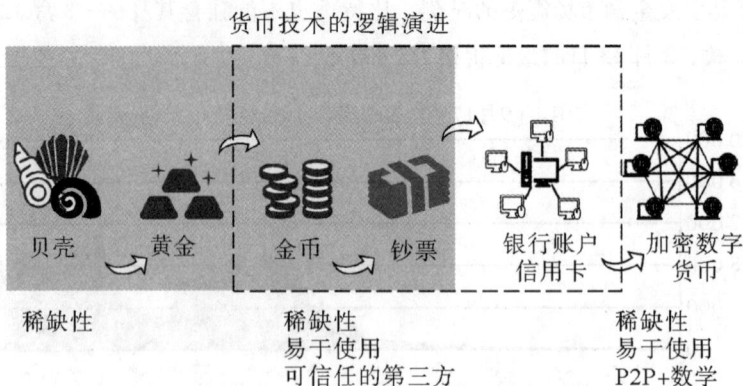

图 1-2　比特币：货币技术的逻辑演进

　　在比特币网络上发生的交易，由每个节点通过加密算法的独立验证后放入交易池。每隔一段时间，分布在全世界的矿工们就会产生记录包括截止于这段时间所产生并且未被记录的交易的"候选区块"，利用哈希函数加密算法，并试图通过大量复杂且耗时的计算，使该"候选区块"正式成为可以加入之前形成的比特币区块链的下一个区块，即"新区块"。

　　比特币网络会用"工作量证明"机制来确定最先胜出的矿工，由其代表"新区块"被其他节点确认，并最终加入原有的区块链中，全网负责保存区块数据的节点（尤其是全节点，会保存所有区块数据信息），更新账本数据。获胜矿工则获得新创建区块里的新产生比特币和该区块记录的所有交易的手续费作为奖励——这就是比特币网络上的交易信息确认过程，也是矿工"挖矿"的过程，同时也是比特币新币的产生机制。

　　抛开技术细节不谈②，比特币正是通过这种多方记账（区块链的分布式共享账本）和工作量证明（proof of work）的设计，实现比特币网络上点与点之间的信任及每笔交易的确认。

　　在比特币的货币体系下，比特币通过加密算法和矿工挖矿产出。其中，加密算法决定了比特币的产出量和节奏，矿工挖矿后的"共识"过程则决定货币的分配和流通。

　　同时我们也可以看到，在比特币网络中，比特币本身作为一个特殊的价值凭证（需要支付比特币才能使用比特币网络转账）和激励机制来维持比特币网络系统的运转。

　　因此，利用区块链技术，比特币网络实际上同时实现了三个功能：①一个去中心化的数字货币体系；②一个不受操控的、去中心化的全球支付和清算网络；③一个完全独立的

---

① 更多关于比特币与区块链的技术原理见本书第 16 页。
② 关于比特币挖矿的技术细节，详见本书第 16 页和第 24 页。

个人数字钱包系统。

需要指出的是，比特币所涉及的技术，比如非对称密钥、哈希函数、分布式账本和工作量证明等，并不是全新的技术，但中本聪通过整合这些现成的技术，成就了一个不存在"双花"（双重支付）和"拜占庭将军难题"的数字货币系统，创造了第一个去中心化和非主权国家的数字货币——尽管它的法律地位迄今并不为世界大多数国家所承认。直到 2013年 8 月，德国政府才成为全球第一个正式认可比特币合法身份的国家，该国认可了比特币的法律和税收地位，将之视为合法计账单位。随后在 2014 年 3 月，美国国内税收署发布通知，正式认定比特币等虚拟货币为合法"财产"，并拟对虚拟货币交易实施征税，此为后话。

二、区块链让"非主权"数字货币成为可能

比特币的范式革命具有划时代的意义。通过比特币，比特币持有人可以摆脱中心化机构和组织的掣肘，而比特币网络的开放性和公平性，开启了实现金融平权的梦想之路。比特币的这种理念和技术设计（区块链技术）开始全方位地重新定义和颠覆传统金融。

比特币的技术和理念的真正价值，成就了人类数字货币之路。在它之后，不管是运用区块链技术的其他加密货币，如以太币，莱特币和 Zcash 等，还是半中心化数字货币 Libra，或者那些仍在考虑是否会使用区块链技术的中央银行数字货币，都或多或少借鉴了比特币的理念和技术创新。

更重要的是，作为一个非法定货币的货币系统，比特币把自己作为一个活生生的案例，证明一个没有任何政府控制的货币体系，即便不依赖中心化组织也能生存——至少迄今为止，这个案例仍然成功。

比特币网络稳定的秘诀是什么？为什么它可以完全不依赖第三方机构和组织的认证和确认而存活？这是因为比特币的网络是点对点结构，其网络中的节点（即那些运行了比特币软件的硬件）在网络中的地位是彼此对等的，这些节点共同维持比特币的总账本。节点越多，这个网络就越稳定。

而比特币网络的一个重要机制是通过挖矿机制来维持自身的稳定性：每个有兴趣参与挖矿的矿工都有完全公平的机会成为挖矿节点，贡献算力①米挖矿（争令记账权，即耗费算力运算出包含着未被确认的交易数据的候选区块的随机数），从而有机会获得比特币奖励。

比特币这种独特的参与和激励机制，使得比特币节点网络持续扩大，比特币网络的算

---

① 算力（也称哈希率）是比特币网络处理能力的度量单位，是计算机中央处理器（CPU）计算哈希函数输出的速度。它是"矿机"运算速度的一个量化指标，比如 1T 算力，就是 1s（1 秒钟）能计算 10 的 12 次方次运算。比特币网络为了安全，需要进行密集的数学和加密相关操作。当比特币网络的算力达到 10Th/s 的哈希率时，表示这个网络每秒可以进行 10 万亿次的计算。

力持续增加。目前，全球比特币节点总数超过 10 000 个①。每天比特币挖矿消耗的电力②超过 7GW（其中中国占比接近 60%），接近瑞士每天的耗电量。

如图 1-3 所示，随着这几年比特币价格的不断上涨，比特币算力也不断升高。理论上来说，节点越多，意味着分布式账本越分散，信息越安全；算力越高，意味着发起 51% 攻击的成本③越高，影响并篡改网络信息的成功率越小。节点和算力的持续上升，意味着比特币网络有更多的参与。

持续增长的比特币算力和广泛分布的节点，使比特币网络在安全性、稳定性和可信度方面都不断获得提升。尽管现在还没有严谨的科学理论证明算力和比特币价格以及比特币网络的稳定性和安全性之间的正向关系，但大部分比特币信仰者认为，算力的增加使比特币网络更加牢不可破，未来更加有可能降低比特币价格的波动。

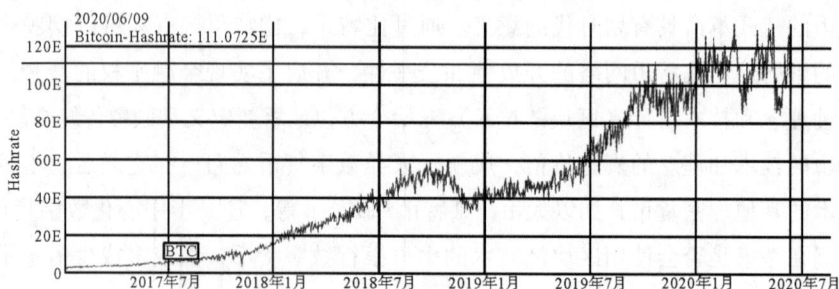

图 1-3　比特币挖矿全网算力走势（2017 年 1 月 1 日至 2020 年 6 月 9 日）

图片来源：BitInfoCharts（https：//bitinfocharts.com/）。

三、颠覆传统银行体系的金融基础设施架构

除了启发人们重新思考"非法币化"的货币系统之外，比特币的个人数字钱包模式和工作量证明共识机制，也彻底颠覆了传统银行体系的基础架构模式。

有别于传统的"中央银行-银行中心化模式"，这个全新的数字金融基础设施底层架构（如图 1-4 所示），是以数字钱包为基础，以资产数字化和资产上链为特征的点对点模式。对于持币者来说，这是一个平等、开放和自由的新金融架构。

比特币网络通过加密签名、多方独立验证与共同记账，大大降低了多边交易中的信任成本和人力成本。这对传统金融体系的冲击不言而喻。

例如，今天全球的支付和清算系统主要是依靠银行结算系统（SWIFT）网络，但由于

---

① 全球比特币节点数量统计与分布：https://bitnodes.io/#global-bitcoin-nodes-distribution
② 比特币电力消耗统计：https://digiconomist.net/bitcoin-energy-consumption
③ 51% 攻击可以允许攻击者进行恶意"双花"，也就是说，同一笔资产可以花费两次。51% 攻击成本 = 50% 全网算力总量×单位算力成本。

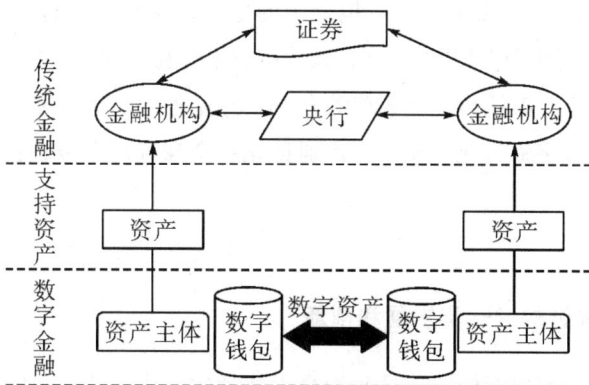

图 1-4 区块链技术下的新金融基础设施架构

SWIFT 网络只是银行间的中心化结算系统，全球支付和转账不仅成本高昂而且效率低下，每年在金融清结算业务上的花费超过 2 万亿美元。如果采用比特币的分布式账本技术进行跨境支付，会变得低成本、高效及可信（不受人为干预）。据埃森哲咨询公司统计，区块链技术在对清算结算对账流程的简化和优化上，可以节约 50% 的运营成本和 70% 的财务成本。自 2016 年以来，R3 联盟（全球最大的金融区块链联盟）已经涵盖了 42 家环球银行和金融机构，并应用区块链技术建立了金融体系内的全球实时清算结算系统。而 SWIFT 本身也开始探索应用区块链技术来提升效率和降低成本。

2012 年创立的 Ripple 网络如今已成为较为成熟的全球区块链跨境支付网络，并在六大洲的 40 个国家启动运行。Ripple 网络为银行提供快速、双向的通信协议，可以让跨境支付在 3~6 秒内完成。除此之外，全球巨头如花旗银行，J. P. 摩根也发行了自己的数字货币，这些都是着眼于本身业务的跨境支付需求。

四、实现数字钱包革命

在中本聪的设计里，交易的实现都是通过"个人对个人"（Peer-to-Peer）的数字钱包来完成。这种钱包设计，是去中心化/去机构化金融体系的出发点，也会是许多中央银行和商业机构的数字货币/通证的基本设计。

使用比特币网络的每个人都可以下载独立的数字钱包，并成为这个数字钱包账号的主人，只需要通过一对加密钥匙，即可在比特币网络完成价值的交换。整个过程无需到银行开户，也不用第三方信用背书，也没有任何机构可以删除或是冻结该账号。

在这个钱包革命下，拥有密钥则代表拥有者叮以完全拥有和自由地支配账户的加密货币或其他数字资产，而不受第三方的管制，并且有可能将这种虚拟资产交易与现实中的资产相关联，从而达到虚拟资产与现实资产的价值互换。通过这种方式，比特币数字钱包引发了史上革命性的"钱包"转变，也是未来数字金融的出发点。

从比特币的发明到最近几年各种虚拟货币的爆发，从数字钱包的普及到近年来关于 Libra 和中国法定数字货币 DC/EP 的发展，区块链技术正在全方位重新定义金融。银行、证券、集资、交易、结算、信托和资产管理等金融服务业务，都将面临全新的挑战，部分传统业务甚至有可能在数字资产化、原生资产通证化和全球点对点金融自由化之下，出现凤凰涅槃式的发展。 　　　　　　　　　　　　　　　　　　　　　　　（作者：余刚，陈万丰）

比特币的基础：区块链的进一步发展和创新

比特币的去中心化底层架构，就是我们今天熟悉的区块链技术。区块链技术具有广泛的应用场景：数据确权、身份认证、资产清算、溯源防伪、加密通信、供应链金融、版权保护和公益捐赠等。

比特币通过分布式账本实现了价值互联网，让市场看到区块链技术应用的广阔前景及区块链技术项目背后蕴藏的巨大价值。过去几年，区块链技术的加速发展，不仅推动着加密化社会的到来，也推动着生产关系的重构和新社会组织形式的构想。

一、区块链技术的不断完善

过去几年，区块链技术的完善，主要表现为以下几个方面的进展：

1. 提升可扩展性与每秒交易量（transactions per second，TPS）[①]

比特币网络平均每 10 分钟产生一个区块，一秒钟只能完成大约 7 个交易。这大大限制了比特币网络在实际场景中的应用，比如高频支付等。为了解决比特币网络的上述缺陷，业界其他公链开发者尝试通过从纵向角度（如提高区块容量、减少出块时间和修改共识机制）或横向角度（侧链、跨链和分片等技术）提高区块链底层的可扩展性与 TPS[②]。

2. 采纳智能合约处理复杂交易

比特币网络局限于点对点支付，而不支持在链上进行复杂的交易，也不容易在它的上面开发应用。以太坊项目提出的智能合约，部分地解决了这一问题，令区块链应用层面的开发变得更加容易。

3. 匿名与隐私保障的提升

比特币上的交易信息（如交易额度、发送地址和接收地址）是公开的而非匿名的，一

[①] TPS 指系统每秒钟能够处理的交易或事务的数量，它是衡量系统处理能力的重要指标。其计算公式：TPS =并发数/平均响应时间。

[②] 读者需留意，比特币的低 TPS 有其逻辑因素，并非设计上的错误，而是考虑去中心化网络结构中的高可靠性和安全性之后，采取的某种妥协性安排。比特币区块链真正的意义是建立去中心化的信任机制，为达到此目的，比特币在速度和效率方面有所牺牲。但不排除随着技术的进步，在安全性和可靠性没有损失的情况下，比特币的扩展性、TPS 也能进一步获得提升。

旦与个人信息关联，就很容易被追踪。为解决这一问题，一些区块链项目采用了零知识证明（zero-knowledge proof）或者环形签名机密交易（ring confidential transactions）等技术手段，让区块链节点在不知道交易信息细节的情况下仍然能够验证交易是否真实发生，促进了区块链匿名隐私方向的发展。鉴于这是一个过于深奥的领域，限于篇幅不再展开讨论。

4. 缓解存储限制问题

基于区块链底层开发的应用需要大量的存储空间，但将数据存储在区块链数据库意味着所有的节点都需要无限存储数据，这个成本非常高。一些项目利用区块链的代币激励机制，让各个分散节点（包括计算机、手机和硬盘等硬件）贡献闲置的存储空间来获得奖励，形成共享经济。对于构建在区块链上的任何现实应用来说，存储限制的每一次突破都让应用数据上链变得更加可能。

二、共识机制获得进一步发展

比特币采用分布式账本（区块链）来记录所有的经过验证的交易，未经确认的交易会由挖矿节点筛选放入候选区块，挖矿节点竞赛解出其候选区块的数学难题，一旦某个节点率先找到答案，还要获得其他节点的验证与认可，由该节点记账的区块方可加入区块链，至此，该节点上的矿工才算得上是挖矿成功。由于在分布式网络中的其他节点也可能已经挖出新区块，因此出现"谁才有记账权"（"谁才是下个区块"）的问题。

比特币网络采用了工作量证明的"共识机制"来解决上述问题，即在工作量证明机制下选择累计工作量最大的区块链，而不在最长链①上的区块则会被放弃。

过去几年来，围绕"谁有资格记账""谁来验证交易"和"谁来存储账本"等一致性问题的共识机制也在不断被探讨，这些研究的成果促进了区块链项目的发展和应用。

迄今为止，主流的共识机制包括：

1. 工作量证明（proof of work，POW）

矿工提供的算力越多，其获得记账权的概率越大。用这种方式，人性成本最低，作恶成本最高，但非常消耗资源。因为只有持有的算力越大，才越有可能成功。

2. 权益证明（proof of staking，POS）

和靠算力拼成功率的 POW 不同，在 POS 权益证明的共识机制里，每个握有数字货币的节点都有机会被系统挑选为生产新区块的人，其拥有的数字货币越多，并且持有时间越长，越有可能获得挖矿奖励。

3. 股份授权机制（delegated proof of staking，DPOS）

由无数个节点选举出若干代理（即成为超级节点），随机安排记账权，每隔一段时间重新筛选。

---

① 关于最长链原理见本书第 22 页。

4. 实用拜占庭容错算法（practical byzantine fault，PBFT）

全节点记账，但需要 2/3 以上节点一致才可确认交易。

5. 容量证明（proof of capacity，POC）

节点提供的硬盘有效容量越大，获得记账权的概率越大。

6. 混合共识机制

有不少项目用的是以上两种或两种以上的共识机制，基于不同的情况启用不同的共识机制。

围绕上述共识机制，业界进行了大量的研究与尝试，促进了区块链技术的变革，令后期的项目更具投资价值，并进而可以应用于更多不同的领域。

共识机制（分布式一致性算法）并非本书的重点，因此仅作粗略介绍，有兴趣的读者可以根据以上信息寻找相应的参考资料。

三、底层公链不断出现实质性突破

随着链圈（关注区块链的开发和应用的人群）对比特币的底层技术与运行机制研究的深入，业界开始探讨底层公链的改进方案。

所谓底层公链，是与比特币的去中心化息息相关的一种区块链技术。区块链根据去中心化的程度大体可分为公链、联盟链和私链。公链即任何人都可读取、发送交易且能获得有效确认的一种区块链，比特币采用的是公链。私链是写入权限，仅在一个组织手里的区块链。联盟链则是指开放程度和去中心化程度是有所限制的区块链，其参与者被提前筛选出来，或被直接指定。

如表 1-1 所示，在比特币之后，区块链行业出现了几个具有实质性突破的公链项目。

表 1-1　代表性公链项目

项目	核心技术领袖	项目主要特色	实现目标
以太坊（Ethereum）	Vitalik Buterin，19 岁时创立了以太坊	图灵完备的脚本语言：以太坊虚拟机； 支持更复杂交易的智能合约； 其原生代币——以太币（ETH）用于支付创建合约的费用，以及交易流转的手续费。	智能合约和去中心化金融服务
EOS	Dan Larimer（网名 BM），此前创立 BitShare 以及 STEEM	DPOS 共识机制，解决延迟和数据吞吐量的问题； EOS 代币换取算力资源 CPU、存储资源 RAM、网络资源 NET。	高频次企业级应用
IPFS	Juan Benet，美国斯坦福大学毕业生	P2P 超媒体协议； 永久型和分布式存储文件； 为文件提供历史版本控制并删除重复项。	信息自由

然而，行业上的公链项目远不止于此。在 2017—2018 年币圈（数字货币玩家天然形成的圈子）繁荣时期，行业呈现出"百链争鸣"的景象。几乎所有的公链都宣称要弥补比特币和超越以太坊，成为商业级公链和大规模落地的项目。从这些项目的白皮书可以发现，它们设想的超越手段也是多种多样的，如表 1-2 所示。

表 1-2 不同公链项目性能突破的方式

突破的方面	具体方式
提高可扩展性	侧链、跨链、分片、DAG
隐私匿名	零知识证明、Oracles
存储相关	分布式存储、分布式计算、数据服务
专注垂直行业	针对社交文娱、游戏开发、金融行业、企业服务

我们预期，在区块链发展的成熟阶段，能够开发完成和继续运行的公链项目一定少之又少。我们无法正确判断哪些公链项目会继续开发并最终成功上线，但能够完成的公链项目一定会具备以下 4 个特征：

第一，有一群勤劳的开发者在持续更新代码，以及另一群技术粉丝保持关注。

第二，开发者友好，能够支持多种开发语言和提供多种开发工具。

第三，可以吸引分布式应用（decentralized application，DApp）项目开发，至于 DApp 的类型，可以是分布式金融（decentralized finance，DeFi）、分布式游戏（decentralized game，DGame）以及其他应用，只要是有必要应用区块链技术并且能落地的应用即可。

第四，公链的通证经济模型被证明合理。

四、比特币促进自组织趋势发展

比特币系统的内在激励机制，使区块链不仅仅只是一门技术。受比特币启发衍生出的通证经济模型[1]，让"自组织"[2] 成为可能。

在"自组织"的形式下，个体在组织中的角色是多重的，包括投资者（购买代币，并持有代币等待其升值）、用户（支付代币获得服务）、员工（提供算力获得代币的奖励）和管理层（抵押代币获得投票权）等。但不管是哪种角色，都有共同的目标——让代币背后的生态体系蓬勃发展。

---

① 这里所指的通证经济，是指使用加密货币或数字资产等虚拟资产，进行社会化、系统化的经济活动。关于通证经济的更多讨论，请见本书第七章。

② 自组织是一个跨学科的概念。根据维基百科给出的定义，自组织也称自我组织，是一个系统内部组织化的过程，通常是一个开放系统，在没有外部来源引导或管理之下，系统按某种默契或规则各司其职，学术界认为此类组织会不断自行增加其复杂性。自组织现象无论在自然界还是在人类社会中都普遍存在。

区块链技术，正在成为该领域的从业者、投资者和用户实现分布式、去中心化和自组织的底层技术架构。

（作者：余刚，陈万丰）

比特币驱动加密货币和虚拟资产市场发展

一、ICO 融资和数字货币的爆发

从比特币开始，金融创新至今都是区块链最为核心的应用。为了突破比特币网络应用的局限，2013 年，19 岁的 Vitalik Buterin 基于比特币的区块链技术逻辑，用一种图灵完备的脚本语言，打造了一款新的计算平台和新的加密货币网络——以太坊（Ethereum），以支持更复杂交易的智能合约，以太坊上的原生加密货币被称为"以太币"（ETH）。

2014 年，Vitalik 团队募得 3.1 万枚比特币用于开发以太坊系统。当时一个比特币是 2 000 个以太币的价格。从 2015 年 7 月 30 日开始，Vitalik 团队为以太坊项目进行了为期 42 天的以太币预售，这一举动后来被大部分数字货币玩家认为是史上第一次首次代币发行（initial coin offering，ICO）。

以太坊创新的 ICO 融资方式，开创了创业融资的新模式。ICO 利用区块链技术提供的全球化、无边界的可信计算平台和资产数字化，一举突破了传统金融的地域和信息不对称限制，使实体经济项目可以得到廉价的大众资本，实现"普惠金融"的理想。ICO 融资方式同时也为热衷于虚拟资产的投资者和极客们提供了另类的投资和获得投资的机会。

利用以太坊上的智能合约功能，可以实现轻松的"一键发币"。由此，通过以太坊平台，区块链项目的融资变成了一项虚拟资产的创新与发行过程。

这个过程通常是按以下方式进行：

第 1 步：某个区块链项目的发起方可以向网络社区发出一份白皮书，描述潜在区块链解决方案。

第 2 步：项目发起方和支持团队进行线上/线下路演（以现场表演的方式引起目标人群关注，以达到销售的目的）。

第 3 步：投资者用现实货币或者比特币购买以太币，然后用以太币认购新区块链项目对应的虚拟货币。

第 4 步：到虚拟货币交易所交易新的虚拟货币，为投资者提供退出渠道。

从 2016 年年中到 2018 年年初，ICO 成为全球虚拟资产市场的一道特殊风景线。各种各样的区块链项目通过 ICO 进行代币融资，产生的大量虚拟货币开始从极客世界走向技术创新产业。当然，由于区块链项目的技术壁垒中的信息不对称和融资的便利，加上代币发行后的流动性财富效应，ICO 也引发了一大批伪区块链项目和资金盘项目的野蛮生长，以及各类骗子以区块链技术作为噱头进行非法集资、价格操纵和圈钱跑路的诈骗行为。

ICO 的狂潮反过来也推动了比特币和以太币价格的暴涨。如图 1-5 所示，比特币价格在 2017 年 12 月接近 2 万美元，以太坊价格则从最初的不到 1 元人民币，涨到了 2018 年 1 月的 1 506 美元，约等于 10 160 元人民币。其中，如图 1-6 所示，比特币与以太坊价格相距最低时期为 2017 年 Q2（最低为 2017 年 6 月 12 日的 6.6 倍）以及 2018 年的 Q1。

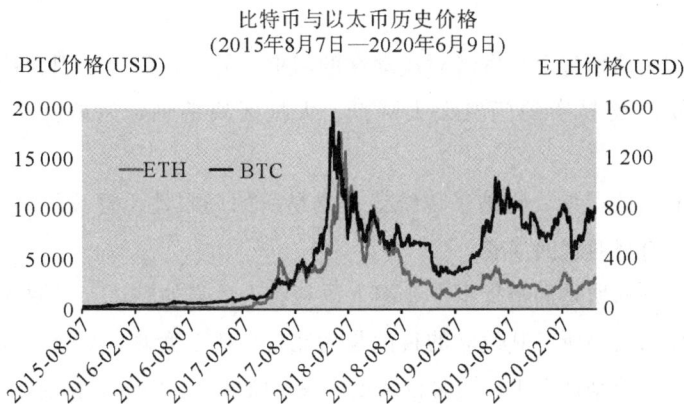

图 1-5　第一个 ICO 的以太币与比特币的价格走势对比

数据来源：雅虎财经。

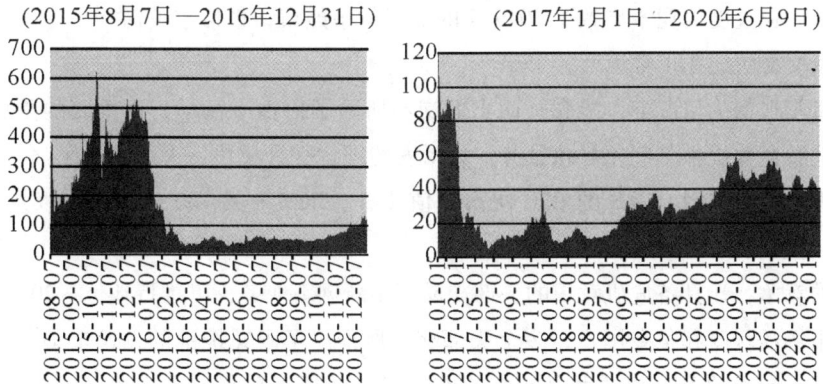

图 1-6　比特币价格是以太币价格的倍数

数据来源：雅虎财经。

值得一提的是，在此期间，各种"山寨"币、平台币和区块链应用的通证（服务端生成的一串字符）数量也从十位数增加到数千个。币圈几乎成为万众瞩目的淘金乐土，不仅吸引了极客，也吸引了大量的投机者入场。这些投机者大多数毫无计算机知识，有的甚至连项目融资材料也没阅读，就开始盲目跟进虚拟货币投资项目，这令整个虚拟资产市场开始充斥着非理性繁荣和不该有的泡沫。

随着监管的进一步介入，包括中国香港地区、中国台湾地区以及新加坡等地开始考虑将虚拟资产及其相应的金融活动纳入监管范畴。至此，由比特币引发的全球 ICO 和数字货币热潮开始逐步分化成为合规虚拟资产和非证券发行的资产。

二、虚拟货币交易所群雄争霸

从 2016 年开始，各种 ICO 活动的火爆带来了虚拟货币的繁荣，虚拟资产交易所也出现了井喷式的发展。

这一方面是因为虚拟货币投资者对流动性的需求，另一方面也是因为技术的进步，使得经营一家虚拟资产交易所的门槛大大降低，大批区块链创业者蜂拥进入交易所这个赛道①。

虚拟货币交易所的爆发，突破了传统证券交易所的局限性，打破了政府垄断的格局，也不停地推动数字金融时代的演变。

据笔者观察，交易所是加密货币产业链上盈利能力最强的跑道。早期的虚拟货币交易所只是简单的比特币交易所，其设立的目的是为比特币矿工套现，后来则是为了满足 ICO 投机者对虚拟货币的流动性需求，同时也满足区块链项目的发币融资和创始人套现的需求。

由于虚拟货币交易所的底层技术已经相当成熟，而且没有完善的监管规则，随着加密货币的火爆与越来越多的投机者入场，全球各地的虚拟货币交易所就像雨后春笋般不断冒出，几乎人人都可以开一个交易所。在 2018 年的巅峰期，据统计全球有超过 11 000 家虚拟货币交易所。但过度的竞争导致了 2019 年的虚拟货币熊市，最惨烈的时候，全球只有估计不到 300 家交易所还在正常运营。

在技术门槛低的情况下，能脱颖而出的交易所除了抢占市场早，更重要的是拥有某个细分领域的特色并提供某些差异化服务。如币安的现货交易板块、火币的 OTC（场外交易）板块、OKEx 的合约板块、ZB 的 C2C 法币充值业务、BitMex 的 100 倍杠杆，以及 Coinbase 的受 SEC 监管方式。

激烈的竞争，让具备危机意识的头部交易所不断创新业务，以维持地位。2019 年年初，为了提升市场活跃度和争夺用户，多个头部交易所推出了眼花缭乱的营销攻势，比如基于交易所发行平台币的 IEO 模式和基于客户在交易所的资产的信贷业务 Staking 模式等。近期，各大头部交易所又竞相推出各种虚拟币合约产品（期货和期权）来刺激交易量。

从以往的案例来看，在海外注册的交易所会用不同的手法吸引发行人或投资人，成果各异。有的交易所推出"交易即挖矿"和"100% 收入分红"概念吸引客户，有的通过上"传销币"以及提前强上别的交易所 IEO 币刷交易量，还有的通过社区合伙人模式，附加锁

---

① 更多关于虚拟资产交易所文章，见本书第 85 页。

币生息、手续费返佣等方式导流用户①……然而仅靠这些竞争手段，并不能保证交易所的长期盈利，因此在现实中或多或少会碰到一些问题。

交易所的生态演变和整个市场环境以及监管息息相关。笔者认为，随着全球对加密货币的监管逐步到位，市场会重新洗牌，不排除大部分的数字货币交易所会倒闭，最终剩下小部分头部交易所成为未来数字金融时代的金融服务入口。未来中心化的数字货币交易所的竞争会更加集中于虚拟资产安全、产品多元化和符合监管合规要求等综合指标。

三、区块链引发数字金融创新

虽然区块链技术具有广泛的应用场景，但迄今为止，区块链真正落地的核心应用仍然是在金融创新领域②。区块链技术正在打造一个全新的金融基础设施，具有信息透明、安全可靠、可由第三方验证的特点，其信用可以跨越各种边界在全球传播。这个新的金融基础设施开始重构传统金融的运行方式、服务模式乃至整个生态。

首先，比特币实现了点对点的去中心化支付网络，使资产的存储和转移摆脱了对传统金融体系的依赖。通过一个比特币钱包和一个私钥，比特币持有者就可以实现对资产的保护、存储和自由支配。如图 1-4 所示，从比特币开始，一个以资产数字化为特征的数字金融体系正在迅速发展。Ripple 网络、R3 联盟和即将推出的 Libra 都是数字金融发展史上的里程碑。

其次，以太坊的成功开发，实现了由股权融资到币权融资的转换，开启了 ICO 的颠覆式融资创新。虽然早期的 ICO 项目乱象丛生，但它带来的全新融资方式，以及区别于传统企业管理方式的社群治理模式，仍然值得金融行业的从业人员借鉴和进一步研究。

在以太坊之后，从 2018 年开始，基于以太坊的 DeFi 生态③开始成形。DeFi 的愿景是开放式金融，它的作用是用智能合约取代传统金融中间商，重建金融系统，一步到位实现借贷、衍生产品和交易所的去中心化应用，让资产和价值自由流动。从 2019 年开始，更多的 DeFi 应用开始出现，开启了基于区块链技术的普惠金融平台，建立了一个完全独立于传统金融体系的平行世界。

虽然 DeFi 目前仍然处于早期，而且也受到市场创新、技术突破和政策监管的种种挑战，但笔者仍然相信，DeFi 将有机会取代现有的金融系统技术，通过开源协议重构金融业。

数字金融将是不可阻挡的大趋势。就像我们很快会见证 DC/EP 和 Libra 的正式落地一

---

① 举例来说，曾经推出"交易即挖矿"和"100%收入分红"概念的 FCoin 在 2018 年异军突起，一度风光无限，但因为其平台币通证模式的缺陷出现危机，在 2020 年年初甚至出现严重的负面新闻并停止运营。又如，通过上"传销币"及提前强上别的交易所 IEO 币，刷交易量进入 TOP20 的新加坡抹茶交易所（MXC）近年来开始频频寻求金融业务牌照，以走"正规军"路线。另一家新加坡虚拟交易所 BiKi 借助社区合伙人模式，附加锁币生息、手续费返佣等方式导流用户。

② 有关这方面的更详细的讨论，请见本书第四章。

③ 关于 DeFi 的更详细的讨论，请见本书第四章。

样，在未来的社会里，中心化和去中心化货币会在很长一段时间内共存，并被不同的人群采用。比如，在中国国内日常消费使用 DC/EP，在海外消费则使用 Libra，比特币被作为避险资产和价值储存工具长期持有。

数字货币很可能会成为我们未来生活的一部分。数字货币已经"百花齐放"，但就像互联网引发了自媒体和网红的繁荣一样，虚拟货币世界也会变得越来越多元化。提前了解这种多元化给行业发展带来的影响，是各个行业从业者的必要准备。（作者：余刚，陈万丰）

比特币背后的区块链基础原理

起源于比特币的区块链技术日益兴起并且逐渐引起广泛关注，它也经常被认为是一种颠覆式的新技术。实际上，区块链只是一个新的技术组合，其关键技术包括具备高性能计算与通信功能的 P2P 网络、基于密码学的共享账本、能够存储与处理大规模数据的分布式数据库和智能合约等技术，这些都是存在 10 年以上的技术。本小节介绍区块链的概念原理与关键技术，以便大家理解为什么它会被称为"可信任机器"。

一、区块链的含义

（一）对等网络的分布式数据库

区块链本质上是一个分布式数据库，它可以存储数据（如交易数据），所有节点之间共享信息，并且发生在一个点对点的对等网络中。

1. 存储数据

区块链存储的数据种类是无限的，比如比特币的底层区块链可以存储交易数据。

2. 节点之间信息共享

如图 1-7 所示，传统中心化数据库中，终端与终端之间连接通信，需要经过中央处理器统一处理；而区块链不同，终端与终端之间可以直接互通，每个节点（终端）存储相同的记录，并且可在所有节点之间传播。

3. 对等网络

节点与节点之间除了相互连通、彼此对等、遵守共同的协议规则、协同处理交易外，每个节点在对外提供服务的同时也使用网络中其他节点提供的服务。

虽然网络节点的地位相同，但功能和参与程度并不相同。以比特币网络为例，它的节点完整功能包括：路由功能（N，network routing node）、区块链数据库（B，full blockchain）、挖矿（M，miner）与钱包服务（W，wallet）。这些节点的具体功能如图 1-8 所示。

其中路由功能是每个节点都具备的，而其他 3 个功能则因为节点的不同而不同，比如说：

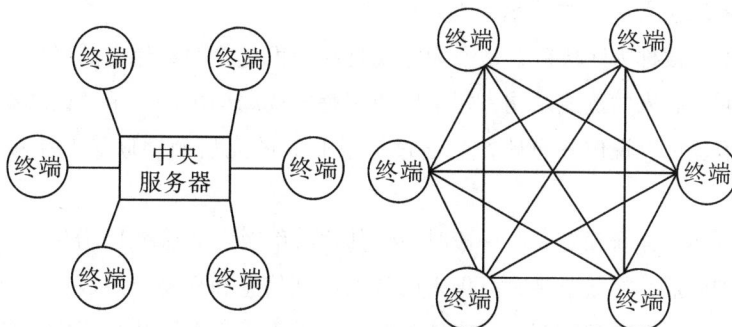

图1-7　中心化数据库 vs 分布式数据库

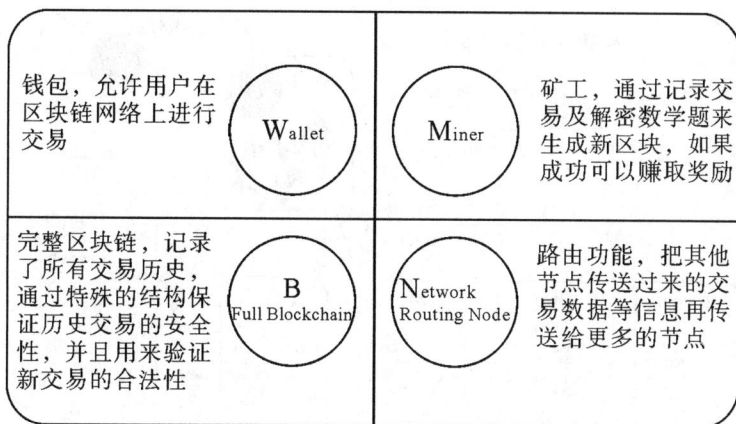

图1-8　比特币节点的所有功能

（1）挖矿节点（W+M+B+N）：具有全部4种功能，能够验证交易、生产区块、转账和交易。

（2）全节点（B+N）：主要指具备完整区块链功能，它的数据库是完整的。这类节点能够验证交易，能够在这个基础上搭建钱包、交易所、区块浏览器等各种去中心化应用（DApp应用）。

（3）简化支付验证（simple payment verification，SPV）节点（W+N）：即轻量级的比特币节点，不需要运行完整的区块链数据库，通常没有挖矿功能，只有一个钱包的功能，这类节点通常运行在手机和电脑里的钱包应用，是最为常见的节点。

总体来说，我们称区块链为分布式数据库，有两个原因：①数据安全由系统的所有节点共同记录，所有节点既不需要属于同一组织，也不需要彼此相互信任；②数据由所有使用同一个网络的节点共同存储，每个参与的节点均可复制获得一份完整记录的拷贝并且获得新数据的更新。

（二）按时间连接的分布式账本技术

区块链之所以被称为区块链，是因为它就是由一堆包含交易信息的区块，通过前后首位相接的方式联结起来的链式结构，每个区块都是链式结构中的一节。区块链可以视作一个账本，每个区块可以视作一页账，其通过记录时间的先后顺序联结起来就形成了"账本"。

如图1-9所示，系统设定每隔一段时间（如比特币网络是平均10分钟）就进行一次交易记录的更新和广播，将截至该时段仍未确认的数据信息和交易记录放在一个新产生的区块中。新区块的合法性得到所有收到广播的节点认可后，将以链状的形式被各节点加到自己原先的链中，就像给旧账本里添加新一页。

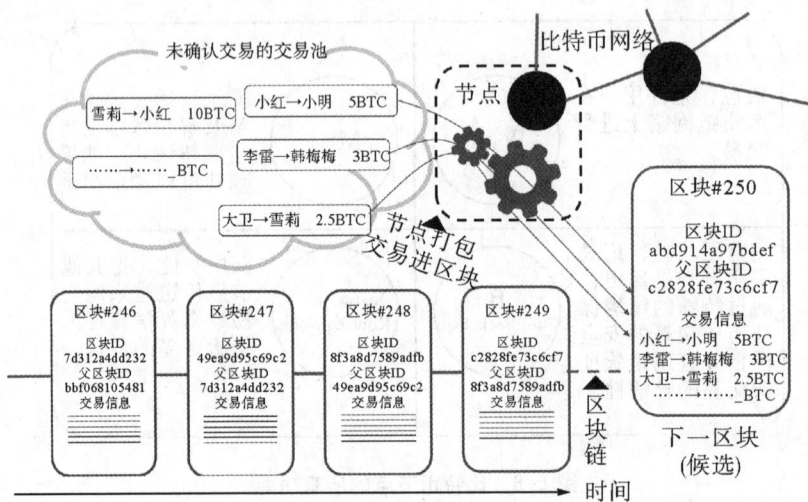

图 1-9 简化版按时间顺序的区块加链结构

我们以比特币的区块为例，简单解释区块的结构，要注意不同区块链系统用的区块结构可能有差别。如图1-10所示，比特币系统的区块包括两部分：区块头（Head）与区块体（Body）。

其中，区块头的子结构包括版本号（version number）、父区块哈希值（parent block hash）、默克尔根值（merkle root）、时间戳（timestamp）、难度目标值（difficulty target）以及随机数（nonce），后面三个都是与矿工竞争挖矿相关的数据。具体定义如表1-3所示。

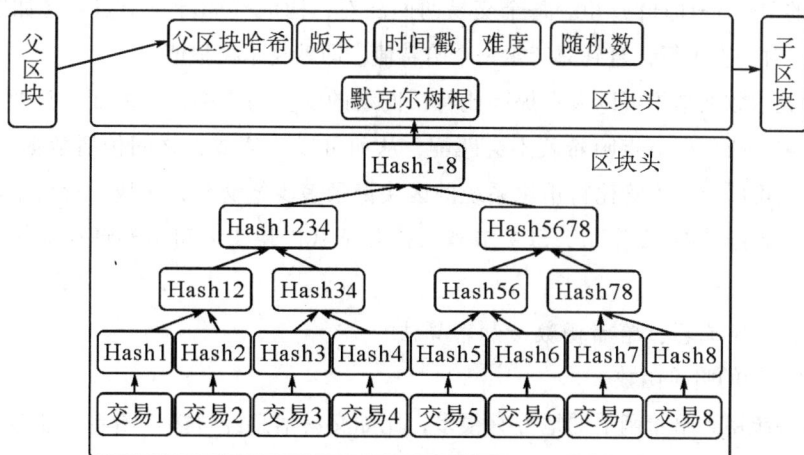

图 1-9　比特币区块结构

表 1-3　区块头结构

子结构名称	描述
版本号	软件/协议升级的版本号
父区块哈希值	用来将此区块与它的父（前一个）区块相联结，如此递推可回溯到区块链的第一个头部区块，即创世区块
默克尔根值	此区块中所有交易的默克尔树的根节点的哈希值，它是区块头与区块体的连接，这个值是由区块主体中所有交易的哈希值再逐级两两哈希计算出来的一个数值，主要用于检验一笔交易是否在这个区块中存在
时间戳	此区块大概的产生时间，精确到秒
难度目标值	此区块生成所达成的目标值特征，用于矿工的工作量证明。也可称为此区块相关数学题的难度目标
随机数	此区块的工作量证明算法的参数，也可以说是解密该区块相关数学题的答案的值

区块体则包含经过验证的、区块在创建过程中发生的所有价值交换的数据记录，即交易计数和交易详情。通常，比特币系统的每一个区块体记录的第一笔交易是关于此区块的挖矿奖励与所记录的所有交易的手续费总和。关于交易信息所用的存储结构方式——默克尔树，下文将详细讲解。

二、区块链运行的关键技术

（一）数据结构：默克尔树

默克尔树（Merkle Tree），也被称为二叉树，是一种在快速归纳和检验大规模数据完整性方面效率很高的数据结构。在比特币网络中，所有交易都记录在默克尔树的"叶子节点"

(如图 1-9 的 Hash1-Hash8）里，每个交易两两配对，构成"非叶子节点"（如图 1-9 的 Hash12），配对一直进行，直到只产生一个哈希值，即默克尔树根值。

使用默克尔数据结构可以大幅提高比特币网络的安全与效率。一方面，只要树中的任何一个节点被篡改，根节点哈希就不会匹配，从而可以验证节点之间传播数据的一致性；另一方面，它可以保证不管比特币比系统的区块记录多少笔交易，区块头存储的默克尔根值的字节大小都维持在 32 字节，SPV 节点只需要下载区块头就可以验证交易是否存在区块中。

（二）密码学原理：哈希函数与加密算法

1. 不可逆转的哈希函数

比特币系统用到哈希函数的地方有很多，比如交易信息经过多次哈希算法生成的默克尔树根值；通过不断变更随机数与区块头其他数值作为哈希函数的输入，得出小于难度目标值的解，从而完成工作量证明（挖矿）；输入区块头所有数据，利用哈希函数获得区块哈希值，即每个区块的唯一识别符。

哈希函数是比特币系统中的一个关键技术，为比特币系统带来很大的便利。

（1）输出固定长度

输入任意长度的字符串，以哈希函数为基础的哈希算法可以产生固定长度的输出。比特币系统中，除了生成地址中其中一个环节使用了 REPID-160 算法，但凡有需要做哈希运算的地方都使用 SHA-256 算法，即输入任何一串数据都将得到一个 256 位（bit）或 32 字节（Byte）长度的哈希值。

（2）不可篡改

不可篡改的特征确保了区块数据在传播过程中区块中的资料不被其他节点篡改。比如，改变交易数据从而改变默克尔树根值（区块哈希值的输入之一），所得的区块头哈希值就会完全不同。更严谨的是，比特币系统常使用双 SHA-256 运算，即使用两次 SHA-256 运算，以提高抗碰撞性[①]。

（3）不可逆/单向性

如图 1-10 所示，哈希函数是难以逆转的。这意味着无法通过输出值倒推输入值，此特点在一定程度上保障了比特币系统的安全性。

---

① 抗碰撞是指避免两个不同的输入值得出相同的结果的情况发生。

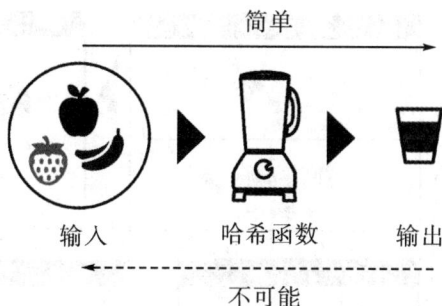

图 1-10　不可逆的哈希函数

（二）非对称的加密算法

在比特币系统中，每个用户都至少有一对私钥和公钥。如果使用公钥（私钥）加密一段数据，则必须用配对的私钥（公钥）解密，这种方式被称为非对称加密。如图 1-11 所示，私钥是一个随机生成的 256 位二位制数，通过不可逆转的椭圆曲线乘法 Secp256k1 可以计算得到公钥。而公钥经过两次哈希运算得到 20 字节的公钥哈希，再经过 Base58check 编码后可以生成比特币地址。

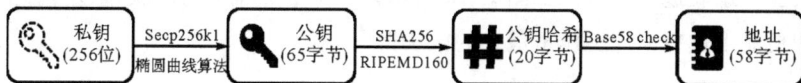

图 1-11　私钥、公钥与地址的生成

总体来说，在比特币系统中，私钥就好比是不可被公开的账户密码，公钥就如同可被公开的银行账户，而钱包地址则相当于银行卡卡号。如图 1-12 所示，私钥代表了对比特币的控制权，必须始终保持机密。交易发起方用私钥对交易（包括转账金额和转账地址等）签名并将签名后的加密交易信息用公钥广播。各节点接收到交易后可以用公钥解密，从而验证交易是否合法。整个过程交易发起方无须暴露私钥。

（三）共识机制

共识机制是区块链网络最核心的运行动力。分布式账本技术虽然可以避免因单节点失败而引发的整个系统崩溃，但是也会存在记账行为不一致的问题。因为每个节点处于不同的环境，接收不同的信息，假如同时记账，必然导致账本不一致。因此，我们需要达成哪个节点有权记账的共识和数据记录不可逆的共识。

目前，主流的共识算法主要包括 POW、POS、DPOS 以及 PBFT 等。

1. 比特币系统的共识机制

在比特币网络中，"矿工"在挖矿节点将交易记录独立打包进新区块，并且要完成 POW 工作量证明算法的验算（不断寻找一个随机数，使得新区块头数据加上这个随机数的

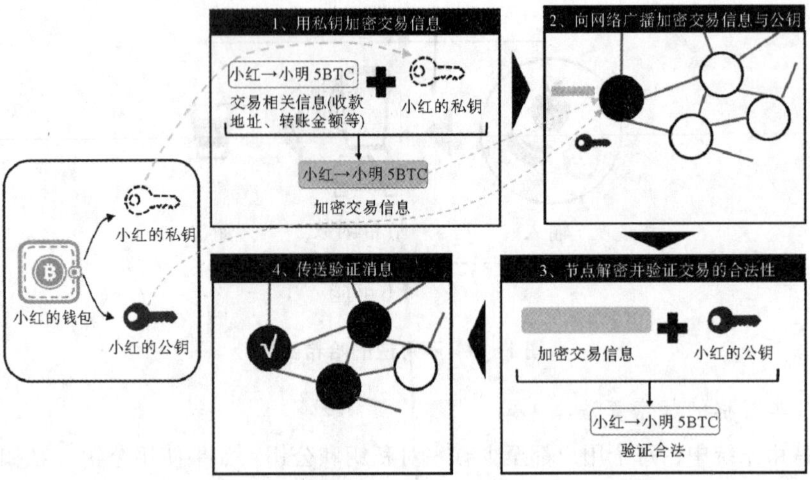
1、用私钥加密交易信息
小红→小明 5BTC
交易相关信息(收款地址、转账金额等)
小红的私钥
小红→小明 5BTC
加密交易信息
2、向网络广播加密交易信息与公钥
小红的私钥
小红的钱包
小红的公钥
4、传送验证消息
3、节点解密并验证交易的合法性
加密交易信息
小红的公钥
小红→小明 5BTC
验证合法

图 1-12　简化版比特币交易加密过程与广播

哈希值满足难度)，才能获得创建新区块的记账权利。

获得记账权的矿工把符合难度条件的区块在网络中广播出去，全网其他节点独立对新区块进行校验并组装进区块链。如图 1-13 所示，每个节点也会对区块链进行独立选择，在工作量证明机制下选择累计工作量最大的区块链。

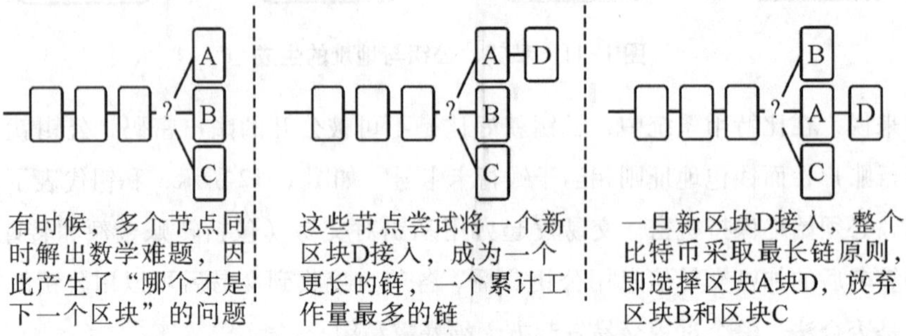
A
B
C
有时候，多个节点同时解出数学难题，因此产生了“哪个才是下一个区块”的问题
A
D
B
C
这些节点尝试将一个新区块D接入，成为一个更长的链，一个累计工作量最多的链
B
A
D
C
一旦新区块D接入，整个比特币采取最长链原则，即选择区块A块D，放弃区块B和区块C

图 1-13　比特币网络的最长链原则

此外，比特币网络还存在每个全节点依据综合标准对每个交易进行独立验证的共识，作为比特币网络除了 POW 机制外的第二道防护，以保障分布式数据记录不可逆。

2. 其他区块链共识机制

目前主流加密货币多采用纯 POW 机制，比如比特币、莱特币、门罗币以及升级前的以太币。由于 POW 机制存在浪费电力资源的缺点，一些其他加密货币采用 POS 权益证明时，要求节点提供一定数量的代币或者同时考虑持币时间来竞争记账权。由于 POS 机制一般需要节点时刻在线，进而衍生出 DPOS 股份授权证明，其核心是从全网节点中选出部分节点，然后在子节点集合内进行 POS 共识。此外，还有一些其他非主流的共识机制，也有一些项目采用混合共识机制。主流共识机制的优缺点见表1-4。

表1-4　主流共识机制优缺点比较

共识机制	POW	POS	DPOS	PBFT
优点	完全去中心化，节点自由进出；作恶成本高	缩短共识达成时间；减少资源浪费	大幅降低验证与记账节点数量，提高共识验证速度	快速达成共识，保证一致性；适合多中心商业模式
缺点	大量的电力资源浪费；受"矿池"集中的"规模经济"影响；共识达成周期长，每秒处理事务少，不适合商业应用	网络攻击成本低；网络共识受富裕账户支配，失去公正性	选举固定的验证节点可能不适用于对去中心化要求高的场景	通常用于私有网络和许可网络，去中心化程度不如公链的共识机制

三、交易流程

区块链的交易是构成区块的基本单位，也是大多数区块链记录的实际有效内容。比特币交易包含交易参与者价值转移的相关信息，每笔交易都可以通过比特币区块浏览器查询。比特币的交易流程如下：

（1）交易的创建。交易创建者用私钥证明所支付的比特币的所有权，并对转账金额以及接收者的钱包签署一个数字签名，并将这个签名附加在这枚货币的末尾，制作成交易单。

（2）交易通过P2P网络传播。交易创建者将交易单发送到比特币网络，传播的形式多样，比如通过WIFI、蓝牙、NFC、ChirP、条形码或者复制粘贴至一个网页表格。极端情况下，交易可以通过封包无线电、卫星或短波、扩频或跳频以避免被侦测或阻塞通信的方式进行传输。

（3）交易验证。任意一个节点一旦收到交易信息，就会对交易的有效性进行验证，一方面验证交易创建者的确有足够的比特币去完成交易，另一方面验证创建者不曾将这些比特币用到与别人的父易之中，从而避免"双化"问题。此外，此节点还需要校对公钥和签名。如果交易被验证无效，这个节点就会拒绝接收交易并且反馈给交易创建者。

（4）验证结果通过P2P网络传播。如果交易被验证有效，第一个节点就会将交易广播到邻近的节点，这些节点验证交易的有效性后，会继续通过P2P网络传播。

（5）交易放入交易池。每个节点在确认有效后，将把交易放入交易池，等待矿工打包确认。

（6）交易的确认。当矿工从交易池中选择交易并打包进新区块后，交易得到确认，交易接收者就可以花费收到的比特币。

四、可信任机器：分布式与不可篡改

区块链被称为可信任中心，源于其分布式和不可篡改特征，而这两个特征由前文所述的区块链技术特点支撑。

（一）分布式

总体来说，分布式体现在记账与存储两个方面。

记账方面，区块链不需要依赖一个中心机构来负责记账，节点之间根据共识协议争夺记账权，并且通过"全网见证"，所有交易信息会被"如实记录"。

存储方面，由于网络中的一些节点（如比特币网络的全节点）都有一份完整账本副本，即使部分节点被攻击或者出错，也不会影响整个网络的正常运转。同时所有全节点都有一份副本，这意味着所有的账目和信息都是公开透明、可追溯的。所有参与者都可以查看历史账本并追溯每一笔交易，也有权公平竞争下一个区块的记账权。

（二）不可篡改

不可篡改体现在交易不可篡改与区块链不可篡改。

交易不可篡改一方面是因为合法的交易需要私钥签名，否则无法被节点验证；另一方面，每一笔交易都通过历史账本回溯。

而区块链的篡改则对算力具有很高的要求。以比特币网络为例，假如某个区块的数据被篡改，此区块的头哈希就会发生变化，将无法与下一个区块的父哈希相匹配，篡改者需要继续修改下一个区块的父哈希，并一直修改之后的每个区块。也就说，篡改者若想完成篡改，需要满足以下三个条件才有可能被认可：

（1）同时入侵所有参与记录的节点并篡改数据；

（2）重新计算被更改区块后续的所有区块；

（3）形成一个更长的区块链分叉提交给网络中的其他节点。

在比特币网络中，产生一个新区块的难度不小，要连续产生多个区块组成新分叉的计算难度更是惊人，一个恶意节点要做到这点需要拥有至少全网51%的算力基础，这在目前全网算力巨大的背景下是很难实现的。

在现实世界中，几乎所有行业都涉足交易，并需要诚信可靠的交易环境作为行业健康发展的前提支撑。具备分布式和不可篡改特征的区块链则可以创造信任，赋能产业。

（作者：陈万丰）

比特币的挖矿机制及衍生的另类产业

以比特币为代表的加密货币在获取机制上，有一个特别的举措——挖矿机制。2009 年1 月，比特币网络首次上线的时候，挖矿是获取比特币的唯一方式，时至今日，它仍然是不

少投资人获取比特币的重要手段。

下面简要介绍比特币挖矿究竟是怎么一回事，以及由此产生的另类投资渠道。

一、比特币挖矿原理

要了解挖矿，需要先了解比特币及其背后的区块链技术的主要原理。上一节介绍了区块链的基础原理和区块链的结构，本节将从挖矿的角度来介绍区块链的结构，与挖矿相关的区块链结构部分如图 1-14 所示。

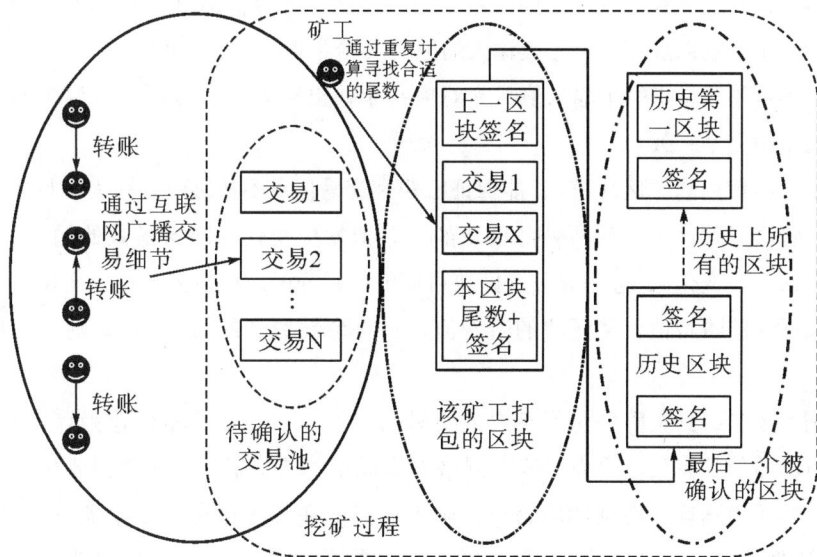

图 1-14　比特币及其挖矿背后的区块链技术主要原理

顾名思义，比特币使用的区块链由区块这个基本元素组成。区块链系统内大约每 10 分钟发生的交易会被打包成为一个"区块"，其中包含了这段时间里全网范围内发生的所有交易。

所有的区块都使用加密签名技术联结在一起。后一个区块（子区块）仅包含前区块（父区块）的加密签名信息，从而形成加密的签名信息"链"。（图 1-14 中单点线圈）

在比特币网络上，每时每刻都有未确认交易被广播给全网，然后所有愿意参与验证交易的节点（比特币矿工）每 10 分钟都会选择一些未经确认的交易，对照历史区块链进行验证，并打包成一个"区块"。

但并非所有比特币矿工正在进行打包的区块都是和待确认的交易有关的有效区块，因此矿工们需要参与一场难度不断提升的算术竞赛，首先胜出者才能获得全网认可，并得到奖励（新发行的比特币和交易费）（图 1-14 中黑色实线圈）。同时有多人胜出时，还需要通过表决机制，只保留一个矿工产生的结果而作废其他人的确认。

图 1-14 中双点线圈部分主要解释区块的内部构成和生成机制。

在区块内部，有一个上一区块（父区块）的数字签名被放在本区块的头部（也称为"区块头"），以保证能"链"接父区块。中间数据部分（也称为"区块体"）保存了矿工选择并验证过的交易，而末尾则是尾数和本区块的数字签名。

在区块链内部，所有的加密信息都主要依靠哈希函数保存。哈希函数的特点：①输出固定长度，②单向性，③不可篡改。

其中，第1个好理解。第2个单向性是指只能从输入推导出输出，而不能从输出值反推出输入值，即它使用到哈希表（hash table，一种字符串变换运算）计算的一个性质：已知哈希表的输出，难以反算出哈希表输入的原文（哈希算法的单向性）。

第3个不可篡改是指每个输入值只能对应一个输出结果（不能同时有两个不同的输入值，使输出结果完全一致）。

具备了上述特点的"区块链"，能保证账户和交易信息不被篡改。因为一旦要修改某个交易信息，将会导致这个交易所处的区块的哈希值发生变化（哈希函数的输入值变化了，所以输出值必定会变化），进而导致该区块后面的一系列子区块也需要进行变化（因为子区块只记录父区块的哈希值，父区块的哈希值变动将会导致"断链"），否则无法再与该区块相连。

而所谓的挖矿，其实质是对区块内的交易信息计算出一个哈希值作为该区块的签名，但并非任意哈希值都有效，因为比特币网络人为规定：结果字符串头部需要由若干个连续的零组成。为了得到这样特殊的哈希值，矿工们只能在交易信息后面附加一个随机尾数，再重复计算哈希值，以尝试得到满足要求的最终哈希值，也有人称之为"黄金哈希"（Golden Hash），若结果不满足，则只能更改尾数，重新计算。

从上述原理介绍，我们知道，矿工们的最终目的是寻找黄金哈希。因为黄金哈希赋予矿工一个特权：把他所确认的交易区块附加于比特币区块链上。而且，矿工将会在币基交易（新区块内的第一笔交易）中获得报酬——数量不等的比特币（新发行的）和一定的转账手续费。

比特币的挖矿奖励最初为50个比特币（BTC），但中本聪设计的比特币严格规定了2 100万的比特币总量，以及每增加21万个区块（或4年）将挖矿奖励减半的机制。截至本书发稿时，比特币已出现三次减半。而随着时间推移，这些比特币将在第34次减半时完全消失。

尽管如此，矿工可能仍有动力挖矿，因为比特币矿工会对大部分交易收取少量费用（初始目的是防止有人大量发送无聊的小额交易，故意浪费网络资源）。尽管用户交易时可以不给矿工任何手续费，但通常矿工会优先考虑带有较高手续费的交易，因此不附带任何手续费的交易会等待较长时间才会被纳入区块链中。

最终，投资者有可能无法再通过挖矿得到比特币奖励，但是却有可能通过向交易征收手续费而继续得到比特币收入。

二、挖矿催生的矿机产业化运营模式

从挖矿原理来看，理论上，任何人只要拥有一台电脑，均可以连接至比特币网络，下载过去的区块，通过确认新的交易以找到黄金哈希值，进而获得比特币奖励。挖矿的本质是利用计算机重复计算随机字符串的哈希值，并检查结果字符串是否满足头部有足够的零。

为了保障每个区块生成时间具备足够的间隔，挖矿所要求的头部为零的数目定期会自动增加，从而人为增加了计算随机数"试运气"的难度。在这种情况下，拥有越多、越强大的计算机（矿机），就越能提升挖矿的算力，从而提升找到黄金哈希的概率。随着比特币的价格不断暴涨，越来越多的计算机开始接入比特币网络。

（一）规模化运营的"矿场"

为了减少大量矿机同时使用所带来的电力紧缺等问题，也为了挖出更多的比特币，矿场生意应运而生。人们开始把大量的矿机放在矿场里。矿场是为矿机提供托管服务的专用数据中心。矿场的作用在于将矿机物理集中在电价较低的区域，利用低电力成本获取更大收益。在中国，我们一般会选择电力资源丰富、电价便宜的地区。

（二）平滑收益的矿池

除了矿场生意，矿工们还发展出了联合挖矿的矿池模式。挖矿者可以把矿机接入一个所谓的矿池，和其他矿工一起努力为矿池贡献算力，进而找到更多的黄金哈希。

假设 1 000 个人参与挖矿，每次赠送比特币 50 个，那么单个矿工成功挖到矿的期望时间是 1 000 个 10 分钟，即期望收益为 7 天左右获取 50 个比特币。但事实上，真实的时间可能更长或更短，矿工的收益波动很大。倘若这 1 000 个参与者联合起来组成矿池，所有挖矿所得由所有参与者平分，每个矿工的实际收益将会被均摊至每 10 分钟 0.05 个比特币，收益的稳定性将大幅提高。目前，矿池模式已成为挖矿的主流。

三、挖矿机制驱升加密货币另类产业

由于比特币挖矿机制的存在，矿机的算力逐渐成为一种另类投资产业。其背后的逻辑为：假设全世界所有的挖矿设备一起通过算随机数的哈希值的方法抽签，中签的概率则为自有设备算力/全世界总算力；而中签后的比特币收益在 4 年间保持基本稳定，但大约 4 年会跳跃减半一次。

（一）影响挖矿算力的因素

要投资算力，首先需要了解影响矿机算力变化的因素。

1. 预期收益与成本消耗

对于单个比特机挖矿设备而言，一旦被制造出来，其收益就在不断减少，原因是全世界的算力总体来说是在不断提升，所以单个设备的占比会下降。在此过程中，单个矿机的耗电（主要运营成本）近似恒定。

如果单个矿机获得的比特币兑换成现金后不足以支付其消耗的电费时，除非比特币未来有极大机会涨价，否则这台矿机实质上应进入报废状态，不应再被开启。

2. 新工艺与硬件的更新换代

现实中，造成矿机报废的主要原因往往是新一代挖矿硬件（主要来源于提升制造工艺，与手机电脑处理器相同）提升了运算速度并降低了能耗。当最新工艺的矿机设备推出市场后，算力往往会有指数级的增长。因此，矿工实质上有"军备竞赛"的需求，当其他矿工采用先进工艺制造的设备后，自己的矿机将面临被淘汰的风险。从这里可以得出一个结论：当比特币价格保持不变时，矿工存在不断更新更先进挖矿设备的需求。

3. 比特币价格的变动

通常来说，当比特币价格较为稳定，矿机设备产能比较稳定的时候，算力增速往往放缓到趋于线性增长，制约增速的主要因素是矿机设备产能。

当比特币价格快速上涨时，投资者和投机者可能会对投资于矿机运营的回报产生更高的期望，从而刺激矿机销售和矿场的新建与扩容，增加上游挖矿硬件商的订单。

当比特币价格下跌时，由于投资挖矿在这个阶段可能产生亏损，下游的投资需求放缓，导致算力增长缓慢甚至下跌。

而当比特币价格下跌到某个阶段并开始陷入长期低迷之时，挖矿就会显得无利可图，矿机的更新换代会放缓，此时上游挖矿硬件商的订单将会大幅下滑。这些上游挖矿硬件制造商的订单与业绩，通常和比特币价格高度正相关。

（二）挖矿是一项高风险的经营活动

从影响算力的因素来看，比特币挖矿是一项高风险的经营活动。

1. 比特币价格无法预测

矿工往往无法预测投产后一段时间内比特币的价格。如果比特币价格过低，则矿机可能因产出无法覆盖电费而提前报废，无法收回矿机的资本开支，造成亏损。

特别是如果比特币价格波动造成当前最先进的矿机的产出也不能覆盖电费，造成运营亏损，则当前最先进的矿机也会被关闭。这个价格和全网算力的组合可以视为矿机设备供需的"强转折点"，即矿机设备需求会因为比特币价格低迷而长期低迷。

2. 全网算力提升带来挑战

矿工无法预测投产后一段时间全网算力的提升，即便比特币价格基本稳定，但全网算力大幅上涨（通常是由更新一代矿机投产造成），仍有可能造成矿机提前报废，无法收回投资矿机的资本开支。而全网算力的增长主要取决于多少资本被吸引进矿机行业以及未来新一代矿机的性能，这是很难预测的。假设当前币价不变，全网算力按某种规律随时间增长，如果新增矿机可能造成亏损，则投资购买新比特币矿机的冲动将被压制。

总的来说，比特币挖矿产业相关要素的互相影响和制约关系如图 1-15 所示。

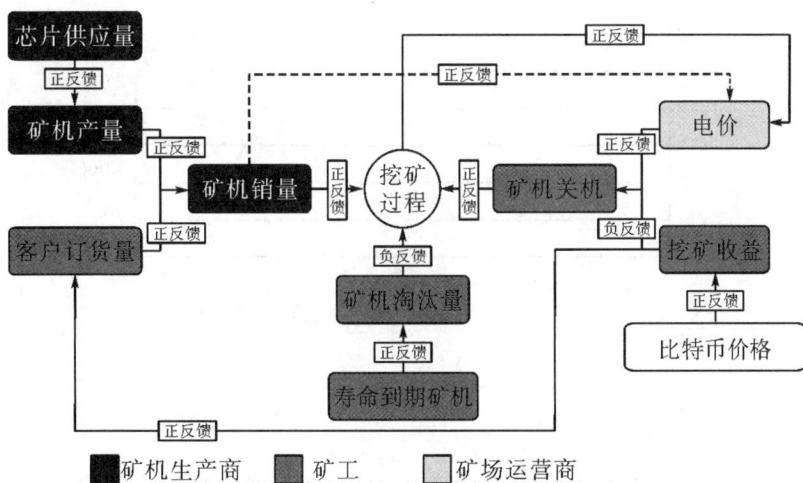

图 1-15　比特币挖矿产业相关要素的互相影响和制约关系

比特币价格与挖矿难度的关系如图 1-16 所示。价格主导了挖矿活动，比特币价格先于算力难度下跌，也先于算力难度上涨。从历史上看，比特币价格在 2013—2015 年的疯狂周期上涨了 81 倍（算力上涨 16 087.86 倍），在 2015—2017 年的冷静周期上涨了 12 倍（算力上涨 16.45 倍）。比特币在 2017—2019 年的疯狂周期上涨了 8.49 倍（算力上涨 7.79 倍），2019—2021 年的冷静周期大概率是币价和算力同时上涨。

基于此，我们可以看出开始挖矿的黄金窗口期在于比特币价格启动的前期，类似于"猪周期"，即在行业低谷期投资能获取更大的收益。

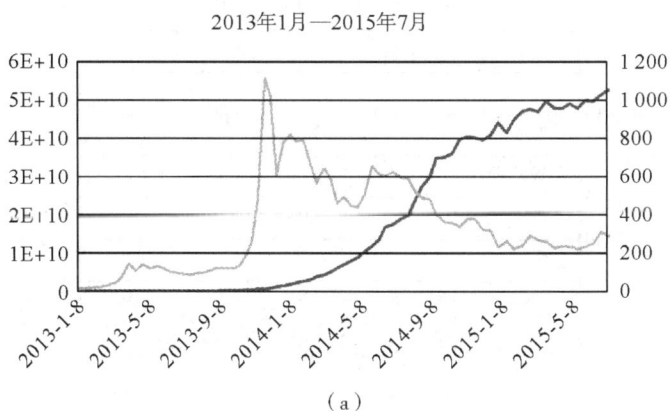

2013年1月—2015年7月

（a）

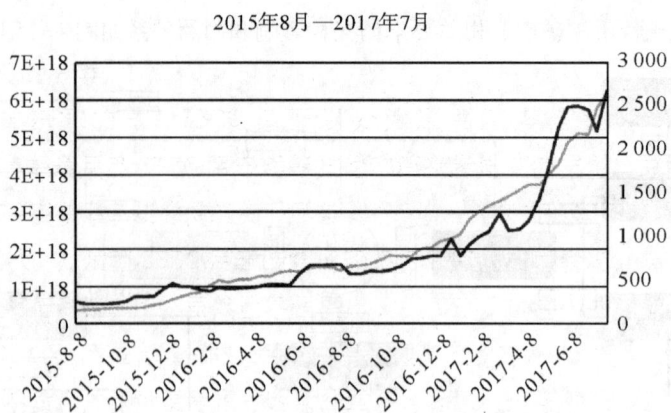

2015年8月—2017年7月

（b）

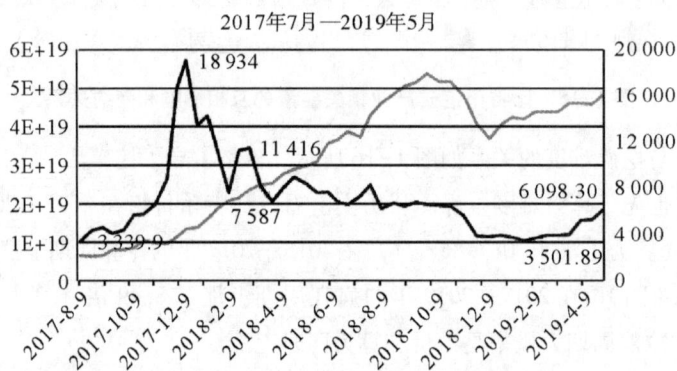

2017年7月—2019年5月

（c）

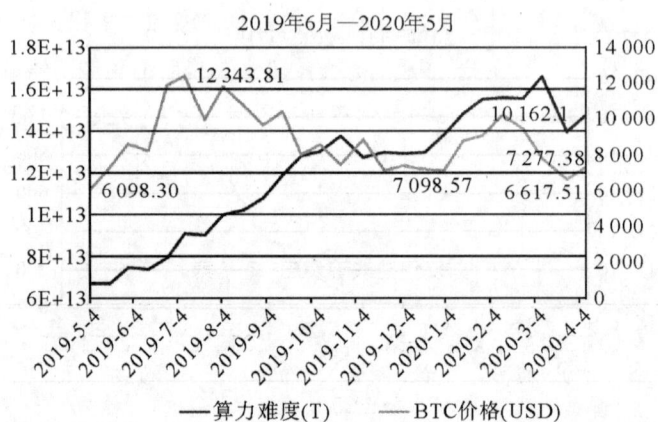

2019年6月—2020年5月

━━ 算力难度(T)　　━━ BTC价格(USD)

（d）

图1-16　比特币价格与算力难度的关系

数据来源：btc. com；coinmarketcap. com。

四、挖矿行业的创新案例

从上述分析可以看出，比特币挖矿是一项高风险经营活动。因此，有一些投资者开始从不同角度寻找新的挖矿机会。

（一）开发不同加密币的挖矿产业

并非所有的加密币都有强大的网络算力，那些非比特币的加密币的挖矿机规模往往有限，因此成为不少另类投资人的偏好。他们投资这些非比特币的算力之后，获得其他加密货币，然后通过交易平台转为比特币或其他可与法定货币兑换的币种，完成一个投资链条。

不过随着时间的推移，各个挖矿网络的内部竞争也在逐步上升，因为利润越高，越会吸引更多的参与者入场。币种的总算力越高，该加密货币的安全性就越高，反过来该加密货币的生态系统会吸引更多矿工，使资产价值进一步提升。

为了对不同的加密货币的挖矿盈利数量提供计算结果，甚至有人专门制作了挖矿利润分析网站（如 CoinWarz），供那些挖矿的参与者参考。

（二）投资与算力挂钩的通证

所谓算力通证，指的是直接与不同加密货币挖矿算力挂钩的加密通证。发行人将自有矿机的算力与其发行的算力通证相关联，持有该通证就可与发行人持有的矿机算力挂钩。在这种机制下，通证持有者相当于无需购买矿机即可参与相关的加密货币挖矿过程。例如目前市面上的 XMX 算力通证就挂钩了 XMX 的比特币矿机。

为了吸引更多人持有 XMX 算力通证，其发行团队声称会用挖矿获得的大部分比特币，回购流通中的 XMX 并销毁，由此提升该通证的价格。剩余的比特币将会用于支付矿机电费和运营费用，以及购买新矿机以增加算力。如此，XMX 发行团队就构建了一个如图 1-17 所示的通证生态。

图 1-17　XMX 通证运作生态

从通证持有人的角度来说，好处是不需要购买矿机也能参与挖矿，但也存在不少风险。上述挂钩通证并非直接挂钩比特币，而只是与挖掘比特币相关的部分算力（因为并非所有挖出的比特币均用于回购 XMX）挂钩，因此通证的"价值"实际上是不断变化的（因为算力和比特币均处于不断变化之中）。对于此类通证的持有人来说，需要考虑的不仅是算力和比特币的波动风险，还要考虑比特币和 XMX 之间的汇率波动风险，另外还要考虑这个运营团队本身的经营效率以及可能面临的风险。其他的算力通证也都面临类似的问题。

需要指出的是，现有的挖矿衍生产品日新月异，但或多或少均与比特币相关，并且基本上延续了比特币的挖矿机制，或者直接就是其衍生品。由此也可以看出比特币作为第一种全球性加密货币的强大影响力。

（作者：吕尚西[①]）

◆加密货币巨头向主权货币领域的侵蚀

全球最大的网络社交公司 Facebook 宣布推出加密货币——天秤币（Libra）。这是一件意义深远、影响重大的事件，有可能影响数以十亿计的用户的未来生活，同时对我们熟悉的金融及货币发行体系也会带来重大影响。该项目的内在机制和未来影响究竟如何？该项目可能面临哪些机遇和挑战？鉴于它的成败有可能影响到数字资产板块，乃至整个虚拟资产的价值评估标准，因此无论是投资者还是产业界人士，都需要重视对该项目的思考。希望本节能在陈述 Libra 全貌的同时，为读者提供一个有用的分析框架。

Libra 的横空出世及其机制解密

一、主权货币发行和清算机制

历史上的货币可分为两种，一种是商品货币，另外一种是信用货币。商品货币是基于商品（如黄金）为基础而发行的货币。信用货币是中央银行基于自己的信用而发行的货币，也就是现在通称的"法定货币"。

当前主权货币主要以实物货币和电子记账方式进行流通。实物货币主要有硬币和纸币。电子记账或货币则是完全基于电子化技术记录的货币的持有和流通。尽管各国都在研究电子货币（CBDC），但在本书截稿之时，CBDC 仍然未在各国流行。

在支付的过程中，采用实物货币支付的过程被称为货款两清过程，也就是俗称的"一手交钱，一手交货"。基于电子化的支付方式是交易双方在各自的银行账户中进行相应的记账，交易双方的银行和一个中间的清算公司记录这个交易的完成，保证记账的正确。支持这个支付的底层清算网络通常是一个银行之间的清算网络。在美国，这个银行之间的清算网络是 ACH，各银行通过这个清算网络进行数据交换来保证记账数据的正确。

在这样的一个市场结构中，银行通过吸引用户的存款来进行放贷业务，贷款业务是银行主要的营利模式。银行为获得用户的存款而向用户提供的各种服务中，免费支付是其中的一种。我们在日常的经济生活中，当采用纸币和银行借记卡进行支付时，表面上看这个

[①] 吕尚西，著名投资经理，东南大学管理学学士，拥有多年投资经验，擅长量化分析。

支付是免费的，但实际上是通过在银行中存款而获得这种免费服务。

信用卡的支付是基于信用进行支付的方式。用户在使用信用卡进行支付时，他的发卡银行将钱支付给对方，用户在此后的一段时间内将钱还给他的信用卡发卡银行，信用卡公司通常向信用卡支付的收款方收 2%～3% 的服务费用。信用卡公司的作用实际上是提供信用卡支付的清算网络，它同各个信用卡的发卡行和收卡行合作来完成这个流程。这样的信用卡公司包括 Visa 和 MasterCard。

除了银行提供的支付手段之外，市场上还存在着一些其他的服务商，其中主要的一类就是支付客户端的集成方，譬如美国的 PayPal、Stripe 和 Square。这些公司的产品在支付客户端收集客户的付款，然后再将支付数据通过银行的清算网络和信用卡清算网络分别传送到交易双方的银行。

二、Libra 的设计特点及其对传统金融体系的积极作用

从前述货币发行和清算的简介中，我们能否判定 Libra 的货币发行机制，以及它的商用价值或投资价值呢？这可能是自 Facebook 在 2019 年提出 Libra 以来，虚拟资产投资界的一个重要话题。

（一）Libra 的货币机制

从现有可获得的信息来看，Libra 具备以下特点：

（1）货币属性。Libra 是基于法定货币和短期政府债券抵押发行的数字稳定币，所以其本质依然是信用货币。Libra 的货币政策在其白皮书中做了如下陈述："我们的目标是让 Libra 与现有货币并存。由于 Libra 将是一种全球货币，因此协会决定不制定自己的货币政策，而是沿用'篮子'所代表的中央银行的政策。"

（2）发行量。Libra 的发行和销毁完全取决于市场需求。

（3）定价。按照 Libra 协会于 2020 年 4 月发布的白皮书，Libra 会对标单个法定货币，发行相应于不同法定货币的 Libra 稳定币。因此每种 Libra 稳定币会同其底层的法定货币等值。

（4）铸币税。对于抵押资产进行铸币的参与方来说，其铸币税应该来自其基于 Libra 实现的各种业务收入。

（5）底层清算网络。Libra 稳定币的底层清算网络是一个开放性的许可链。

（6）治理机制。在瑞士注册的非营利性组织 Libra 协会对 Libra 稳定币的各个方面进行管理，协会成员约有 100 名。

（二）Libra 的特色设计

1. 实现更合理的铸币机制

比特币的铸币机制是一个非常公平合理的机制，任何人和任何机构都可以通过提供比特币的记账服务而获取新生产出来的比特币，这可以视为一个人人参与铸币的过程。

当下，铸币权属于各国政府，只有政府才有权力铸造货币，政府在铸币过程中获取铸币税。普通个人和其他组织无法参与铸币，因而也无法获得铸币税。Libra 提供了一个人人参与铸币并因此获取铸币税的机会。

在 Libra 的设计中，每个节点需要抵押自有资金 1 000 万美元参与铸币。估计 Libra 的首批发行量会是价值 10 亿美元左右的 Libra。此后，参与的节点或授权经销商可以采用 DeFi 的铸币模式让更多的机构和个人抵押其拥有的并且是被接受的资产来参与这个铸币过程。铸币门槛因此大幅降低，这样就提供了人人参与铸币并获得相应的铸币税的机会。

2. 用区块链建立全球范围内的金融市场基础设施

支持比特币流通的底层区块链技术如今被越来越多的人认为比比特币更具价值。支持 Libra 流通的底层区块链网络在未来也可能比 Libra 本身更加具有价值。

Libra 项目的最大亮点之一是其底层区块链技术网络，它将这个网络定义为金融基础设施（financial market infrastructure，简称 FMI）。该底层网络支持的将不只是一个最简单的金融品种，也就是货币，而且还能支持各种复杂金融产品的流通。

鉴于 Facebook 是一个有超过 27 亿用户的社交网络，加上 Libra 协会中各个成员的参与，如果有几个受到市场欢迎的基于稳定币（和某个标的保持稳定兑换比例的加密货币）的金融应用，就能吸引大量的用户使用该网络，届时该网络有可能会成为以太坊的强有力竞争者。

目前的各种公链都希望成为第二个以太坊，但是缺少杀手级的应用往往是其没有取得成功的主要原因。

Libra 项目提供了一个底层链以及在其之上运行的稳定币和各种应用。更重要的是，这个项目直接拥有 27 亿潜在用户，因此，其底层链被市场普遍采用的概率相当大。

3. 为国际化的社交网络提供相匹配的数字资产

加密数字资产从一诞生就是国际化的，它的产生和流通不受国界的限制。而 Facebook 的社交网络同样是全球性的，这同数字资产的国际化特点非常契合。

在 Facebook 的社交网络中，用户已经习惯了进行点对点之间的信息交换，在此基础上进一步开展点对点之间的价值交换就容易许多。因此这就非常有利于 Facebook 推广其稳定币产品，这种迁移机制非常类似于微信用户开始使用微信支付——而这种服务的便利性和全球化的特点，是目前所有的传统金融服务机构无法提供的。

4. 通过与互联网融合促进全球去中心化金融演变

区块链的最大特色是为用户提供去中心化的服务。然而，由于区块链技术和底层网络应用对大部分用户来说仍然有一定的知识门槛，因此其去中心化的应用和账户功能，还未能在全球普及——这种情况有点像当年刚刚诞生时的互联网。

Libra 稳定币诞生后，Facebook 社交网络中的用户可以通过 Libra 进行账户之间的直接转账，这个迁移过程的实质是一个互联网信息网络用户逐步采用基于去中心化的区块链的价值交换式网络的过程。

Libra 和微信用户使用微信支付有本质的不同，后者依然是基于中心化系统的信息交换，而 Facebook 用户采用 Libra 的过程，实质上是账户之间的价值交易的过程。

随着 Libra 用户的不断增多，实际上就实现了基于互联网的信息网络同基于区块链的价值网络的融合。

目前的区块链网络的发展在可用性方面有很大的改进空间，其中的一个方面就是让普通用户直观地看到并使用区块链的资产信息。Facebook 用户采用 Libra 的过程，就是一个基于信息的互联网网络同进行价值交换的区块链网络融合的过程，这对区块链的普及推广会有一个质的改进。

5. 提供未来数字金融世界的入口

目前传统金融体系在实现数字资产的价值交换与储存方面存在较大的困难。笔者认为，未来的数字金融世界一定是基于数字资产的世界。在这个未来的金融网络生态中，数字资产的产生、流通、存储、交易和使用有可能都在一个链上。用户只需要一个客户端就可以管理和使用自己的数字资产和数字货币，进行零售支付和证券交易，以及便捷地在数字资产和数字货币之间进行转换。

如果 Libra 能得到广泛的使用，Facebook 目前的各种客户终端，不管是 Facebook、WhatsApp 还是 Instagram，都会成为一个稳定币入口。Facebook 在其稳定币策略方面应该继续加强其在用户客户端方面的优势，而不是自己独立开发稳定币产品。

Libra 由 Libra 协会管理，Facebook 为此成立的 Calibra 只是协会成员之一。由于 Facebook 不是 Libra 的独家经营者，因此也就不会成为其他稳定币产品提供商的公敌。Facebook 因此可以基于 Libra 进一步拓展其在用户客户端方面的优势，令其他的社交网络更难撼动 Facebook 的市场地位。

6. 以区块链为基础的组织形式有望重塑金融行业格局

Libra 的组织形式是它的最大亮点之一。Facebook 为 Libra 专门注册了一个协会，采用了联盟的组织方式来推广稳定币。而且这个组织是非营利性的，只为成员的业务提供基础服务。

联盟会员包括不同公共领域的公司，这有助于稳定币的推广。特别值得一提的是，为保证协会的决策公平性，在初始会员中，一些行业的直接竞争对手都被邀请参与这个协会，如 Uber 和 Lyft。因此这个协会颇有包容性。

联盟这种组织形式在目前的商业社会中普遍存在，从信用合作社到美国联邦储备委员会都是如此。比如美国期权结算公司（Options Clearing Corporation），其组织形式亦是如此。它是由美国最初的五家期权交易所联合成立的非营利性公司，为期权交易所和结算成员服务，每年账上的利润都要返还给股东和结算成员。

这种组织形式以往只是存在于一个小地区或一个监管辖区的一个行业中。区块链技术的出现为这种组织形式赋予了新的活力。区块链支持智能合约在其之上的自动运行。在联盟形式的这个组织中，商业规则可以预先确定，然后再通过智能合约的方式在链上自动运行。由于没有任何人为的干预，这样的规则对任何参与方都是公平的。

此方面最具代表性的应用就是在多个服务方之间进行的收入分配。由于智能合约自动执行分配规则，所以就可以有更多的服务方能够放心地来参与提供此服务，业务的可扩展性因此变得非常强。

联盟成员不再受地区和监管辖区的限制。任何一个地方的个体，只要满足联盟规则，就可以加入。Libra 这个服务网络因此就能吸引世界各地的服务机构来参与提供基于 Libra 的相关服务，这个生态可以快速稳定地发展。

（三）Libra 的业务策略：解决传统金融领域的痛点

一个创新型的金融产品的推广，必须要有一个合适的应用场景来解决当前产品所未能解决的痛点。就 Libra 而言，笔者认为它在这方面有较为成熟的思考。

1. 瞄准不同货币间的转账汇款顽疾

目前大部分所谓稳定币的最大应用场景依然是数字资产的交易（如 Tether）。当数字资产交易处于上升阶段时，市场对稳定币的需求就更加强烈，持币者愿意为之支付更高溢价。但在数字资产交易领域，Facebook 并没有优势，所以它选择了不同货币之间的转账汇款交易，但这反而极有可能是稳定币的下一个发展重点。

传统金融市场中不同货币间的转账交易是通过中心化的清算系统来完成的，其中最著名的就是 SWIFT，但这种系统成本高、效率低。区块链和加密数字货币技术的出现为解决这个问题提供了很好的手段。Facebook 选择这个领域作为它的稳定币切入点非常自然。

在跨境汇款领域，Facebook 有其不可比拟的优势，其社交网络在全球范围内拥有 27 亿用户，单是在印度就有 2.6 亿用户。这样的优势是其他公司所不具备的。

零售跨境汇款市场每年规模近 6 000 亿美元，需求极大，而且预期会持续增长。Facebook 选择以零售跨境汇款业务作为稳定币的首个应用场景是合乎逻辑的。

2. 解决区块链与传统金融服务配套的问题

传统的金融服务体系以中心化为主，与区块链的分布式金融在技术层面存在脱节，因此传统金融机构要使用区块链技术，需要经过一定的流程与技术改造。

但 Libra 不同，它选择跨境汇款业务作为首先的业务应用，对其所需的区块链技术底层支持也比较适合。跨境汇款业务对底层清算系统的性能要求不高，区块链技术目前的水平完全可以满足这样的业务要求。目前跨境汇款业务至少需要一天的时间，区块链技术支持的实时结算有极大的效率提升空间。

不过，值得考虑的是，与跨境汇款业务相比，同一市场中的零售支付业务对底层清算网络的性能要求要高得多，区块链技术目前的水平完全无法满足这样的业务要求，这可能是 Libra 下一步需要考虑的技术问题。

3. 对标未获传统金融服务的群体

借助 Libra 的底层清算网络，Libra 的应用将不会只限于账户之间的支付，还可以进行贷款业务。

在通过身份认证和反洗钱认证后，稳定币可以将用户的真实身份记录在链上，用户的借贷行为也会被真实地记录在链上，因此用户的信用非常容易被查询到。这就会解决现实金融生活中的一个非常大的问题，即帮助那些不太受银行待见（unbanked 和 underbanked）的用户群体——阻碍这个群体获得传统金融服务的一个主要因素就是征信成本过高。如果借助 Libra 能容易地获得每个借款用户的征信情况，用户就有可能获得与其信用水平相应的金融服务。

4. 避免传统金融业的过度信贷膨胀

采用 Libra 稳定币进行信贷业务，有可能降低商业银行创造信用货币的能力，避免传统金融业的过度信贷膨胀。

Libra 从机制上要求有等值的法定货币抵押，如果严格执行政策，将不会出现信贷增发。当链上的信贷机构采用 Libra 进行放贷时，它首先要有相应的 Libra 数量。在传统货币体系中，商业银行吸收储户的存款，只需满足存款准备金比率，便可将剩余的存款悉数放贷，从而创造出更多的货币。在这一体制下，商业银行的过度放贷，往往是导致金融危机的一个主要原因。在 Libra 的流通网络中，网络中的信贷机构如果执行等额的法定货币抵押制度，类似于 100% 的存款准备金比率，信贷机构就没有创造信用货币的能力。

本节粗略介绍了 Libra 的设计机理，以及它可能对传统金融服务产生的积极影响。接下来我们可能需要解决的问题是：Libra 需要存活，它的商业模式应该是什么？它能否带着 Facebook 走向更远的未来？在这过程中，它会面临来自哪些方面的挑战或风险？这些问题将在随后的章节中进一步阐述。

（作者：谷燕西[①]）

Libra 能否令 Facebook 实现它的雄心壮志

截至本书发稿，Libra 的商业模式还是一个众人猜想的命题。但其商业模式无疑将会对 Facebook 及 Libra 的未来产生巨大影响。在此，本文仅从稳定币的特点及可能面临的风险出发对其商业模式进行分析，以期给读者带来抛砖引玉的思考。

---

① 谷燕西，中国和美国金融市场的多年从业者，区块链和加密数字资产的研究者和实践者，历任华泰联合证券信息技术副总监和数家金融服务公司 COO，曾经服务于美国期权结算公司。

一、对 Libra 商业模式的预测分析

Facebook 对 Libra 的首个应用场景是印度的跨境汇款市场。根据世界银行的报告，2018年，印度是全球最大的跨境汇款业务国家。在这一年，它收到了来自海外的总计 800 亿美元的汇款。

传统跨境汇款业务的成本通常是汇款额的 2%～3%。鉴于 Facebook 在印度有 2 亿多用户，在全球有 27 亿用户，所以可以合理地认为，这个客户数量可以为 Libra 提供非常好的跨境汇款服务基础。

按现行的数字货币收费模式，当某一种稳定币在账户之间进行流通时，支持其流通的底层网络可以选择收费或者不收费。收费方式包括向交易双方收费或者只向收款方收费。

笔者估计 Libra 在流通时不会收费，只有当用户将稳定币兑换为法定货币时，提供这种服务的节点才会收费。这个收入肯定会是在提供此服务的节点和网络之间进行分配，而且直接提供服务的节点会获得此业务收入的大部分，网络获得其中的小部分。分配给网络的收入部分肯定是在各个节点之间平均分配。以此计算下来，每个节点在这个业务方面的投资回报率（ROI）应该是有限的。

当然，其他的基于稳定币的业务会产生合理的收入。比如当市场对稳定价值的需求比较强烈时，市场会为稳定币支付更高的溢价。鉴于目前全球金融市场的动荡性，出现这种溢价的概率是非常高的。

二、Libra 项目的风险分析

（一）各国现有利益集团的抵制

Facebook 最初选择印度的跨境汇款业务作为 Libra 的切入点，尽管在业务和技术领域方面进行这样的选择是合理的，但 Facebook 可能会面对来自印度社会的现有利益集团的强大阻力。

印度社会的特点是任何决策都需要在充分讨论并形成共识之后才能执行。在印度社会中引入一个新型的数字货币，显然是一件非常重要的事情。Libra 以及其底层的清算网络会直接影响印度现有的金融基础，导致现有的很多利益集团受到冲击。在这样的情况下，印度各阶层是不可能在短时间内形成共识的。这个因素会是 Facebook 的 Libra 应用推广策略中的一个最大风险变量。

货币的自由兑换对一个社会的影响要远大于信息的自由流通。各国政府肯定要评估它对本国货币和金融政策的影响。因此 Libra 协会需要同每个国家的金融监管机构进行沟通。

（二）来自同行的竞争风险

1. 现有稳定币的竞争

Libra 项目肯定会同市场中现有的稳定币形成竞争。USDC、TUSD、GUSD 和 GUSD 都是

属于同一类型的稳定币，它们要么是基于美元抵押，要么是同美元挂钩，要么是采用ERC20（基于以太网的代币创建协议）标准的稳定币。从这些稳定币的性质和背后支持的组织来看，这些稳定币暂时不会对 Libra 形成很强有力的竞争。

2. 来自 World Wire 的竞争

需要留意的竞争者可能是由国际商业机器公司（International Business Machines Corporation，IBM）牵头成立的银行之间的联盟 World Wire。这个联盟是各个国家银行之间的汇款联盟，其底层技术基于 Stellar 技术。Stellar 技术也支持在其网络之上发行稳定币，而且实际上也有银行和第三方公司正在基于 Stellar 技术发行稳定币。

笔者认为 World Wire 会是 Libra 来自银行界的一个重要的竞争对手。首先，参与 World Wire 的各国银行能够在这个网络的基础上发行基于自己国家法定货币的稳定币。其次，基于 Stellar 的 World Wire 上的稳定币流通成本很低。所以，World Wire 在参与国家银行的支持、稳定币的多样性和流通成本方面都会是 Libra 的强劲对手。

3. 传统银行发行的稳定币的竞争

在这个领域中，最著名的应该是摩根大通发行的 JPM 和瑞银集团等金融机构联合支持的 USC。尽管这两种稳定币目前的定位都是用于银行机构之间的清算和结算，但这两个稳定币可以进一步发展到零售支付领域，这就会同 Libra 形成直接竞争。

在 USC 和 JPM 这两个稳定币当中，USC 的市场竞争力会更强，这是因为 USC 是由一些著名的金融机构共同支持的。这种组织模式更符合区块链技术发展的趋势。而 JPM 的支持者主要还是以 J. P. 摩根为主，这依然是传统的组织经营模式。这种独自经营的模式很难胜过联合经营的模式。

4. 来自 Jack Dorsey 的竞争

Jack Dorsey 同时是 Twitter 和 Square 的 CEO。Twitter 是可以同 Facebook 相匹敌的社交网络，其月均活跃用户数量达到 3.2 亿，约 80% 的 Twitter 注册用户在海外。还需要指出的是，Twitter 是加密数字货币爱好者们最喜欢的社交网络，它在这个方面的优势领先于 Facebook。

Square 是美国国内非常受欢迎的零售支付市场终端。截至 2019 年年初，Square 已有 4 500 万的下载量。而且 Jack Dorsey 本人一直是比特币的爱好者，在 Square 的终端中，已经开始支持比特币的销售和支付，所以 Jack Dorsey 应该比 Facebook 更有动力在全球范围内推广一种数字稳定币。

在现已曝光的 Libra 的联盟成员中，没有看到 Twitter 和 Square。这对 Libra 来说，可能意味着在联盟外还存在着一个潜在的、非常强大的竞争对手。

（三）独特应用场景缺失带来的风险

目前看来，Facebook 的最佳应用场景是跨国汇款。传统跨国汇款的低效众所周知，但采用稳定币和区块链可以有效解决这个问题。IBM 与 Stellar 合作联手多家银行建立 World

Wire 的目的就是为了解决跨境汇款问题。

Facebook 采用同样的解决方案参与此项业务中，但其解决方案在时间上并没有很强的先发优势，更不是其一家在独自经营。另外，不管是 USC 还是 JPM，都会将这些稳定币进一步推广至零售客户之间的跨境转账。在这种激烈竞争之下，Libra 能否有足够的时间在跨境转账领域建立起自己的优势，目前很令人怀疑。比特币因为有多年的独自发展时间，才逐步实现了它在加密数字货币市场中绝对领先的地位。市场是否会给 Libra 同样的独立发展时间？让我们拭目以待。

三、对 Libra 的深层次思考

（一）两大数字资产的比较

对比 Libra 和比特币，可能会更有助于我们思考 Libra 和比特币这两种货币对于传统金融服务的不同影响，从而对我们未来的虚拟资产管理决策抑或区块链金融的进一步应用，提供决策参考。

第一，历史对比。比特币的初衷是成为电子现金，但后来实际发展成了一种数字资产。比特币的特殊理念和机制，激励了后来的所有的数字货币项目，更多的创新在比特币的机制上不断衍生出来，这当然也包括当前的 Libra 稳定币项目。

第二，货币的价值属性对比。比特币不与其他的任何资产相关联，它的价值完全是市场共识的结果——比特币实际上是一个虚拟商品，而不是货币。但 Libra 不同，它是基于法定货币抵押而生成的，实际上是现有法定货币的一个衍生品，所以 Libra 的本质依然是基于信用发行的法定货币。

第三，价值稳定性对比。比特币的价值是通过市场中的不断交易形成的，所以其波动性不可避免，比特币实际上并不适合作为一种价值交换媒介。反观 Libra，不同的 Libra 的价格会对标不同的底层法定货币，所以其价值在不同的持币者看来，会比比特币稳定许多，因此就适合作为一种价值交换媒介。

第四，治理机制对比。比特币的治理机制完全是预先设定好的，不受任何人和机构控制，自动运行的。Libra 的治理机制是由它的成员组成的协会来共同治理的，这样的一个民主决策机制与比特币相比，还是相距甚远，但还是比现有的一些法定货币的治理机制更加合理。

第五，与法定货币的可兑换性对比。作为一种虚拟资产，Libra 相对于比特币的一个最大的优势就是它能把现有的法定货币以一种更加合理的方式转化成数字形式，并且在市场中使用。而比特币作为一种虚拟资产，不与现有的法定货币和资产挂钩，所以就无法将现实世界中的货币和资产很方便地数字化，因此也就很难同现实的经济生活联系起来。但 Libra 能更为顺畅地完成这种嫁接，这极大地推进了金融服务数字化的进程。

（二）Facebook 在用户方面的优势能否助力 Libra

不少业内人士对于 Libra 给传统金融服务带来的影响有所期待，但笔者认为，对于 Libra 的未来影响，我们可能更应该静观其变。

Facebook 社交网络拥有几乎遍及全球各个国家的 27 亿用户，客观上说，这为 Libra 产品提供了一个非常强的用户基础。但是，并不能因此就认为 Libra 产品会自然成功，Facebook 此前的金融服务尝试（如 Facebook Pay 和 Facebook Credit）已经表明实际情况并非如此。事实上，稳定币产品的内容和涉及的方面比之前的两个金融产品更加复杂。所以 Facebook 在用户方面的优势并不能被过分期望。

（三）追求利润还是网络用户

Libra 能否令 Facebook 实现它的雄心壮志，目前尚未有定数。但在实现 Facebook 的目标之前，Libra 业务首先需要做的是选择追求利润，还是追求网络用户的增加。

这两个目标在 Libra 诞生后的相当长的阶段内，极有可能是相互排斥的，Libra 只能在其中选择一个。按照互联网的商业模式，网络用户的增长是首选，但是投资方期待更多的可能是利润——尽管亚马逊的成功似乎证明了互联网商业模式即便在获得持续盈利之前也能够为股东创造巨大的价值，但亚马逊能享受到的，Libra 是否也能享受到？目前尚无定论。

在这方面，笔者认为 Libra 更可能选择用户的增长，而其稳定币业务也会比竞争者提供更大的价值，以此吸引更多的用户使用 Libra 的底层清算网络，以便此后能提供更多的增值金融服务。

（四）Libra 能否取代信用卡

此前有报道称，Libra 的一个目标是取代信用卡支付过程中 2%～3%的服务费。笔者认为，这个逻辑是不通的，不应对 Libra 有这种不切实际的预期。

第一，人们已经习惯于信用卡支付。它实际上是对消费者有益，对收款者无益的。但稳定币的支付方式是货款两清的支付模式，这与基于信用的支付完全不同。在目前的经济生活中，使用信用卡支付和使用现金和借记卡支付（也就是稳定币的支付模式）的人群完全不同。目前使用信用卡进行支付的用户人群，很难因为稳定币而改变他们现有的支付习惯。

第二，若定位于同信用卡竞争，则 Libra 的战略决策是错误的。信用卡使用普遍的地方也是传统金融势力最强的地方。而稳定币和支持它流通的底层清算网络正是对基于中心化的金融市场结构的最大挑战。所以肯定会遭到来自传统金融势力的强烈抵制。

另外，信用卡用户群体已经习惯于使用现有的金融服务。当面对新的金融服务手段时，如果没有很大的收益，这些用户群很难改变现有的方式来采用新的金融服务手段。这也是二维码支付首先在中国兴起，然后现在才开始逐步地渗入美国市场的原因。

（五）Libra是否应制定数字证券交易所战略

目前看来，数字证券交易所是Libra产品战略中缺失的一个部分。在笔者看来，这有可能会影响到Libra的未来发展。

这里的数字证券交易所并非像Coinbase和Kraken这样的加密数字货币交易所，而是类似于美国目前的各种证券型代币交易所，也就是能把现实中的各种资产和权益进行数字化，然后进行二级市场交易的加密数字资产交易所。

目前的这些产品被通称为证券型代币（security token），但笔者认为，这些产品今后更可能被称为数字证券，也就是"digital security"。在美国证券市场中，已经有两家公司在向SEC申请成立这样的数字证券交易所。

在未来的金融世界中，现实中的各种资产和权益都会被数字化，然后以数字证券的方式在二级市场中交易和流通。以数字证券方式交易的资产种类不仅包括公司股权和基金份额，而且还包括房地产这样的另类资产。另外，由于未来的二级市场是全球性、全时段交易，所以各种资产的价值就是在全球范围内进行随时公平交易的市场定价。这么多种类的资产以及市场的公平定价，就为基于这些资产发行数字货币提供了坚实的基础。这也能为Libra的成功提供一个坚实的基础。

由于数字证券交易所的全球交易的性质，因此稳定币比任何一种法定货币都适合于在这样的交易所中进行使用，数字证券交易所和稳定币是一个相互促进的关系。

另外，在未来的金融世界中，用户的零售支付场景会和证券交易场景密不可分。用户用一个客户终端就可以进行零售支付和证券交易的操作，实现数字稳定币和可变价值的数字资产之间的随时交换。所以数字证券交易所也将是支持用户金融活动的一个不可缺少的组成部分。

在目前的Libra的战略中，数字证券交易所没有成为它的一个主要组成部分。当然也有可能是Libra在等待数字证券交易所的进一步发展。

（六）Libra联盟需要什么样的成员

目前的Facebook联盟成员可以被称为"All American but no banks"，或者说是"没有银行参与的全美明星队"。联盟中的成员名气都很大，每个成员都提供了1 000万美元和名义上的支持。但为了推广这个稳定币，到底联盟未来需要什么样的成员？对这个问题的思考及决定，有可能会影响Libra的未来。

稳定币的最主要的应用场景是数字资产交易、跨境汇款和支付。如果由于监管方面的原因，Libra目前不能大规模应用于数字资产交易业务的话，那么其第二个选择应该是跨境汇款和支付。这个领域是目前各种法定货币应用弱，但又有非常强的市场需求的地方。所以对Libra的应用推广帮助最大的机构应该是进行各种跨境交易和支付业务的公司，如旅游和跨境电商。在这个方面，Uber和Lyft是非常好的选择。一个用户在不同的国家使用同一个打车软件和一种数字货币进行支付，这会比现有的打车支付流程方便很多。

现有 Libra 联盟成员中，其他国家成员参与的缺失，可能是目前联盟成员最需要改进之处。相信 Libra 协会肯定对此有明确的认识，其他国家成员的招募和参与有可能已在推广计划中。

最后，现有的联盟成员中没有银行机构，这并不奇怪，毕竟信用货币和基于货币的各种金融业务是银行机构的主场。现在 Libra 联盟要进入这个领域，并且从根本上改变游戏规则，这肯定要引起银行机构的警惕。更何况目前金融领域中已经有了基于区块链技术的数字法定货币生成和流通方案，各国的银行机构肯定需要进一步评估，然后才能做出选择。

（七）Libra 会否受微信支付的冲击

但同微信支付相比，Libra 有本质上的不同。

在用户属性方面，微信用户人群远逊于 Facebook。前者是全球讲华语的人群，主要用户人群在中国。Facebook 客户群体则是全球讲各种语言的客户群体，用户分布在全球许多国家，而且其中相当一部分居住在通信和金融并不发达的地区，所以 Facebook 就能利用其社交网络的优势在这些地区向更多的用户直接提供基于稳定币的各种金融服务。

从金融业务来看，微信支付本质上是建立在现有的银行体系上的一个支付客户端。它为零售用户提供了更加便捷的支付方式，它类似于美国的 PayPal、Stripe 和 Square。当微信支付用于人民币之外的货币支付时，底层的清算网络需要通过系统对接的方式同商家所在的底层清算网络对接。

Libra 是数字化价值形式，其价值是对标某种法定货币。Libra 稳定币独立存在，记录在底层清算链上的账户中，它和用户在银行中的存款没有关联关系。Libra 的流通是基于区块链的清算网络，不使用银行之间的清算网络。因此，Libra 的流通不受银行之间的网络的限制。由于这个底层清算网络是全球性的，所以持有 Libra 的用户可以在世界上任何一个地方在彼此之间进行直接交易。

此外，由于 Libra 的底层清算网络是基于分布式记账技术的，这种清算方式优于现有的中心化模式的清算网络，也就优于微信支付的清算网络。

如前文所指出的那样，Libra 稳定币项目最大的一个亮点就是它的底层清算网络，因为这个清算网络不仅支持稳定币的流通，而且能支持更复杂的金融产品的流通和交易。所以这个底层清算网络就有可能发展成为全球性的底层金融市场基础设施，这样的一个优势是微信支付所不具备的。

（八）Libra 的竞争者应具备哪些特质

对于 Libra 机制及其应对现有金融服务体系痛点的深入讨论，往往会引导业内人士思考另一个问题——会不会在 Libra 之外，出现一个更好的类似的稳定币，能解决现有的金融服务的痛点，完败 Libra？

基于目前对 Libra 的深入了解，笔者认为它有一定的成功概率，但从 Libra 的现有机制来看，它距一统天下的目标依然相距甚远，能与其竞争的稳定币有很大概率出现，并成为市场中的一个主要的价值交换媒介。而其竞争对手很可能会具备以下特征：

（1）近期是基于法定货币抵押发行，未来是基于数字资产抵押发行。

（2）近期是对标一揽子法定货币，以此消除单一法定货币的风险。

（3）支持这个稳定币流通的底层区块链一定是开源的。

（4）会出现在一个全球范围内的数字资产交易所。这个交易所提供一个公平的数字资产和数字货币的全球交易和定价机制。这个数字资产交易所一定是全球券商联盟性质的。

（5）所抵押的法定货币和数字资产依然需要托管在链上和链下的全球范围内可信的托管机构中。

（6）底层区块链支持多个资产托管机构。用户可以在这些资产托管机构中自主选择托管自己的数字资产。

（7）鉴于全球经济发展的不平衡，这个数字稳定币的最小单位应该能适合于支持金融不发达地区的经济活动。

（8）治理机制是联盟性质的，采用治理代币进行投票决策的机制。联盟节点成员应该能够提供当地法定货币和稳定币之间的合规兑换服务。

（9）联盟的吸引力不是现有联盟成员的影响力，而是需要依赖区块链技术保证商业规则的执行。这样才能吸引全球不同地区的参与者加入。

（10）链上用户的身份由参与节点券商或者是第三方的身份认证公司提供。

（作者：谷燕西）

◆法定数字货币

浅谈中央银行数字货币（CBDC）

在以比特币为代表的数字货币出现多年后，各国中央银行对于法定货币的数字化也开始逐步重视起来。于是，央行数字货币开始逐步出现在各国议事日程上。

央行数字货币（central bank digital currency，简称 CBDC），是一种新型法定货币。虽然 CBDC 也是一种数字货币，但它作为法定货币，与本书重点讨论的以虚拟资产为特征的数字货币有所差异。随着金融技术的发展，各国有可能会逐步将研发 CBDC 提上日程。毫无疑问，从某种程度上来说，正是加密货币对传统法币体系的重大冲击，才令 CBDC 出现加速。有鉴于此，我们对该币种进行粗略的介绍。

一、CBDC 的属性与特征

从 2019 年起，关于央行数字货币的议题层出不穷。这些议题能引起大家强烈关注，主要源自以下几个原因：①Libra 在 2019 年 6 月发布 1.0 白皮书，经过多次听证与成员退出后，在 2020 年 4 月发布路线更明朗的 2.0 版白皮书。②中国人民银行数字货币 DC/EP 在 2019 年 11 月公布框架设计，并在 2020 年 4 月开始内测。③价格高波动的 BTC 成为面对法定货币严重通胀和价格极其不稳定国家居民的避险资产。④2020 年新冠疫情的爆发加剧人们对非现金支付的需求。

其实，任何非有形货币都能被称为数字货币，目前银行存款、余额宝和微信零钱等都是数字货币的体现。与数字货币对应的是人们可以携带的物理货币，比如纸币、硬币和黄金等。所以，从货币存在形式看，CBDC 将会是一种数字化的货币，但它的本质还是法定货币，从这个角度来说，它并非虚拟资产。

（一）CBDC 的属性

CPMI（国际清算银行下属的支付和市场基础设施委员会）在 2018 年提出了如图 1-18 所示的"货币之花"，对 CBDC 界定了四个关键的属性。

（1）发行人：中央银行或非中央银行；

（2）货币形态：数字或实物；

（3）可访问性：广泛或受限制；

（4）实现技术：基于账户（account-based）或基于代币（token-based）。

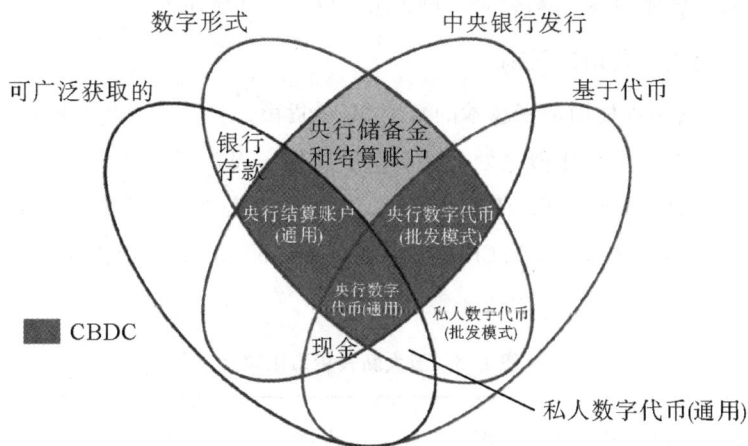

图 1-18　货币之花

资料来源：CPMI 在 2018 年 3 月发布的报告《Central Bank Digital Currencies》。

"货币之花"中心的部分就是中央银行数字货币。它由中央银行发行，货币形态是数字化。CBDC 的实现形式既可以是像传统账户的数字，也就是基于账户；也可以是基于价值

（value）或者代币（token），即由一串特定密码学与共识算法验证的数字。

（二）CBDC 的分类

根据用户的获取方式，CBDC 又可以分为通用型/零售型（retail）和批发型（wholesale）。零售或通用型 CBDC 用于对等支付和消费者向商家支付。它流通于社会公众中间，每个人都可以使用，就像传统货币形态——现金一样每个人都可以使用，这种 CBDC 不会严重偏离现状。批发型 CBDC 用于传统代理银行和其他支付系统以外更高效的银行间支付，用于商业银行和清算所。虽然业界也提出此类 CBDC 也应该向商业公司提供，但总体上对这类 CBDC 的访问是有限制的，目的主要是提高跨境交易的效率。

中央银行数字货币的设计要考虑的因素非常多，除了上述角度外，还包括匿名程度的高低、分布式账本技术的使用程度、转移机制是点对点还是中介/代理模式和是否进行计息等。这也是各国 CBDC 设计进程较慢的原因。此外，各国中央银行还需权衡发行 CBDC 的利弊，从而确认发行 CBDC 的必要性。

（三）CBDC 的优缺点

优点：首先，法定货币数字化可以在减少现金管理成本的同时提高境内外支付系统效率；其次，让用户在没有银行账户情况下仍然可以持有 CBDC，从而增强金融普惠性；最后，CBDC 有潜力加强货币政策的传导，如通过区块链技术实现精准投放。

缺点：首先，如果 CBDC 遇到故障，如遭遇网络攻击或人为错误，则会对中央银行声誉与信用造成不良影响；其次，大量的 CBDC 需求，会直接增长中央银行的负债；最后，汇率波动大和通货膨胀率高的经济体发行 CBDC 存在美元化的风险。

二、CBDC 与虚拟货币的区别

CBDC 作为一种可能使用加密技术的数字/电子货币，与目前市场上的新兴加密货币、稳定币和电子货币等，既有相似之处，又有不少区别。表 1-5 以中国人民银行数字货币 DC/EP 为例，与 BTC、Libra、USDT 和传统电子货币进行比较。如前文所述，CBDC 的设计选择可考虑因素较多，DC/EP 只是 CBDC 的一种，外国的 CBDC 与中国的 DC/EP 也是有区别的。

表 1-5　五大新兴货币比较

数字/电子货币	DC/EP	BTC	Libra	USDT	传统电子货币
主导机构	中国人民银行	比特币社区	Calibra（Facebook牵头）	Tether	腾讯/阿里巴巴
主导机构性质	央行	社区（自治组织）	组织联盟	公司	公司

表1-5(续)

数字/电子货币	DC/EP	BTC	Libra	USDT	传统电子货币
关联法定货币	人民币	无	美元	美元	人民币
与物理货币关系	M0（流通中的现金）	无	非对称锚定	非对称锚定	锚定人民币
中心化程度	中心化	去中心化	半中心化	中心化	中心化
分布式账本技术	不一定	使用公链	使用联盟链	基于第三方公链	无
监管支持	支持	不支持	不支持	不支持	支持

资料来源：网上公开资料整理。

三、全球 CBDC 进展概况

CBDC 在各国的进展不一。经对比，笔者发现从整体来看，第三世界国家与经济不稳定国家对 CBDC 的发行似乎更加激进，这一方面有可能是由于其本身存在大量不能接触银行账户的人，让这些国家有更大动力通过 CBDC 惠及这些群体。另一方面是由于这些国家试图通过 CBDC 的发行，刺激经济与挽救国家法定货币。

相反，发达国家更多对发行 CBDC 持保留态度，但它们也在积极探索 CBDC 的可行性、设计框架与进行试验。表 1-6 与表 1-7 分别为已经发行或正在测试的 CBDC 项目和正在设计与探索 CBDC 国家的最新进展。　　　　　　　　　　　　　（作者：陈万丰）

表 1-6　已经有项目名字并已经发行/正在测试的 CBDC 最新进展

国家	项目名称	最新进展（截至 2020 年 4 月 20 日）
中国	DC/EP	2020 年 4 月 3 日，中国人民银行在 2020 年全国货币金银和安全保卫工作电视电话会议上表示将加强顶层设计，坚定不移推进 DC/EP 研发工作，系统推进现金发行和回笼体系改革。2020 年 4 月 15 日，DC/EP 在中国农业银行进行内测
泰国	Inthanon	泰国银行（BOT）的 CBDC 项目（Inthanon）从 2019 年 8 月开始第一阶段测试，其重点是开发一个概念验证分布式实时总结算系统（RTGS）；第二阶段于 2020 年 2 月开始，现已完成，旨在进一步探讨如何在两个特定领域使用 DLT，并计划在 2020 年 7 月公布测试结果；BOT 宣布的第三阶段将会把 RTGS 原型扩展到可与其他系统连接以支持跨境资金转移交易
加拿大	Jasper	2020 年 3 月，加拿大银行表示，看不到 CBDC 的必要性，但该国曾经却是 CBDC 的积极探索者，在 R3 的分布式技术解决方案（Corda）上进行了试点项目，该项目在 2019 年 5 月与新加坡金融管理局的跨境和解试验中，进行了现场测试
新加坡	Ubin	2019 年 11 月，新加坡金融管理局（MAS）宣布 Ubin 项目正式开始第五阶段，即"目标运营模式的探索"

表1-6（续）

国家	项目名称	最新进展（截至2020年4月20日）
瑞典	E-krona	2017年瑞典已经开始研究此项目。2020年2月，瑞典中央银行宣布，已经做好准备与埃森哲集团签署为期一年的E-krona试点项目协议
立陶宛	LBCoin	立陶宛早在2018年就启动了LBChain区块链平台项目，计划于2020年上半年发行LBCoin
突尼斯	E-dinar	突尼斯央行数字货币E-dinar（电子第纳尔）在2019年11月正式启动测试，可以支持在市民之间转账，在商店、咖啡厅、餐馆进行支付
乌克兰	E-Hryvnia	乌克兰国家银行（NBU）从2016年开始探索发行CBDC，并在2019年年底完成了E-Hryvnia项目的试点，并在2020年2月于基辅举行的会议上展示测试结果
巴哈马	Sand Dollar	2019年12月，巴哈马已在埃克苏玛地区推出Sand Dollar（沙钱）试点项目，并计划在2020年上半年将试点地区扩大至阿巴科群岛地区
乌拉圭	E-Peso	乌拉圭银行在2017年11月开始测试E-Peso（电子比索）转账，通过使用短信或电子比索应用程序的移动电话，即时和点对点进行转账，并没有使用区块链，测试时发行了2千万枚电子比索，在2019年4月完成测试结束后全部销毁。该计划目前正处于评估阶段，然后才能做出进一步判定和潜在发行的决定
厄瓜多尔	厄瓜多尔币	2015年2月，厄瓜多尔推出了厄瓜多尔币，受到厄瓜多尔中央银行直接监管，并维持汇率稳定。但运行后的一年时间，厄瓜多尔币的流通量只占到整个经济体的货币量的万分之零点三不到，得不到民众使用的厄瓜多尔币在2018年4月宣告停止运行
委内瑞拉	石油币	委内瑞拉政府在2018年2月发行石油币，发行参考价为60美元，发行量为1亿，但仅半年其价格就上涨了10倍

表1-7　正在探索和设计CBDC的国家的最新进展

国家	态度/阶段	最新进展（截至2020年4月20日）
韩国	方案设计	2020年4月6日，韩国中央银行宣布，在2020年12月底完成CBDC的设计、技术审查、业务流程分析和咨询等准备，如技术筹备充足，将在2021年1月至12月进行小范围试点测试
法国	方案设计	2020年3月底，法国中央银行发布了CBDC实验应用方案征集令，并宣布7月前选出最多10个方案进行下一步的试验。法国央行报告强调以太坊（ETH）和Ripple（XRP）是可用于发行代币化CBDC的两种加密资产
英国	方案设计	2020年3月英格兰银行在CBDC报告中公布了方案设计，其不认为必须使用分布式账本技术（DLT）构建CBDC，肯定了私营公司将在CBDC发行中发挥积极作用
俄罗斯	认为过早	俄罗斯在2019年12月开展稳定币的沙盒测试。2020年3月，俄罗斯中央银行表示没有看到发行CBDC的必要性
美国	中立探索	2020年2月美国中央银行表示正在研究CDBC，了解其成本和收益以及权衡等问题

表1-7（续）

国家	态度/阶段	最新进展（截至2020年4月20日）
菲律宾	积极探索	2020年4月3日，菲律宾联合银行行长Edwin Bautista表示，新冠病毒大流行将导致该国现金步入终结，并将加快采用包括CBDC在内的数字银行服务
澳大利亚	试验阶段	2020年2月，澳大利亚储备银行（RBA）对批发型CBDC在以太坊的私人许可版本上进行了概念验证，并计划同年扩大勘探范围
日本	认为过早	2020年3月日本中央银行表示短期没有计划发行CBDC，但其一直在进行有关此问题的技术和法律研究，以便在需要CBDC时做好准备
德国	开发阶段	2020年2月，德国慕尼黑银行正在开发一种特殊用途的欧元稳定币，该币可以促进代币化证券的私募；2019年9月，德国财政部表示要引入名为"e-euro"的CBDC面对Libra挑战
印度	认为过早	2020年1月，印度国家智能治理研究院（NISG）提出《国家区块链战略》草案，该草案建议发行CBDC。但在2019年12月，印度中央银行曾表示现在谈论CBDC为时过早
土耳其	积极测试	2019年11月，土耳其总统宣称计划在2020年完成其CBDC测试
挪威	积极探索	挪威央行Norges已将研究重点放在发行CBDC上，想以此作为对客户现金的补充。2019年2月，挪威央行行长Oeystein Olsen表示，挪威央行最终可能会发行一种数字货币

注：表1-6与表1-7基于各国中央银行官网及互联网上公开资料整理。

金融科技下的重大变革：中国数字人民币体系（DC/EP）

随着区块链技术与金融科技的融合发展，各国中央银行开始关注法定货币数字化体系的研发。在各国的中央银行数字化法定货币体系中，中国人民银行的数字人民币体系（DC/EP）进展迅速，尤为抢眼。

DC/EP，全称为Digital Currency Electronic Payment，DC指的是Digital Currency，即数字货币；EP指的是Electronic Payment，即电子支付。根据中国人民银行网站①的介绍，其功能与纸钞一样，因此我们可将其看作是纸钞的数字化形态。

中国人民银行迄今未公开DC/EP的底层设计方案，但不少区块链行业人士猜测DC/EP或会借用区块链的分布式账户设计来实现交易的匿名性、可追踪性及不可篡改等。本书将基于央行已公开的信息，讨论这一体系在中国的发展概况及设计思路。

一、DC/EP在中国的发展概况

中国人民银行在数字货币方面的研究最早可追溯到2014年。在时任行长周小川的领导

---

① 本书关于中国数字货币的信息或资料，若无特别说明，均为参考中国人民银行官方网站所披露的政策及新闻报道。

下，中国人民银行成立了法定数字货币的研究小组，研究发行法定数字货币的可行性，并开始探讨相应的监管框架和法律规章。

经过两年时间对区块链技术和数字货币的研究和探讨，中国人民银行明确了数字货币代替实体货币在技术上的可行性。2016 年 7 月，中国人民银行使用数字票据交易平台作为法定数字货币的试点应用场景，并在 2 个月后，直接启动该平台的封闭式开发工作。随后，中国人民银行在 2017 年 2 月开始了在该平台测试运行法定数字货币的工作。

2017 年年底，经国务院批准，中国人民银行组织部分实力雄厚的商业银行和有关机构共同开展 DC/EP 的研发。2019 年 8 月，中国人民银行支付结算司副司长穆长春透露，中国人民银行数字货币经 5 年研究后，已"呼之欲出"。2019 年 10 月，中国国际经济交流中心副理事长黄奇帆在首届"外滩金融峰会"上预言，中国人民银行很可能是全球第一个推出数字货币的中央银行。

2020 年 4 月初，一张疑似中国农业银行 APP 内部测试中国人民银行 DC/EP 的界面在互联网疯传，截图上的功能包括扫码支付、碰一碰、DC 兑换查询和钱包管理挂靠等。4 月 17 日，《中国证券报》引述央行数字货币研究所的消息称，网传信息为 DC/EP 技术研发过程中的测试内容，并不意味着数字人民币正式落地发行。

二、DC/EP 的设计揭秘

（一）法律地位问题

根据周小川在 2016 年 2 月接受财新网采访时的介绍，"倘若数字货币要作为法定货币使用，必须要由中国人民银行来发行，而且应当遵循传统货币的管理原则。"由此判断，若 DC/EP 是作为人民币数字货币体系由中国人民银行正式推出，它实际上是被赋予了法定货币的地位，也代表中国人民银行对社会公众的负债。

正如上文所述，2020 年 4 月，《中国证券报》称数字货币需要坚持"M0 替代"前提。官媒的"M0 替代"说，已经无意中确认了 DC/EP 的地位。

至于为什么要实现"M0 替代"，周小川当年也有解释，"作为上一代的货币，纸币技术含量低，从安全、成本等角度看，被新技术、新产品取代是大势所趋。"

（二）设计的使用场景

在现实中，DC/EP 的主要功能极可能是替代人们钱包里的现金（即上面所说的 M0）——从这个角度来说，纸钞在线下所能涉及的支付场景，数字货币理论上都应该能够用到，而且即便是在没有网络的状态下也可以完成。

（三）投放与运营机制

从公开信息来看，DC/EP 将会采取双层投放和双层运营体制，即上层是中国人民银行对商业银行，下层是商业银行/商业机构对普通百姓，但运作方式将从线下实物转变成线上数字化，这个方式将大大提高数字货币的安全程度和运作效率。

中国人民银行副行长范一飞曾就此撰文，称"双层投放"有利于充分利用商业机构现有资源优势，而且，在商业银行现有基础设施之外另起炉灶，对社会资源也是巨大的浪费。"双层投放"有助于分散化解风险①，还可以避免"金融脱媒"②。

（四）关于区块链、去中心化及匿名性考虑

鉴于区块链的兴起，中国人民银行开始考虑借用区块链的去中心化及不可篡改性等特点来设计数字货币。根据公开资料，最终中国人民银行并不考虑去中心化的投放机制，而是采用中心化投放，但是仍然借鉴了区块链的非对称加密技术、UTXO 模式和智能合约等技术③。

为什么中国人民银行没有采用区块链的去中心化发行呢？中国人民银行考虑的原因主要是：

第一，中国人民银行数字货币仍是中国人民银行对社会公众的负债，因此要保证中国人民银行在投放过程中的中心地位。

第二，中心化才能保证中国人民银行的宏观审慎与货币政策调控职能。

第三，不改变二元账户体系，保持原有货币政策传导方式。

第四，要避免超发货币，中国人民银行有必要对数字货币投放实现可追踪和可监管。

中心化的发放也意味着，中国人民银行的 DC/EP 不太可能会采用区块链的分布式账户作为最主要的底层技术来设计数字货币。事实上，区块链虽然有分布式记账、不基于账户、无法篡改等优点，但是由于区块链所需占用的资源相当大，不论是计算资源还是存储资源，都无法满足现有的交易规模——比特币的交易确认时间越来越长，也是一个明证。

除了不采用去中心化发行，中国人民银行还考虑了"可匿名"性特点，实施"可控匿名"。所谓的可控匿名，即在交易中数字货币的交易双方匿名交易，但不是完全的第三方匿名，而是对（而且只对）中国人民银行这一第三方披露交易数据。

对于这种设计，背后的原因是，如果缺乏第三方匿名，会泄露个人信息和隐私，但若允许完全的第三方匿名，会助长恐怖主义活动融资和洗钱等犯罪行为。

---

①　范一飞的文章指出，在银行间支付清算系统的开发过程中，中国人民银行积累了丰富的经验，但银行间清算支付系统是直接服务金融机构，中国人民银行数字货币是直接服务公众，涉及千家万户。如果仅靠中国人民银行自身力量进行研发，支撑如此庞大的系统，既要满足安全、高效、稳定的目标，还要满足用户体验需求，很不容易。同时，中国人民银行还受制于预算、资源、人员和技术等客观约束，通过两级投放的设计，可避免将风险过度集中。

②　范一飞的文章认为，在"单层投放"下，中国人民银行直接对公众投放数字货币，中国人民银行数字货币与商业银行存款货币将形成竞争关系。显然，由中国人民银行背书的中国人民银行数字货币的信用等级高于商业银行存款货币，会对商业银行存款产生挤出效应，可能出现"存款搬家"，进而影响商业银行的贷款投放能力。此外，商业银行吸纳存款能力降低会增加其对同业市场的依赖，抬高资金价格，增加社会融资成本，损害实体经济，引发"金融脱媒"。

③　参考中国人民银行数字货币研究所 2017 年 6 月 26 日申请的专利，该专利由中华人民共和国国家知识产权局于 2017 年 11 月 17 日公布，申请号为 201710494860. 9。申请公布号为 CN107358424A。

（五）数字货币对货币政策的影响

数字货币对货币政策可能造成的影响，中国人民银行早在设计之初已有所考虑。2016年，周小川接受《财新周刊》采访时提出，发行数字货币后，货币生成机制和货币供应量需要调节。

在中国人民银行的设计中，数字货币主要是替代实物现钞，降低传统纸币的成本。它的出现将对现有的现钞"中央银行—商业银行机构"二元体系产生影响。虽然数字货币的发行与运行仍基于该二元体系，但货币运送方式（从物理传送变成电子传送）和保存方式（从中国人民银行的发行库和银行机构的业务库，变成了储存数字货币的云计算空间）都发生了变化。

这种变化将令数字货币发行和回笼的效率大大提升，加速货币流转，显然，货币供应量调节机制也需要进行变更。

三、DC/EP 和常用的支付宝及微信支付的差异

（一）法定地位不同

如果 DC/EP 成为法定数字货币系统，则属于法币性质，交易对手不能拒绝接受。而微信支付和支付宝都不是法定货币，甚至可能只是 DC/EP 的一个节点或 DC/EP 钱包。未来，人们在使用 DC/EP 进行交易的时候，不会存在类似于微信支付和支付宝之间的软件或是网络壁垒，可以直接进行交易。

由于法定地位不同，DC/EP 的信用背书远超支付宝和微信支付。后两者是依靠商业银行存款货币进行结算，而 DC/EP 则是通过中国人民银行货币进行结算。虽然可能性很小，但如果支付宝或微信背后的公司破产，则用户存在里面的钱有可能无法 100% 取回。而 DC/EP 则不同，它是得到中国人民银行保护的，背后是中国人民银行信用，不存在破产损失的问题。

（二）体现的货币供应量定义不同

根据中国人民银行的设计，DC/EP 属于 M0（流通中的现金）。而支付宝和微信支付实际上是属于支付公司的备付金部分，尽管它使用起来看似 M0，但从性质上看，属于 M1（狭义货币）或 M2（广义货币）领域。DC/EP 实际是对 M0 货币替代而不是对 M1、M2 的货币替代。

从经济角度来说，法定货币是中国人民银行对居民的负债，但 M0 属于流通中的货币，所以中国人民银行是不需要为之付息的；而 M1 是在 M0 货币基础上加入活期存款；M2 是在 M1 基础上又加上定期存款和居民的储蓄存款，所以通常都带有利息属性。

（三）离线支付功能不同

根据现有的公开资料，DC/EP 将会实现双离线支付，这也是 DC/EP 相较于微信支付和支付宝的一大亮点。而目前不论是微信支付还是支付宝，都不能脱离网络环境。而 DC/EP

是中心化账本模式，可以通过先记账再扣款的形式实现双离线支付。

由于是先记账再扣款，所以基于安全考虑，双离线支付主要用于小额支付，符合 DC/EP 替代纸币的定位。

四、发行 DC/EP 意义重大

（一）传统纸币和硬币有望退出历史舞台

传统纸币和硬币从制作到回笼的各环节成本都非常高，还需要投入成本进行防伪，而且携带起来并不方便，货币的演变必将走向数字化。倘若 DC/EP 被大规模发行和使用，纸币或许会逐渐退出历史的舞台。当然，这个时间不会太短。

根据周小川的预测，考虑到中国人口基数大、地缘辽阔等因素，中国要从纸钞过渡到数字货币至少需要约 10 年的时间。所以，数字货币面世之后，将会在相当长的时间内与现金形成共存和逐步替代的关系。

（二）数字货币背后的数据可成为经济指南

DC/EP 的货币运送方式和保存方式从传统的物理方式向网络及计算机的数据模式变化，使得它所承载的交易信息能更快、更高效地被央行及其指定机构收集、储存和分析。

数字人民币体系综合借鉴了多层技术，除了区块链技术，研究团队还深入研究了移动支付、可信可控云计算、密码算法、安全芯片等。通过这些技术，政府能够通过数字货币把握资金流向，监控社会 M0 的流动情况，加强货币传导的作用，从而实现反腐和反洗钱等。

由于货币直接与经济相关联，通过数字人民币体系所体现的社会经济活动数据，中国人民银行将有机会做出更符合经济活动规律的货币决策。

此外，DC/EP 将会促使越来越多的国家研究 CBDC，它或许将成为全球法定数字货币研究的典范。

（作者：黄宙有[①]）

一文读懂新加坡中央银行数字货币计划 Ubin 项目

新加坡是最早一批对法定数字货币进行实战式演练的国家之一。早在 2016 年，新加坡金融监管机构——新加坡金融管理局（MAS）就进行了这方面的努力。

新加坡的数字货币计划被称为 Ubin 项目（乌敏岛），在 2016 年就已"真枪实弹"地进行了试验，并运行了 6 周。Ubin 项目可能是最早研究、探索和实践分布式账本技术的法定数字货币计划。

[①] 黄宙有，香港奇点财经市场运营负责人，区块链领域爱好者，跟踪全球最新区块链研究，为多家数字货币交易所提供推广、开拓市场等服务。

根据新加坡方面的反馈，2016 年的试验开展得很顺利。项目方对第一个阶段的结论是：分布式账本技术提供了保存数据完整性的能力，数字化的新加坡元不再是遥不可及的技术。

第一阶段结束后，新加坡方面继续进行了 5 个阶段的努力，继续探索银行间交易、对等支付、付款交割和跨境支付等不同的实际场景。

2019 年，Ubin 项目有了新进展：新加坡金融管理局（MAS）与 J. P. 摩根、淡马锡共同开发基于区块链的多货币支付系统原型，并认为该网络具有提高企业成本效率的潜力。MAS 在 2019 年的"新加坡金融科技节"和"新加坡创新与技术周"上对有关产品进行了展示。

Ubin 项目因何提出，为什么说它值得各国央行学习，本节做一个简要的解说。

一、Ubin 项目的提出及强大背景

Ubin 项目的名字来源于乌敏岛（Ubin），这是新加坡的一个外岛，也是新加坡最后的部落或村庄的所在地，人口不多，常住人口不到百人。按新加坡政府的规划，岛上的大部分自然环境将维持原状。该岛曾经为新加坡提供了很多的花岗岩，用于铺设新加坡的新柔长堤，为马来西亚和新加坡的双边贸易和关系奠定了基础。所以 Ubin 项目也希望能将行业参与者召集在一起，通过技术创新引领企业和人民生活的未来。

Ubin 项目和中国人民银行的 CBDC 有所不同，新加坡的金融监管机构选择了一条更开放透明的路线，甚至把相关的报告和部分程序代码进行了开源，让更多人可以根据这些珍贵的公开资料进一步研究。

新加坡金融监管局在 Ubin 项目的报告中明确表示，区块链本质上就是分布式账本技术的实现方式。Ubin 是一个合作项目，希望能与行业的合作伙伴一起，探索使用分布式账本技术进行针对支付和证券的清算和结算。该项目旨在通过实际的试验，帮助 MAS 和整个行业更好地理解分布式账本技术，因为它有可能使金融交易和流程更加透明、更具弹性并且成本更低。Ubin 项目的最终目标是帮助开发基于中央银行发行的数字代币，并提供比当前的系统更简单和更高效的解决方案。

Ubin 项目的合作方几乎都是全球顶级机构，和金融相关的机构包括：淡马锡、美银美林、瑞士信贷集团、星展银行、汇丰银行、J. P. 摩根、三菱日联金融集团、华侨银行、新加坡交易所、大华银行、花旗银行和渣打银行。它在技术上的合作伙伴包括埃森哲、R3 联盟、IBM、ConsenSys 和微软。此外，其他的参与者还包括了咨询机构和中央银行，包括德勤、纳斯达克、英国中央银行、加拿大中央银行和毕马威等。

二、Ubin 项目分六个发展阶段

如图 1-19 所示，Ubin 项目分为六个阶段，目前已经发布了前四个阶段的总结报告。

第一阶段：
数字化的新
加坡币(SGD)

第二阶段：
国内银行间
交易

第三阶段：
将DLT技术运
用在"付款交
割"(DvP)

第四阶段：
跨境结算的
"对等支持"
(DvP)

第五阶段：
目标运营模式

第六阶段：
跨境的"付
款交割"和
"对等支付"

图 1-19 Ubin 的六个阶段

资料来源：Ubin 第三阶段 DvP 的总结报告（https：//www. mas. gov. sg/-/media/MAS/
ProjectUbin/Project-Ubin-DvP-on-Distributed-Ledger-Technologies. pdf）。

（一）第一阶段：数字化的新加坡元（SGD）

在该阶段，MAS 和 R3 联盟探索并评估了使用新加块中央银行数字货币（SGD 的代币
化版本）进行银行间支付和分布式账本结算的技术可行性。

在该系统中，参与的银行将现金抵押到 MAS 在中央银行的托管账户中。MAS 将在分布
式账本中以数字化的 SGD 创建等价的代币，并将其分配给相应的银行。参与银行从中央银
行收到数字化 SGD 之后，便可以自由地互相进行汇款或与中央银行之间进行汇款（付款）。

Ubin 项目第一阶段进展很顺利。如图 1-20 所示的 Ubin 架构图，通过将分布式账本与
MAS 的 MEPS+系统（一种实时全额结算系统）集成和同步，可以实现银行间支付。这意味
着，除了提供 24 小时的运行时间和记录的可追溯性之外，分布式账本还保持了现有电子支
付和记账系统中保存数据完整性的能力。数字 SGD 货币市场不再是遥不可及的技术，在这
种市场中，银行可以相互借贷和借用数字 SGD，而无需向中央银行抵押现金。

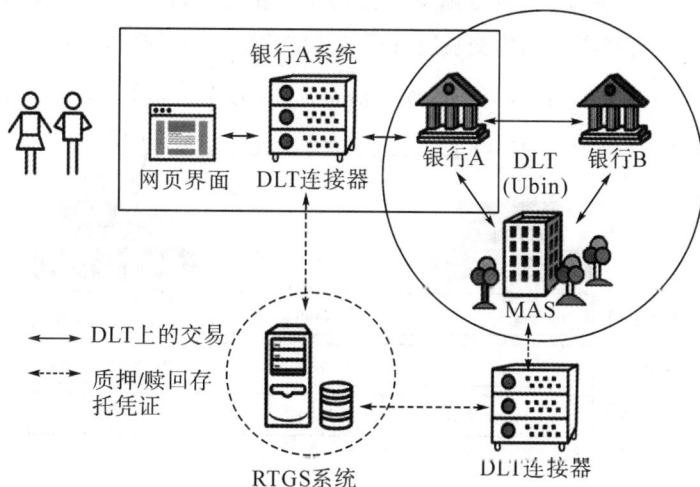

图 1-20 Ubin 的架构图

资料来源：Ubin 第一阶段总结报告（https：//www. mas. gov. sg/-/media/MAS/Project
Ubin/Project-Ubin--SGD-on-Distributed-Ledger. pdf）。

（二）第二阶段：国内银行间交易

在该阶段，MAS 和新加坡银行协会（ABS）探索了使用 DLT 的银行间转账，并评估特定的实时全额结算系统（RTGS）的功能，比如队列处理和付款死锁（payment gridlocks）的解决方案。

在第一阶段中，Ubin 已经证明了数字化 SGD 可以在国内银行间支付的分布式账本上运行，而第二阶段就是消除结算过程中常见的问题：付款死锁。由 MAS 和 ABS 发起的第二阶段探索了分布式账本在特定 RTGS 功能中的使用，重点是分布式的"流动性储蓄机制"（LSMs）。

另外，还需要解决交易的隐私问题。该阶段在三个不同的分布式账本平台上开发了三个原型：Corda、Hyperledger Fabric 和 Quorum。该阶段的目标，是在当时的 13 周之内，将基于分布式账本的全功能 RTGS 系统投入运营。

（三）第三阶段：将 DLT 技术运用在"付款交割"（DvP）

在该阶段，MAS 和新加坡交易所（SGX）合作，在两个独立的区块链平台上实现国内的付款交割结算，以处理代币化的资产。两者还共同发布了一份行业报告，提供了通过智能合约自动进行付款交割结算流程的全面视图。

在该阶段中，项目的合作伙伴选择创建了三个基于分布式账本平台的原型：Anquan 提出的方案为许可区块链与 Quorum，德勤提出的方案为以太坊与 Hyperledger Fabric，纳斯达克提出的方案为 Chain Inc. 与 Hyperledger Fabric。

图 1-21 中描述的处理流程，是由三个合作伙伴采用的通用流程，但设计上还存在细微差异。具体来说，Cash ledger（现金账本）是由中央银行管理的数字化新加坡元账本，而 Securities ledger（证券账本）是由交易所管理的数字化新加坡元账本。

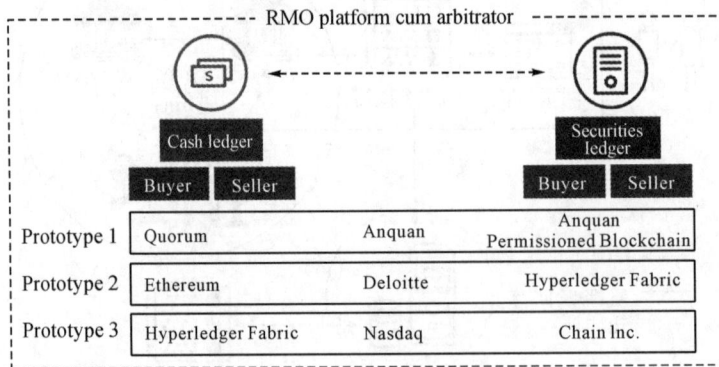

图 1-21 三个解决方案原型

资料来源：Ubin 第三阶段 DvP 的总结报告（链接同图 1-19）。

（四）第四阶段：跨境结算的"对等支付"（DvP）

该阶段的目标是评估跨境 DvP 的可行性。这一阶段的评估是和加拿大中央银行及英国中央银行共同进行的。该阶段结束后，MAS 和加、英两国中央银行联合发布了一份报告，评估了可优化跨境支付和结算的一种替代方案。

随后，MAS 和加拿大中央银行将各自国内的实验性支付网络（即 Ubin 项目和加拿大 Jasper 项目）连接起来，成功使用中央银行数字货币进行了跨境和跨货币支付的试验。两家机构还联合发表了一份报告，提出了跨境结算系统的不同设计方案。

（五）第五阶段：目标运营模式

该阶段的目标是评估分布式账本对现有监管框架和市场流程的影响。

在最新的进展中，MAS 与 J. P. 摩根、淡马锡共同开发基于区块链的多货币支付系统原型，具有提高企业成本效率的潜力。

该网络正在进行行业测试，以确定与商业化区块链应用集成的能力。除了技术层面的实验之外，该阶段还试图确认基于区块链的支付网络的商业可行性和价值。

（六）第六阶段：跨境的"付款交割"和"对等支付"

该阶段的目标是使用之前获得的经验来执行支付和证券的跨境结算。

截至本书发稿，关于第五和第六阶段的公开细节并不多，但新加坡金融管理局在探索分布式账本技术的路程中，特别是在落地和试验方面均处于全球前列，加上其开源、包容、协作的态度，值得各国中央银行参考和学习。

（作者：潘致雄[①]）

---

① 潘致雄，链闻研究总监，诺亚财富前产品经理。

第二章

虚拟资产之二： 数字资产赋予传统资产
新形态

区块链技术不仅成功地创造出了加密货币，也赋予了各类资产全新的数字形态。特别是链上资产和链上数据的出现，让各类实物资产和知识类资产的拥有者可以更容易地享受到资产的确权保障、价值分割，以及交易结算等便利。

◆资产上链：资产通证化的意义与前景

资产上链，即资产通证化（tokenization），可以定义为：受安全法律法规约束的任何基于区块链的价值体现，包括传统资产（如股票、债券、衍生品、房地产等）的链上通证，还包括被监管机构视为证券的预售实用型工具通证。

伴随着监管的支持和法律的完善，资产通证化不但能够继承传统金融产品所代表的资产所有权和价值属性，还可以获得区块链带来的全球实时交易结算下的便利性，从而降低交易成本，并提高金融服务效率。

金融资产的最重要风险特征之一是流动性（liquidity），人们总是渴望能够在复杂的金融市场中获取良好的流动性补偿，所以缺乏流动性的资产往往会出现流动性折让问题，而流动性强的资产可以获得流动性溢价。

流动性是市场深度的表现，可以通过买卖价差（市场宽度）衡量。流动性差并不代表无法交易，只不过要付出更昂贵的交易成本，或是要等待更长的时间才能实现交易，抑或两者都沾——即买方要付出更高的溢价或是卖方要付出更高的折扣，并且等待更长的时间，才能实现交易。

想象一下，如果我们对相对缺乏流动性的资产进行通证化，并创建一个可以交易这些通证化资产的交易市场，就能大幅度地减少流动性折让。

一、极具上链意义的传统资产

理论上，任何资产都可以上链以及通证化，然而对于风投基金、房地产以及艺术品这些低流动性、单位价格高或者监管相对不完善的资产来说，上链以及通证化更具重要意义。

（一）风投资本

通常，风险投资（venture capital，VC）基金要求有限合伙人（limited partner，LP）的资金锁定10年，给出的理由也看似令人无法反驳：VC基金投资于流动性较差的证券，在此期间无法满足赎回要求。于是，流动性溢价成了风险投资回报的重要组成部分。传统风投基金通过各种层面的限制，来阻止LP交易其头寸，而且VC基金也从不会积极去促进LP间的交易。

然而，区块链风险投资公司已经证明这种模式可以被打破：他们通过发行区块链通证为风险投资基金进行部分筹款。对基金发行方来说，他们获得了需要投资于流动性不足的证券的资金；对于区块链风投基金的投资人来说，他们可以在二级市场将该通证出售给另一位投资者，而不用等 10 年再退出这只基金的投资。

重要的是，这种通证化安排不需要基金被迫出售资产以满足 LP 们的赎回要求。此外，由于通证是高度可分割的①，因此无须最低投资门槛（因此每次交易的规模可以很小，令二级市场的交易更容易达成）。从这个角度来说，资产上链能促进低流动性标的资产的二级市场交易。

（二）房地产投资信托基金

对于商业房地产，虽然房地产投资信托基金（REITs）这个金融工具已经能够提供一定的流动性，但 REITs 的设立成本很高，并且通常持有一篮子资产而不只是一栋建筑。

如果将某个房地产上链，那么这个财产便可以被分割为多个单元，并允许多个利益相关者同时购买。资产所有权的详细信息被永久记录在区块链上，以确保所有权永远不会受到挑战。如果用户想出售所拥有的财产份额（例如住宅价值总额的百分之一），则可以自由出售而无须考虑和其他投资者的烦琐协调。

而希望投资某个地产项目的用户，则可以简单直接地购买更多与该资产相关的通证，而不需要与其他持有者沟通。也就是说，房地产投资者可以用 10 美元的价格购买到某个单一商业房地产资产（例如中银大厦）的份额，或投资 100 美元认购某个美国注重能源环保的一套绿色建筑评价体系（leadership in energy and environmental design，LEED）认证的住房项目。

此外，以房地产为价值背书的通证交易还能增加资产流动性。房地产评估师将变得更像股票分析师，因为房产一旦上链，并支持通证交易，任何建筑物的市场价值都将一目了然。随着土地价格的飞涨，房产通证化完全有可能是中产阶级在不久的将来能够参与房地产投资的主流方法。

目前全球房地产价值超过 220 万亿美元，其中约有 25%（55 万亿美元）是商业性的。假设将这部分低流动性资产通证化并实现自由交易，哪怕只有 10% 的流动性溢价，也足足有 5.5 万亿美元。这说明通证市场的潜力相当巨大。

（三）艺术品

传统艺术品市场存在许多欺诈和监管不足情况，这引发了赝品交易和拍卖行与画廊垄

---

① 这里所说的通证的高度可分割，指的是在区块链技术层面不会对通证进行限制，通常精度可以达到 8 位。目前全球范围内以区块链为基础的数字货币对于投资门槛限制极少。以公共区块链平台以太坊为例，它的最低投资门槛无须监管部门来制定，而是由以太坊区块链网络（Ethereum）自身决定的。Wei 是最小的以太币 Ether 单位。1ETH = 10～18Wei。

断等行业性的问题。随着区块链技术的到来，这些问题有望迎刃而解。与此同时，越来越多的业界人士已经开始探索全新的艺术品交易形式。

艺术市场面临的最大挑战之一就是验证其真实性和出处。日内瓦的美术专家协会（FAEI）在 2014 年的一份报告中指出，其所检查的艺术品中有 50% 以上是伪造的或未经正确署名的艺术品。而由数百万台计算机同时托管的区块链账本则可以降低被黑客集中破坏的可能。因此，区块链有望成为传输数字数据最安全的方式之一。

目前，全世界已经有数十家机构正在艺术市场使用区块链技术，这使艺术品的透明度水平达到了史上新高，并赋予持有者无可辩驳的所有权证明。

区块链技术在艺术市场的应用主要体现在以下三个方面：

（1）使用区块链的历史区块跟踪艺术品和收藏品的出处，以确保监管是真实且防篡改的。

（2）为买家和收藏家提供安全性和匿名性。

（3）确保准买家在做出购买决定之前，能获得所需的所有准确信息。

一方面，艺术品世界在很大程度上由拍卖行和画廊主导，这些拍卖行和画廊有动力去哄抬艺术品价格，以使自己获利；另一方面，他们可以控制艺术品交易的准入门槛。这个现状导致越来越多的行业人士开始寻求一种新兴的数字艺术形式，以恢复艺术家的权利，并争取从艺术品销售中剔除中间商。从比特币涂鸦艺术到艺术品的新兴区块链艺术运动也因而随之而来，如法国艺术家 Youl 的作品《最后的比特币晚餐》，于 2014 年在 eBay 上以近 3 000 美元的价格售出。

在 2018 年的 Ethereal Summit 峰会上，世界上第一件虚拟服装"Iridescence"以 9 500 美元的等价加密货币出售，用以支持"Art and Blockchain 慈善基金会"。这是有史以来第一笔为慈善机构拍卖的数字高级时装。"Iridescence"连衣裙是由 2D 计算机生成的图案创建的，并通过技术转变为 3D 模型。用户在区块链上可以浏览、购买和"穿着"它。目前这件连衣裙由法国艺术家 Johanna Jaskowska "穿着"，通过她与 Instagram 合作开发的数字面部过滤器来适配，从而实现在社交媒体的推广。

艺术品上链后，由于通证天然具备分配资产所有权的能力，因此基于区块链的通证可以轻松赋能艺术行业的交易与投资。例如，价值数千甚至数百万美元的绘画作品可以由持有特定数字通证的多个人共同拥有，买家无须购买实体，而是通过一定数量的通证获得绘画作品的对应百分比的所有权。之后，通证持有者可以在二级市场上交易其份额以获利，也可以直接与特定的第三方进行交易。同时，绘画仍然在画廊或博物馆中展出，并有可能为通证持有者带来被动收入。

二、资产通证化与资产证券化的区别

通证化手段允许个人或实体将现实世界的各类资产转换为存储在区块链上的加密资产，

并允许我们在区块链上对现实中的任何实物资产的所有权行使权利：商业建筑、私募股权、公司债券、国债和家庭住所……

从某种角度来说，资产通证化等于利用区块链技术将资产证券化。尽管股票市场已经让全世界对它的有效性有所了解，但是基于区块链的通证化具备了包括安全性、低成本性以及个人的易用性等不可忽略的优势，因此从这个角度上来讲，资产通证化要优于资产证券化。

与传统股票交易所相比，虚拟资产交易所在很多方面也做得更好，比如：从没有休市，24 小时不间断结算，智能合约消除了中介机构，采用更低廉的交易成本和支持全球交易等。

此外，证券交易是一个严酷的竞争环境，证券交易所严格的规则决定了游戏流程。传统股票交易所和虚拟资产交易所当下最明显的区别是：它们交易的是完全不同类型的资产。在证券交易所交易公司股票是公司股权的体现，即购买了股票代表着你成为该公司的股东，你有了这个公司的部分所有权；而对于虚拟资产来说，投资者的权益具体体现在通证所背书的标的价值。

三、资产通证化促进区块链生态发展

如果在现有的协议（例如 ERC1400）上构建传统资产通证，将影响协议的基础区块链网络（例如以太坊）的价值。此外，传统资产通证化，也极大地丰富了链上的原生代币的支付场景。例如：以 ETH 或 BTC 支付股票通证的股息、支付房地产通证的租赁付款，或支付债券通证的票息付款。这些都将大大推动对公链原生代币的需求，并提升底层区块链（如比特币或以太坊网络）的价值。

2019 年，Inveniam Capital Partners 公司用 BTC 为佛罗里达州迈阿密市中心一栋 WeWork 办公大楼提供了抵押，这些股份将由以太坊区块链上的 ERC20 通证代表。

近几年来，房地产通证化案例已经越来越多：Templum Markets 在 2018 年出售了代表科罗拉多州的一个滑雪胜地股份的通证化证券，并接受以美元、BTC 和 ETH 支付。同样，通证化证券公司 Harbor 也在出售南卡罗莱纳州一座高层建筑的 955 股股票，不过每股仅值 2.1 万美元。Harbor 首席执行官 Josh Stein 表示："使用通证化的股份可以让公司更容易地追踪股东，并核实他们是否符合相关证券法。"

当越来越多的传统资产上链并实现通证化，传统资产发行人对于治理链上协议通证的需求也会不断增加，进而有可能产生新的区块链和平台。

四、虚拟资产的发展速度仍然依赖于传统金融的态度

我们看到，到目前为止，世界上很少有国家采用通证化和区块链技术。除了像马耳他和瑞士这样的一些特例之外，各国政府仍在起草针对数字资产生态系统的特定法规。

然而，资产通证化会是一个趋势，并且有望在不久的将来彻底改变整个资产类别，开

启新的货币化、收入和投资方式。资产通证化降低了购买优质资产的门槛，提升了资产流动性。在未来，虚拟资产交易所与传统股票交易所之间的界线将有可能会越来越模糊。大多数现有的股票交易所将支持通证交易，因为大多数资产将被通证化。

我们也要看到，虚拟资产市场的高波动性有可能会继续阻止传统金融市场从业者参与其中，特别是虚拟资产的骗局数量及其复杂程度，将令基金经理感到恐惧，加之虚拟资产价格的暴涨暴跌，这样戏剧性的起伏，更是阻止了股票投资者接近虚拟资产。

尽管如此，资本市场的态度似乎正在逐渐放开：纳斯达克、牙买加证券交易所、德国斯图加特交易所集团、瑞士证券交易所和伦敦证券交易所已经开始提供虚拟资产产品。归根到底，资本专注的永远是利益而非威胁。 （作者：朱虹桥[①]）

◆游戏虚拟资产的变现

在去中心化应用领域中，大家普遍认为区块链最大的应用领域便是去中心化金融和区块链游戏。以太坊联合创始人 Vitalik Buterin 曾在 2018 年的采访中表示，金融和游戏会是区块链率先落地的两大应用领域。

区块链技术伴随着比特币的诞生而广为人知，中本聪对比特币的期待，来源于对现有金融系统的不满。因此最先关注到这一技术的除了密码学极客等技术党以外，便是关注到比特币惊人涨幅的金融领域。金融行业与区块链技术的结合不难理解，因为这一技术本身就是因为金融体系的不足而诞生的。2019 年以来不少 DeFi 项目的火爆，也证明了区块链在金融行业的影响力。

而在大家所关注的游戏行业，伴随着区块链而生的数字资产很大可能会为现今遇到瓶颈的游戏领域赋予新的生机。

一、数字资产与区块链游戏

2017 年 12 月末，一只交易价格达到 125 673 个以太坊的"加密猫"（Cryptokitties）引发全球关注，一只"猫"竟然能卖出 2.6 亿人民币以上？而且是一只摸不着的电子猫？这个匪夷所思的交易额，使得数字资产这一形式在游戏领域得到了"价值验证"。

在大家玩过的大部分游戏中，自己创建的角色的虚拟资产都是由游戏方发放的，它是服务器中的一串数据，一旦游戏方将服务器关闭或者数据清空，也就什么都没有了。

但区块链技术让用户真正拥有了游戏虚拟资产的所有权和交易权。玩家拥有了资产所有权后，即使游戏运营方关闭服务器，玩家依旧能在区块链上查看到自己的游戏资产，并

---

① 朱虹桥，比利时列日大学高级企业管理硕士，曾就职于蚂蚁金服，担任资深技术工程师，现任 Coinsuper Fintech HK 高级产品经理，区块链媒体专栏作者。

且如果有一定的技术支撑，玩家甚至可以自建社区以及搭建私人服务器，继续回到这个游戏中。

玩家拥有了资产的交易权，游戏中的道具才算是能够自由流通。比如我抽到了一张不太需要的卡牌，可是我的朋友需要，我完全可以送给他。又比如前文所提的游戏关闭服务器后，多数玩家也不再玩这个游戏了，这个游戏中的资产仍然可以在市面上流通，即使它失去了使用价值，但对于一些怀旧的收藏玩家而言，它可能成为游戏世界中的"古董"，有了收藏价值。

这还仅仅只是数字资产给游戏行业带来的最直观的变化，而从所有权与交易权，能够衍生出更多的想象空间。

二、数字资产赋予游戏新的想象空间

（一）"游戏多元宇宙"及游戏道具"穿越"

数字资产除了所有权及交易权以外，游戏道具"穿越"也是行业经常会提到的。游戏道具"穿越"这个概念由知名游戏引擎 Cocos-BCX 提出，Cocos-BCX 认为，当下游戏体系中，许多道具设计都是泛用，因此 Cocos-BCX 提出，世界观相同的游戏资产和道具可以进行互通。游戏道具在同一世界观之下遵循统一的世界规范，世界观相同的游戏资产和道具能够通过支付迁移费用在本世界观下的不同游戏世界中迁移、互通，即游戏道具的"穿越"。我们可以理解为在 A 游戏中获得的道具可以通过支付迁移费用转移到同一世界观的 B 游戏中。

此外，区块链游戏平台 Enjin 也有比较相似的概念。Enjin 提到，在理论物理学中，多元宇宙是一系列无限的宇宙，存在着各种可能性。而在游戏环境中，玩家能够在多个游戏中使用 Enjin 平台体系下的多元宇宙物品。这也意味着，在不同的游戏平行宇宙中，同一个多元宇宙物品能发挥不同的功能。这便是 Enjin 所提出的"游戏多元宇宙"。

Enjin 所提出的游戏多元宇宙，是将不同的游戏比作不同的宇宙空间，而玩家在不同的游戏宇宙中有不同的身份，他所拥有的物品在不同宇宙中也就有了不一样的功能。这是人们在许多小说或影视中所期待的，而 Enjin 认为，这能够通过区块链在游戏中实现，并且只能通过区块链实现。我们可以理解为这一功能主要指的是，在使用同一数字资产标准的游戏中，同一件道具可以在不同游戏中具有不同的功能并实现多次使用。

比如说，在腾讯的区块链游戏《一起来捉妖》中，大家繁育的"专属猫"可能可以在王者荣耀手游中作为宠物一同战斗。又或是玩家在游戏 Minecraft 中造了一把枪，可能可以在游戏《绝地求生》中作为特殊道具使用。玩家甚至可以是在 A 游戏中获得了 6 颗宝石，再在 B 游戏中获得了一个无限手套，最后在 C 游戏中合成，变成了灭霸，获得随机消灭场上一半敌人的技能。

这对于游戏行业而言，能够更大地增加游戏的趣味性，丰富游戏之间的联动玩法，同样，有心者还可以利用这一功能，实现老游戏向新游戏的导流，或是实现一款游戏的"起死回生"，利用新游戏来延长老游戏的生命周期。

（二）游戏资产的透明化及"贬值"问题

区块链技术给游戏带来的还有游戏机制上链的选择。如今，许多玩家对自己所玩游戏的运营方有诸多不满，例如抽卡掉率不透明，花很大精力培养的强力英雄被削等。即便是现在国内手游都要求掉率透明，但仍然有玩家会认为，游戏方公布的仅仅是较高级的超级稀有（superior super rare，SSR）、超级稀有（super rare，SR）等不同稀有度的总概率，因此质疑游戏方对个别卡牌掉率进行调整。

如果游戏方想要自证清白，游戏抽卡机制上链是一种不错的选择。一方面，当数据通过上链而透明化后，玩家能够清楚地看到自己抽取的游戏资产是否真如游戏方所说的，属于高稀有度资产。另一方面，游戏方想要偷偷修改掉率也变成很难的事情，甚至上链的数字资产可以在一开始就固定产出数量，而不是像大部分游戏中无限制地产出，从而能够激励玩家更早进入游戏，以获取游戏初期红利，因为这样的数字资产更不易贬值。

关于玩家比较担心的游戏资产贬值问题，Enjin平台提出了游戏道具应该具备最低支持价值。Enjin认为游戏道具应该是具备内在价值和ENJ（Enjin平台发行的通证）支持价值的。ENJ支持价值是一个道具的最低价值，而道具的内在价值则可以取决于其效用、稀有性以及其他变量，游戏的内在价值与ENJ支持价值的价差就是开发者通过该游戏应当获取的收入。

因此Enjin平台提出，游戏开发者在创建道具时，应该使用少量的ENJ去制造，这样既能让游戏开发者不滥发道具，又可以作为一种最差情况下的保险——让游戏玩家在不再存在的游戏或服务器中获得物品后仍然可以通过熔化物品来换取ENJ，以此使物品具有真实价值。这样的方式让游戏资产更具有真实物品的价值，始终有着成本价格的托底，而杜绝游戏方无限制滥发最终导致游戏资产变成价值为零的数据的情况。

（三）与游戏开发者共进退的玩家

区块链技术诞生以来，因为其一直标榜着"去中心化"，所以被大部分人认为这是一种改变企业与消费者生产关系的重要技术，甚至认为它可能消灭企业这种形式，由自由度更高的"社区"这一组织形式取而代之。

虽然就现在来看，这一期待还非常遥远，中心化的交易所等机构反而成为目前获利最大的赢家。因此"去中心化"与"社区"也成为区块链从业者们自嘲的词语。但笔者仍然在思考着这样一个问题，在区块链游戏中，数字资产或许会成为促进玩家与游戏运营者合作的一种方式。

在过去，游戏玩家与运营方只是消费者与商家的关系。但数字资产的出现，让游戏道具不再只是很有可能被随时收回的虚拟商品，它被赋予了玩家所有权与交易权后，便同时具备了价值"炒作"的属性（正如前文所述的被炒出高价的"加密猫"）。

由此，游戏方的收入模式不再是单一的广告模式，还包括向玩家收取的道具购买费。游戏方可以通过生产一些超稀有的道具，让玩家参与竞拍，提高单个道具的收入额；也可以联合道具交易平台，收取一定的道具交易手续费；又比如说，它甚至还可以兼备一些更特殊的金融功能，让游戏道具的种类变得更多样，并且更具"价值"属性。

在这种情况下，游戏玩家与游戏方的关系便变得微妙起来，游戏玩家为了维护自身的利益，希望自己手中的数字资产价值越来越高，而游戏方为了获取更多的收益，也同样希望自己发行的数字资产价值越来越高。

在这种情况下，玩家对游戏的归属感将会更强，更能够提升玩家对游戏运营的参与性，同时大量玩家对游戏的不满也能够直接体现在游戏内资产的价格上，这使得游戏方无法再无视玩家意见，自发组建的游戏社区也能够成为游戏未来发展中的重要角色。

对于开发者而言，通过给游戏资产赋予价值，游戏资产的高流通性会带来新的手续费收益。将游戏资产流通的活跃度转变为游戏开发者的盈利，这也能更好地促进游戏开发者不断为新发行的游戏资产赋值，并且尽可能地让过去发行的游戏资产不快速贬值。

三、区块链游戏：数字资产的标准演变

（一）非同质化标准的出现

以往提到以太坊通证时，大家经常听到的是 ERC20 标准，但笔者认为，其实 ERC20 这一通证标准并不完全适用于区块链游戏，游戏中的道具更偏向于日常生活中的商品，个体之间差异性较大，因此业界有人提出了非同质化通证（non-fungible Token，NFT）这一概念，其中最著名的就是"加密猫"使用的 ERC721 标准。

ERC20 和 ERC721 之间的区别非常明显，并且分别是同质化通证和非同质化通证的代表。同质化通证，代表每一个通证都是一样的，并且可以碎片化，比如分成 0.1 个等；而后者使用的正是加密猫所使用的通证标准，使用这一标准的每一个通证都是独一无二的，并且最小单位是 1。

（二）ERC1155 的进步

ERC20 与 ERC721 这两种方法都存在缺陷。基于这两个标准创建的每种 Token 的交易都需要一个独立的合约来定义。如果想仅用这两个标准的技术来面对将会拥有百万级别以上的道具的主流游戏市场，显然会给现阶段性能仍然不完善的区块链主网带来巨大的问题，并且大量的 gas 费（创建合约以及交易通证所需支付的费用）也会影响到用户的游戏体验。这也是 Enjin 认为加密猫只是一个概念证明的原因，它展示了区块链给游戏带来的可能性，

但也造成了以太坊网络的拥堵。

于是 Enjin 提出了 ERC1155 的方案，该方案的突破点有以下几个方面：①将通证捆绑解决了交易的低效率问题；②将多次交易打包解决主网的拥堵和高额 gas 费问题；③同时支持同质化通证和非同质化通证，解决同一游戏两者兼容的问题，比如一把枪和一大袋子弹，前者使用非同质化通证而后者使用同质化通证（因为一大袋里的子弹，每个都一样的，同质的）。

笔者认为，可以把 ERC1155 看作是将 ERC20 和 ERC721 的特征结合在了一起，并且通过打包的手段减少对主链的负荷，以此达到游戏性能的高要求。

（三）ERC721x 与 ERC1178 的提出

基于以太坊的侧链 Loom 则提出了 ERC1178 的标准，ERC1178 允许在同一合约中定义多种类型的数字资产。这意味着它允许同时转移任何数量的特定类型的数字资产，这对于一次性转移大量有价值的数字资产的用户很有用。

而以 ERC1178 为基础，使用 ERC721 兼容层将他们包装起来，这就是 Loom 提出的更有效的 ERC721x 标准。兼容层保留了铸币功能，允许根据需要铸造单个 ERC721 代币。它可以看成是 ERC1178 和 ERC721 的结合。

（四）dGoods：EOS 的数字资产标准新尝试

dGoods 是由区块链游戏公司 Mythical Games 发起，联合 EOS Lynx、Scatter 等众多 EOS 知名节点一同合作搭建的数字资产标准。dGoods 标准提供的中继数据模板（mentadata templates）适用于三维和二维资产，例如游戏、优惠券、音乐文件、艺术品、门票等。使用该模板创建的 Token，在钱包里可以展现出通证所映像的资产的图像和信息等。

dGoods 标准的构建理念是，让数字资产与现实世界物品一样，具有所有权证明。该标准通过内置不可篡改的字段功能（正如区块链设计者所预期的那样）来描述所有权证明的属性。

此外，dGoods 标准改善了一些通证标准协议的缺点。一方面，使用 dGoods 标准的通证合约，一份就能支持"多个分类通证"。与那些一个通证合约只能支持一种通证的标准协议相比，此标准的合约具有降低复杂性和成本的额外好处。另一方面，该标准在一份通证协议合约中能同时支持同质化通证和非同质化通证。相比那些只能支持一种通证类型的标准，dGoods 标准对用户更加友好。

（五）ITAM NFT 标准的提出

在 EOS 上的 NFT 标准中，韩国区块链游戏公司 ITAM 提出了 ITAM NFT 的标准。ITAM NFT 是 ITAM Store 上游戏的通证标准，用于标记用户在游戏中获得的特别的数字资产，例如装备、角色、成就、排名等，为用户提供不可篡改性和真正的所有权。基于 ITAM NFT 的数字资产可以在游戏用户中互相借用，借入方在指定时间内可以在游戏中使用该资产，租借过程完全通过智能合约的方式来实施。ITAM Games 也加入 dGoods NFT 标准，因此 ITAM Store 已经确认支持 dGoods NFT 和 ITAM NFT 两种通证标准。

（六）BCX-NHAS-1808 标准

BCX-NHAS-1808 是 Cocos-BCX 提出的非同质数字资产标准，与之前提到的以太坊非同质化标准相比，这一标准具备资产与合约分离的特性，以及可扩展、可自定义数据区域和可兼容其他非同质资产标准的功能，并且能够以扩展域数据控制资产访问权限，将资产数据与合约分离，独立存在于区块链网络中。

由于现在的公链类别较多，因此 NFT 标准也非常多，以上列举的只是一些共识度比较高的标准。除此之外，还有一些其他标准，比如区块链钱包 AlphaWallet 自主开发了 ERC875 协议，对 ERC721 标准进行了优化，使其变得更简单直接；又比如，以更复杂的非同质化通证为基础的全新复杂型数字资产 ERC998，基于该标准的每个通证均可以被看作一个数字资产投资组合；以及将"创造权"或"所有权"分离的 ERC1190，其通证的创造者在交易了数字资产后，可以一次性获得"所有权"带来的收益，并且因为"创造权"的存在，创造者会在之后的每次交易中，获得一定比例的"所有权"收益。（作者：李桑桑[①]）

数据上链：区块链与存储技术结合的数字资产

5G、大数据和人工智能（AI）时代的到来，带动了数据存储行业的飞速发展，其增速每年高达 30%~40%。数据已经成为人类生产活动中最有价值的资产，而存储行业一直在追求如何高效地保存海量的数据。但是，该行业目前仍存在诸多亟待解决的问题，比如成本、可用性、访问安全、数据控制度和数据价值变现等。存储设备生产商、公有云存储服务商都在这些方面投入巨大，一定程度上解决了存储用户（尤其是企业存储用户）所面临的部分问题，但在应对数据爆发式增长方面，其仍然表现乏力。

随着数据加密技术的完善和区块链技术的兴起，使用传统技术手段难以处理的问题，在新技术的驱动下，拥有了更好的解决方案。此外，区块链的信任机制，令数据成为数字资产，改变了数据交易的模式，从而诞生了全新的去中心化的数据交易市场，在对数据隐私更可控的前提下，让数据的价值有了更好的变现管道。

一、数据上链是传统数据存储的重大变革

数据上链，也就是将数据记录和区块链直接绑定，部分交易数据直接存于链上，部分

---

① 李桑桑，链未来（大学生区块链教育平台）联合创始人，DApp101（专注于 DApp 领域的媒体品牌）联合创始人兼核心作者。

数据存于链下的存储网络（比如 Filecoin），但通过区块链技术来保障其数据完整性。区块链技术和数据存储的结合，可以解决传统数据存储所遇到的一些问题，从而给存储技术带来了新的变革，进而实现"数据上链"的意义。

（一）数据上链：永久存储和不可篡改

区块链的两个重要特征就是永久存储和不可篡改。

从专业角度来看，存储安全是一个很广的概念。中文的"安全"，可以泛指数据可用性、数据防篡改性和网络安全。其实它们的技术特点和防范原理是完全不同的，在英文中也是不同的单词。

数据可用性（data availability）是指万一发生了各种物理上的故障，系统仍然可用，数据不会丢失。在传统存储中，可以通过 RAID 来防范硬盘故障、通过副本和纠删码等技术来规避节点故障。凭借其跨越地理区域的众多节点，区块链存储能够进一步提升系统的可用性，容忍数据中心级甚至大洲级别的故障。

如果再出现机房故障、光纤挖断、自然灾害等异常情况，只要数据经过合理规划，用户也能从合适的节点获取到对应的数据。这是区块链存储相对于传统存储的巨大优势。

传统存储会用备份、快照等手段来防止数据的篡改。如果文件被误删或者恶意修改，可以通过相关技术手段来恢复。区块链存储一般会保存文件的哈希值，当文件内容做了任何修改，哈希值会发生变化，人们可以非常精准地监测到数据是否被修改。当存储网络足够大时，其近似无限的容量，使得每次修改之后，之前的版本都可以完整地保存下来。相对于传统的快照来说，这更有利于数据的恢复。

由于兼容性的负担，传统存储在网络安全方面的缺陷较多。区块链存储作为一个新生的事物，从诞生之日起，就以安全为重中之重，通过完善的加密算法来保障数据的传输安全以及规避非授权访问。公开透明的算法，也让人对于其安全性具有更强的信心。

（二）数据上链：确保用户的数据主权

在中心化的公有云存储中，数据名义上的主权是属于用户的。但云存储服务提供商通过制定各种条款，存在着对数据加以控制的可能性，包括违背用户的意愿修改和删除数据。云存储的服务商往往自身也运营着多种业务，如果和用户存在着业务冲突，在数据管理方面用户也存在着潜在的商业风险。更为重要的是，云存储服务商能够方便地获取相关数据进行各种分析，以获得足够的商业回报，但用户却不易分享相关的利益。

区块链技术能够完全改变这种尴尬的数据所有权，让数据真正成为归属于用户的数字资产。由于去中心化的特性以及链上记录的跟踪，用户的数据无法被随意删改。没有中心化的控制方掌控数据，用户拥有数据的真正主权。由于用户自行保管了私密钥匙，在没有授权的前提下，数据无法被第三方解读。通过多 ID 和身份隐藏等技术，还能有效地防范数据访问模式被人分析和解读。

数据主权的相关应用已经比较多，其中比较受关注的是数字化作品的营销。创作者可以在链上提交作品（具体来讲可能是一个 Hash 值，指到某个 IPFS 地址），作品进行了加密防护。如果有人购买其作品，可以通过代理重加密等技术自动生成一个只有客户才能打开的版本，这样能有效地对数据的非法传播进行跟踪，且极大地降低了中间营销渠道的成本。

（三）数据上链：降低存储成本

类似运行日志、监控视频等通过程序自动产生的数据，因其占据的硬盘空间巨大，以往仅仅是保存最新的内容，等其大小到了一定的程度，会被新的数据覆盖。随着技术的进步，业界对于数据的重要性重新加以认识，这类数据不再被认为是垃圾。长时间保存它们，通过大数据分析等技术手段，能为企业带来更大的价值，降低企业的运营风险，推动业务的发展。这种认知改变对存储成本带来了严峻的考验。传统的企业存储方式，若要存放 PB 级数据，会产生巨大的初始设备购置费用和维护费用，很难满足大多数用户对于海量数据的存取成本需求。

而区块链技术通过分布式的网络构建方式，能够有效地解决存储成本问题。通过众多参与者提供的闲置带宽、硬盘空间和计算资源，充分利用沉没成本，能够快速组建低成本但拥有巨大容量和带宽的存储网络，承载"一经存储，永不删除"的数据业务模式。

对于许多企事业单位来说，每天都会产生大量的"冷数据"，比如运行日志、视频记录等。这些数据一经存入，很少读取，但又必须长久保存。庞大的数据量需要非常多的服务器和海量的硬盘空间来存储，带来了巨大的综合存储成本。使用区块链技术，吸引更多的闲置设备加入存储网络，在保障数据可靠性的前提下，能够有效降低综合拥有成本。

（四）数据上链：改善计费模式

在许多人眼里，计费模式似乎不是核心的技术。其实，计费系统是一个异常复杂的软件模块。中心化的计费方式已经成熟，但存在着不透明等严重缺陷，也带来了大量的用户投诉和商业纠纷。

区块链带来的计费模式变革，使每一笔交易都公平透明，都可以通过区块浏览器查阅交易发生的费用，在此基础上能够构建全新的可信交易网络。在其背后，深藏着许多全新的技术，比如智能合约、跨链和微支付通道等。这些技术推动了生产关系的变革，为全新的商业模式打下了坚实的基础。

二、区块链技术对数据存储的重要意义

随着互联网的无缝渗透和各种类型数据的迅速增长，人们已经广泛接受数据本身就是一种有价值的商品这个事实。创造数字商品已经成为许多行业的主要业务行为。但因为数据主权的模糊性，以及中心化数据交易市场近乎专制的控制度，让数据真正的所有者缺少足够的话语权，使得相关交易一直难成气候，其市场规模远远跟不上技术的发展速度。

区块链技术确保了数据拥有者的真正权利，通过数字签章、可信时间戳、分布式账本和代理重加密等技术，能够自动化地精准授权，建立安全、高效、合规、无操纵方和低手续费的数字商品交易市场，并能对其传播渠道进行追溯，有效地防范随意篡改和盗版等行为，对数据存储行业产生极其深远的影响。

区块链相关技术，不仅仅是从技术特性上为已有的存储业务添砖加瓦，更加深远的影响是，能够改变数据存储行业多年来的固有运作模式，在商业模式上带来真正的革命。在数据就是生产力的时代，区块链存储必将发挥巨大的优势，积极推动存储行业以及整个信息产业的迅速发展。

（作者：冷波①）

---

① 冷波，上海储迅信息技术有限公司技术总监，存储系统专家。冷波在企业存储领域和操作系统优化方面有着超过 15 年的开发和管理经验，致力于推动分布式存储系统的技术革新和应用落地。

第三章

数字资产与虚拟货币重新定义资产管理行业

数字资产和加密货币的出现，给传统的资产管理行业从业人员、金融中介机构、项目融资方以及相关服务机构提出了新的课题：如何对虚拟资产实施有效管理并从中获得投资收益？虚拟资产能否增值以及如何增值？传统证券组合管理的理论与实践经验是否仍然适用？

◆ 比特币催生新的虚拟资产管理需求

比特币开启了一个去中心化的金融体系，令不少极客实现了财富逆袭，也催生了一个全新的资产管理需求。

一、虚拟资产财富效应驱动虚拟资产管理需求

2011 年以来，伴随着比特币底层区块链技术和数字金融的大爆发，比特币价格暴涨带来了巨大的财富效应。这一切都闪耀在 2019 年 10 月 10 日发布的《2019 胡润百富榜》区块链领域财富榜里。有关名单见表 3-1。

表 3-1　区块链富豪榜（截至 2019 年）

序号	人物	身价/元	总排名	公司	细分行业
1	詹克团	300 亿	第 100 位	比特大陆	矿业
2	赵长鹏	180 亿	第 195 位	币安	交易所
3	吴忌寒	170 亿	第 214 位	比特大陆	矿业
4	徐明星	100 亿	第 398 位	OKCoin	交易所
5	李林	75 亿	第 531 位	火币	交易所
6	胡东	60 亿	第 684 位	亿邦国际	矿业
7	赵肇丰	51 亿	第 816 位	比特大陆	矿业
8	刘向富	39 亿	第 1 098 位	嘉楠耘智	矿业
9	张楠赓	39 亿	第 1 098 位	嘉楠耘智	矿业
10	李佳轩	38 亿	第 1 112 位	嘉楠耘智	矿业
11	葛越晟	35 亿	第 1 166 位	比特大陆	矿业
12	胡一说	34 亿	第 1 204 位	比特大陆	矿业

数据来源：根据《2019 胡润百富榜》及网络信息整理。

创富效应之下，大批投资者入场，进而产生了围绕比特币与其他数字货币等虚拟资产为主的一系列投资行为，形成了对虚拟资产管理的需求。

中国香港证券及期货事务监察委员会（简称中国香港证监会，HKSFC）于 2019 年 11

月公布的《立场书：监管虚拟资产交易平台》披露，全球虚拟资产的总市值目前估计已经达到 2 000 亿~3 000 亿美元之间，并且有约 3 000 种数码代币及超过 200 个虚拟资产交易平台。

与此相呼应的是，一些虚拟资产交易平台的首次发币活动在 2019 年也非常活跃，以首次交易所发行（initial exchange offering，IEO）为代表，仅仅在 2019 年第二季度，其筹资总额便超过 14 亿美元。

二、比特币财富管理的基本因素：回报与风险

和任何类别的资产管理一样，虚拟资产的投资者需要在追求回报的同时，重视风险因素。要破解比特币的财富密码，投资者有必要理解影响比特币价格波动和最终走势的要素，并从投资的角度理解比特币的风险与回报特点。

（一）比特币价格波动呈现周期特征

比特币本身并没有一个实际的价值锚定，也不存在一个可以预测的现金流，比特币价格受市场供应和需求的均衡以及比特币社群的共识等多种因素影响。如表 3-2 所示，比特币历史价格波动幅度惊人。比特币在给早期投资者和矿工带来巨额收益的同时，也可以让晚期加入的矿工和投资者血本无归。

表 3-2 比特币价格波动分析

年份（年）	涨幅（%）	波动率（%）	年初价（美元）	年末价（美元）	最高价（美元）	最低价（美元）
2010	506	86	0. 05	0. 30	0. 50	0. 003
2011	1 474	158	0. 30	4. 72	31. 91	0. 29
2012	186	19	4. 72	13. 51	15. 40	3. 88
2013	5 866	98	13. 51	805. 94	1 241. 92	13. 16
2014	−61	45	805. 94	318. 24	1 093. 44	91. 66
2015	35	18	318. 24	429. 95	492. 80	157. 29
2016	124	14	429. 95	963. 38	982. 57	350. 39
2017	1 338	36	963. 38	13 850. 40	19 870. 62	739. 55
2018	−73	20	13 850. 40	3 747. 39	17 252. 85	3 169. 53
2019	159	21	3 747. 39	7 193. 60	13 016. 23	3 399. 48

数据来源：Yahoo Finance、作者整理；时间：从 2010 年 7 月 17 日起，截止于 2019 年 12 月 31 日。波动率为 30 天涨跌幅的标准偏差。

如何看待比特币的价格波动？从价格演变的角度来看，在过去 11 年里，比特币大体上经历过三个价格周期。

第一轮价格周期是从 2010 年 3 月开始到 2011 年 11 月，持续了 610 天，是上涨幅度最大的一个周期。本轮价格周期的价格上行阶段是 2010 年 3 月至 2011 年 6 月，比特币的起始价格是 0.003 美元/枚，最高价格是 31.91 美元/枚，上涨幅度达 10 636 倍。2011 年 6 月至 2011 年 11 月是下行阶段，比特币的起始价格是 31.91 美元/枚，最低价格是 1.99 美元/枚，下跌幅度达 94%。

第二轮价格周期是从 2011 年 11 月至 2015 年 8 月，持续了 1 377 天，比特币的单价第一次超过了黄金。本轮价格周期的价格上行阶段从 2011 年 11 月至 2013 年 11 月，比特币的起始价格是 1.99 美元/枚，最高价格是 1 242 美元/枚，上涨幅度达 624 倍。2013 年 11 月至 2015 年 8 月是下行周期阶段，持续 634 天，比特币的起始价格是 1 242 美元/枚，最低价格是 199.57 美元/枚，下跌幅度达 84%。

第三轮价格周期上行是从 2015 年 8 月开启，持续至 2017 年 12 月，一共 845 天，此次价格上行周期的起始价格是 199.57 美元/枚，最高价格接近 2 万美元/枚，上涨幅度近 100 倍。从 2017 年 12 月开始，此轮周期的价格下行开启。

从目前的价格数据来看，我们仍未能判断比特币是处于第三轮价格周期的下行阶段还是第四轮价格的上行初期。虽然 2019 年 5 月比特币价格开始回暖，但价格仍未出现大幅上涨。

（二）谨慎对待比特币的内在机制风险

在比特币价格大幅波动的背后，除了社区共识的变化，还有比特币特有的产出机制，即四年的奖励减半机制①。历史显示，在过去的第一次和第二次减半之后，比特币价格都经历了几倍到几十倍的升值，这也是很多比特币布道者和信仰者对比特币价格走势有乐观预期的主要原因。

如图 3-1 所示，比特币的最近一次减半是 2020 年 5 月 12 日，之前许多圈内人士预期减半行情会再一次发生，甚至会在减半前开始。图 1-3（比特币挖矿全网算力走势）显示，2020 年 1~3 月初，全网算力激增，这说明矿工都希望能抓住这次减半行情的红利。

2020 年 5 月 12 日比特币减半后比特币的价格走势没有出现预期的减半行情：减半前一天的收盘价为 8 880 美元（此为在 2020 年 3 月中旬发生比特币价格跳水前的价格水平）；而减半发生后，截至本书成稿时，比特币的最高价格是 102 999 美元。分析其原因，可能是 2020 年 3 月中旬，比特币价格随全球金融震荡一同下跌，最低跌至 3 800 美元。投资者损失惨重，导致不少资金离场。由于缺乏大规模新资金入场，即使产出减半，也没法立即带动一次新的行情，未来会不会有减半后行情出现，一个重要因素为是否有大规模的新资金

---

① 比特币减半机制指的是比特币网络规定，从每次产出 21 万个区块开始，之后的比特币挖矿奖励将会减半，这种情况大约每 4 年会经历 1 次。历史上曾经有过 3 次奖励减半，分别是 2012 年、2016 年和 2020 年。比特币的总供应量为 2 100 万枚，最近一次减半的区块高度为 630 000，时间在 2020 年 5 月 12 日 3 点 23 分左右。

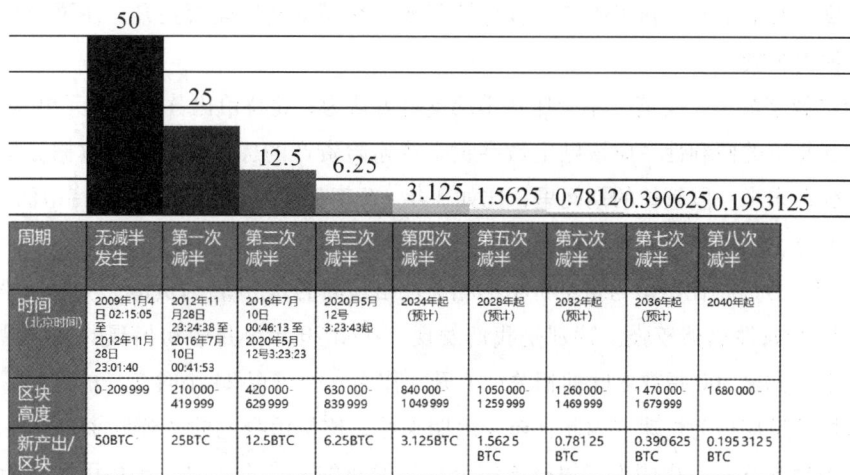

周期	无减半发生	第一次减半	第二次减半	第三次减半	第四次减半	第五次减半	第六次减半	第七次减半	第八次减半
时间 （北京时间）	2009年1月4日02:15:05至2012年11月28日23:01:40	2012年11月28日23:24:38至2016年7月10日00:41:53	2016年7月10日00:46:13至2020年5月12号3:23:23	2020月5月12号3:23:43起	2024年起（预计）	2028年起（预计）	2032年起（预计）	2036年起（预计）	2040年起
区块高度	0-209 999	210 000-419 999	420 000-629 999	630 000-839 999	840 000-1 049 999	1 050 000-1 259 999	1 260 000-1 469 999	1 470 000-1 679 999	1 680 000-
新产出/区块	50BTC	25BTC	12.5BTC	6.25BTC	3.125BTC	1.562 5 BTC	0.781 25 BTC	0.390 625 BTC	0.195 312 5 BTC

图 3-1 比特币减半周期与新比特币产出

资料来源：BitInfoCharts（https：//bitinfocharts. com/）。

进入。

（三）比特币价格波动的其他影响因素

除了周期性变动及内在机制导致的价格波动，影响比特币价格的还有下面三个主要因素即新资金的流入、社区价值共识和实际应用场景。

1. 比特币属性分析

新资金的流入，会改变市场供需关系，并进一步改变市场价格预期。而对比特币未来价值的认同，则来源于比特币的属性、社区价值共识和对它实际应用场景的预期。

从比特币发展的初期至今，市场对比特币的可能属性普遍有两种定位：①流通货币；②避险资产或数字黄金。

首先，就流通货币的属性而言，比特币价格的高波动性和交易确认的低频性，都使得它不适合作为日常流通的货币。以现有的比特币网络的区块容量和交易确认的低频现状，要在全球范围内以比特币进行购物是不可想象的。

根据公开信息，近年来，比特币区块链时常出现交易积压，最高时有上万笔交易待确认。此外，由于比特币网络开始拥堵，交易甚至需要花费好几天才能被打包，为了吸引矿工尽快确认交易，有的交易需要提供高达几十美元的交易费才能吸引矿工。

中本聪对于每一个区块的容量做了限制，最初的代码对每个区块容量有最高限制32M，而他本人在2010年7月设置了最大1M的区块容量限制。但是随着比特币网络的繁忙，1M的容量已经捉襟见肘，区块扩容被多次提上议事日程。但扩容涉及全球矿工和核心开发者的切身利益，特别是那些网速受到限制地区的矿工和开发者在扩容方面仍然持谨慎甚至是反对的态度。有鉴于此，利用比特币进行转账或是交易的速度能否提升，在可预见的几年内，仍然值得怀疑。

再看"数字黄金"功能。不少比特币的支持者认为，比特币比黄金和美元更具稀缺性、开放性和交易上的便利性，应该贴上数字黄金或避险资产的标签。但市场数据分析结果却显示，至少在未来一段较长的期间里，比如 3 年、5 年甚至更长时间里，比特币的"避险"特征既不明显，也不稳定。

2019 年 7 月后，比特币与黄金价格的相关性由最高的 0.15 转为负值。从短期来看，比特币风险资产属性仍然较强。特别是我们发现，在 2020 年 3 月中旬出现的美股抛售潮期间，比特币与标普 500 指数之间的相关性上升。作为一个可以 24 小时交易的产品，比特币在下行市场的反应更为快速。因此，至少短期来看，比特币身上的"避险资产"标签基本被否定。2020 年 3 月，中国人民银行微信公众号发布的文章也指出，比特币为避险资产目前也是一个伪命题。

尽管并非避险资产，但比特币作为一个已经在全球被接受的高流动性资产，投资机构仍可将比特币作为另类投资列入资产管理配置中[①]。比特币纳入资产配置，与股票、债券和黄金的区别如表 3-3 所示。

表 3-3　比特币与其他资产种类比较

	比特币	黄金	股票	债券
价值锚定	无	无	公司未来的盈利能力	发债人的偿还能力
估值模型	目前行业探索的估值模型仍未得到实证	供需关系	相对估值模型（市盈率模型、市销率模型和市现率模型等）；绝对估值模型（现金流量折算法）	债券价值=未来各期利息收入的现值合计+未来到期本金或售价的现值
资产种类	另类投资，属风险资产	避险资产配置	高风险、高收益资产	低风险、低收益资产
真实价值	基于其底层区块链技术在具体领域的应用，如跨境支付	财富储备、消费使用功能	融资工具、投资收益、拥有投票权，参与公司管理	融资工具、固定收益

①　此处所指的比特币投资，是直接持有或购买比特币并存放于电子钱包，与投资芝加哥商品交易所的比特币期货有不同之处。

2. 对比特币价值的正确认识

对比特币价值的认识一直是币圈，甚至是币圈与传统金融圈里的最大争执。争执的关键在于除了其底层的区块链技术的贡献，比特币的价值主要是社区共识支撑，而不是实际的普惠应用场景。

有观点认为，比特币的价格并不是由任何类似传统金融逻辑的因素驱动，而是由引发过去各种黑天鹅事件的力量驱动，它的背后是对传统权威的信心崩溃和对专家的蔑视，以及对新权威的信任，这种新权威就是价值互联网的权威。那些最虔诚的比特币信徒，把比特币的价值和未来看成一种信仰。比特币其实是衡量塑造当下时代的各种力量的一个指标。几十年后，比特币作为投机指标的意义，或许会超过作为金融资产的意义。

正因为如此，比特币价格经过了过去十年的暴涨，其实是因为比特币已经成为一种信仰，因此不能用传统金融逻辑来分析它。对于比特币的未来价值的驱动，笔者在这里综述了目前行业里比较理性和具前瞻性的分析视角和观点，供读者了解：

首先，作为一种 24 小时可交易产品，影响比特币价格波动的最直接因素是买卖它的资金量。而这又取决于交易的用户的数量以及他们持有的资金数量，也取决于他们能够使用的交易媒介（如法定货币渠道是否受到限制）和交易平台（如交易平台的规范程度和最大杠杆比例）。和其他金融产品一样，比特币的短期价格取决于市场资金的博弈，长期价格取决于市场对真实价值的共识。

其次，通常的交易产品既有使用价值的背书，也有共识机制，而比特币只有共识。单一的价值共识，也可能驱动价格持续走高。除非有另外一种虚拟货币能够提供更好的解决方案，比特币将在很长一段时间承载金融自由和平权主义的梦想。

再次，对比特币的最大威胁，也就是它的设计初衷想替代的东西，即法定货币。因此，比特币的最大敌人就是各个法定货币背后的主权政府。由此可以看到比特币的胜算有多大。事实上，虽然比特币在某种程度上的确大幅降低了跨境支付的成本及提升了效率，但比特币的匿名和超主权分布式网络在挑战法定货币政府的主权的同时，却并不会降低金融体系的整体风险。

最后，长期决定比特币价值的依然是它作为支付工具的属性。如果市场逐渐丧失对比特币作为支付工具的可能性的信心，比如出现一个具有同样功能但效能更好的加密货币，即使没有各个政府的干预和限制，比特币的价格也会走低。

就像本书第一章所述，比特币的贡献是让人类进入了数字货币时代及构建了一个全新的金融基础设施。从投资的角度来看，由于其巨大的波动性和共识价值的支持，比特币是一个不错的另类交易产品。但一个长期投资者则更应该关注比特币的价值来源和面临的挑战。

（作者：余刚，陈万丰）

最合规的产品：比特币期货（BTC）交易规则与风险

迄今为止，在数字资产交易领域，最"正规"的交易途径是芝加哥商品交易所（CME，以下简称芝交所）的比特币期货。

2017年12月18日，芝交所推出了基于芝交所CF比特币参考汇率（BRR）的比特币期货，其期货合约代码是BTC，以美元现金结算。

一、比特币期货的合约简介

比特币期货的合约简介如表3-4所示。

表3-4　比特币期货的合约简介

合约规模	5比特币，由CME CF比特币参考价格（BRR）确定
最小价格波幅	单边交易：每比特币5.00美元=每份合约25.00美元 跨期价差：每比特币1.00美元=每份合约5.00美元
交易时间	CME Globex和CME ClearPort：星期五下午5：00—次日下午4：00/美国中部时间，星期天—星期五
商品代码	BTC
上市周期	季月周期（3月、6月、9月、12月）内最近2个月份，以及季月周期外的最近2个月份
最后交易日	最后一个交易日是合约月的最后一个星期五。 到期期货的交易终止时间是最后一个交易日的下午4：00（伦敦时间）
头寸限制	现货头寸限制是1 000份合约。现货月以外的单月和所有月份一起，头寸问责水平是5 000份合约
场外大手交易最低限额	5份合约
价格限制	给定营业日的价格限制参考最新的比特币期货结算价（伦敦时间每个营业日下午4点结算） 特殊价格波动限制等于上一交易日结算价的±7%、±13%和±20%。比上一交易日结算价高或低20%以上的交易将不允许进行
结算程序	参考最终结算价格进行现金结算，最终结算价格相当于最后一个交易日CME CF比特币参考价格（BRR）

数据来源：芝加哥商品交易所网站。

投资人可以把BRR汇率理解为比特币美元价格的参考汇率。BRR每天发布一次，它汇总各大比特币现货交易所截至格林尼治标准时间（GMT）下午4时，在一小时计算窗口期内的交易流量。（以一枚比特币的美元价格计算）

从上述合约来看，一份比特币期货合约的价值为比特币参考汇率指数价值的5倍，报价方式为"一枚比特币多少美元"。其最小变动价位为每枚比特币 5 美元的倍数，也就是说比特币期货的一个最小变动价位相当于 25 美元。根据芝交所的信息，比特币期货符合大手交易的条件，最低交易量门槛为 5 份合约。

二、比特币期货的投资风险

任何一种投资产品都在给投资者带来潜在回报的同时，也存在一定的投资风险。作为投资者，必须认真分析这种风险出现的概率，以及每种概率下风险可能引发的损失金额。只有潜在的预期回报高于这种预期亏损，这笔投资才划算。对于比特币期货合约，我们从以下几个方面考虑其风险。

（一）与期货交易有关的一般投资和金融风险

比特币期货合约（BTC）是一种金融衍生产品，天然带有所有金融衍生产品的风险特征，包括：

（1）投资者的知识门槛风险（不是所有的投资者都能深刻理解合约内容，适合投资期货）。

（2）期货高杠杆投资带来的风险。

（3）与比特币价格相关的风险（极高波动性、杠杆、滚动、保证金和结算风险）。比如，比特币价值与期货合约价格之间可能不完全相关，由此可能导致投资者损失等。

（4）市场有序性风险。虽然芝交所有意实施价格限制等控制措施，以促进有序交易，但投资者不能保证这些控制措施都有成效。

（二）与 BTC 合约机制相关的风险

BTC 合约价格是基于 BRR 汇率而生成的，反映的是未来某一时点的预期价格，而 BRR 汇率又源自为 BRR 提供价格的交易所（"成份交易所"）。因此 BTC 合约机制下可能产生以下风险：

（1）BRR 汇率风险。基于 BRR 的 BTC 合约价值有可能与比特币的公开报价出现大幅偏离。毕竟作为期货，BTC 价格反映的是 BRR"在未来某一时间点"（确切而言是在 BTC 的到期日）的预期价值。

（2）风险敞口的不确定性。由于 BTC 是新产品，它可能会提供多大程度的比特币价格变动敞口，目前还不能确定。如果执行 BTC 交易的市场参与者面临约束，包括资金约束、安全风险或较高的执行成本，那么 BTC 的价格就可能无法充分体现目标比特币价格的价格变动。

（3）成份交易所风险（芝加哥交易所称为"地理定价风险"）。成份交易所风险主要是指世界上不同的司法管辖区有着各自针对比特币和其他加密货币交易的交易所。而比特币在这些交易所的定价基于加密货币交易的国内市场条件而有所不同，也可能会因此产生价格风险。有鉴于此，芝交所建议投资者应先了解并熟悉为 BRR 提供价格的交易所的情况①。

（三）作为另类投资品的特定风险

投资者需要特别小心的是，BTC 作为特殊的投资品，其背后的底层资产是数字货币，是一种虚拟资产，而且尚未得到全球大多数政府的官方认可。因此它可能存在以下风险：

（1）价格波动大。与一般资产相比，比如股票、债券及其他投资工具，比特币价格是高度波动的，作为 BTC，它的价格难免也会具有高度波动性。

（2）难以估值的风险。和股票、债券等不同，比特币的内在价值和估值手段迄今未有定论，甚至还没有一个行业可以普遍接受的估值法。交易所也提醒投资者，需要牢记，比特币并不属于传统资产，而且最终可能不会被普遍认可也不会被当作一种价值单位或货币（不少国家的中央银行和证券监管机构都对比特币交易的严重风险提出过警告），这些因素都可能会严重影响比特币和 BTC 的价格与流动性。

（3）流动性风险。BTC 的市场流动性取决于其供需、底层资产比特币的被接受程度、市场对 BTC 的兴趣，以及 BTC 套期保值的潜在能力等。由于 BTC 还是一种较新型的合约，其被推出②之前没有任何交易或操作历史，因此，与其他期货合约相比，其风险更高、流动性更差、波动更大且更容易受其他因素左右。

（4）对手方风险。与期货工具类似，如果 BTC 对手方破产或不履行其付款义务，投资者有可能收不到其有权收取的全部金额。

（5）交易时间和价格限制风险。目前投资者和潜在投资者还无法在交易时段以外对 BTC 进行交易（当前 CME Globex 和 CME ClearPort 交易时间：芝加哥时间星期日至星期五下午 5：00 至次日下午 4：00）。而且，BTC 价格波动（与前一交易日相比）达到 7% 和 13% 会实施临时停牌，参考价格上下 20% 区间以外将不被允许交易。这些都有可能对投资者的交易产生风险。

（6）无保险损失风险。和银行账户或其他金融机构账户中的可能受存款保障计划保障的货币不同，芝交所的 BTC 合约是没有保险的。这意味着投资者需要专门购买私人保险，为其资产提供保障。万一发生任何损失，BTC 的投资人不能向芝交所安排的任何公共保险公司或私人保险公司追偿。

（四）比特币监管与合规相关的风险

比特币作为虚拟资产，目前尚未获得各国政府的普遍认可，因此其监管和合规风险较大。此外，它的储存和保管也存在一定的门槛，这些也会对投资 BTC 合约产生一些风险。

---

① BRR 成份交易所及标准和方法载列于芝商所网站，可在芝商所网站找到（http：//www. cmegroup. com/trading/files/bitcoin-reference-rate-methodology. pdf）。

② BTC 正式推出日期为 2017 年 12 月 18 日。

概括来看，其监管风险如下：

（1）监管和监督风险。各国对比特币和其他加密货币的监管环境还在发展变化之中，很多法律法规的适用、解释及实施并不确定。因此目前尚无法预测监管变化将如何影响比特币和 BTC 的价格与流动性。投资者只要记住一点：比特币和 BTC 的价格与流动性变化极大，甚至不排除会被抹去全部价值的可能性。

（2）数字货币法律地位的风险。根据芝交所的网站介绍，目前在一个或多个国家获取、拥有、持有、出售或使用比特币仍然有可能会被判违法，而这可能会对比特币和 BTC 的价格与流动性产生不利影响。

（3）国别监管风险。目前比特币及其他数字资产的全球监管局面前后不一，而且在继续演变之中。不同的司法管辖区对比特币应用会采用不同的法律分类，称呼也大相径庭。对其交易权限也有不同的管理标准。这可能会阻碍比特币经济的增长，影响消费者对比特币的态度。

（4）税务风险。投资者需要了解的是，比特币和 BTC 的税收描述在某些司法管辖区是不确定的，并且目前各国对于比特币交易以及比特币衍生工具交易所产生的税收问题的管理态度十分模糊，甚至完全未考虑这一因素。但作为投资者，有必要预先就这一问题做出规划，以免将来出现税务违规的情况。

（5）有关智能财产权申索的风险。比特币网络由核心开发者维持，不为任何单一实体所拥有。但是，不能排除可能会有第三方提出关于比特币网络操作的智能财产权申索。不管这种诉讼是否有法律依据，任何申诉都可能会对比特币和 BTC 的价格与流动性造成负面影响。

（五）比特币自身发展附带的风险

（1）公众对比特币兴致缺失。这可能会降低比特币的价格和流动性，并对 BTC 的价格和流动性产生不利影响。

（2）其他币种的竞争风险。从目前来看，比特币较其他数字资产仍有显著先行者优势，但随着技术、监管或其他方面的演变，不排除其他数字货币和交易系统会对比特币发起挑战。

（3）网络欺诈和安全破坏的风险。从全球范围来看，进行比特币买卖的交易所相对较新，相比那些技术成熟、受监管的交易所，这类虚拟资产交易所更容易遭受欺诈和安全破坏。这有可能会对 BTC 造成负面冲击。一些比特币交易所未必有能力监控或预防市场滥用活动，而且也无力对受害的投资人做出应有的赔偿，这可能会导致比特币的价格被人为扭曲，抑或是影响比特币市场的整体信心。

（4）黑客侵入和网络攻击风险。任何针对比特币及 BTC 的黑客入侵及网络攻击等活动，均有可能会干扰比特币交易所和芝交所，进而给投资者带来风险。

（5）有关比特币被侵入的风险。这主要指的是恶意行动或僵尸网络利用盗取的挖矿能力，通过构建欺骗性的区块或阻止某些交易及时完成，或让交易无法完成，从而达到修改比特币网络和大部分比特币交易所依赖的区块链等目的。芝交所网站指出，暂时还未有报告称有人已通过控制有关网络 50% 以上处理能力实现区块链恶意活动或控制，但据信某些矿池可能已经超过了 50% 的临界值，这意味着单一矿池对比特币交易的确认所施加的影响力风险在加大。如果核心开发者和矿池管理员不采取行动以确保更多地分散比特币采矿处理能力，那么恶意行动者获取比特币处理能力和控制权的能力将会增加，这可能会严重影响比特币和 BTC 的价格与流动性。

（6）和潜在"分叉"相关的风险。由于比特币的数量有限，如今有多项针对增大比特币网络容量的提议，其中一种建议是进行网络"分叉"。而芝交所认为，一旦实施"分叉"，极有可能会影响 BTC 的价格与流动性。因为"分叉"后的 BTC 价格与流动性将有可能与由此产生的比特币网络之一的比特币价格与流动性挂钩，而非与所有由此产生的比特币网络上的比特币总价格与流动性挂钩。简单来说，BTC 持有人将无权参与到"分叉"中，而只有直接持有比特币的投资者才能被纳入所有由"分叉"所产生的比特币网络价值中。

（7）有关比特币数字发展的风险。比特币网络使用密码协议管控连接到比特币网络的计算机之间的对等交互。这种协议所用代码由核心开发者的开发团队非正式管理，该团队据称最初是由中本聪以非正式形式任命。但核心开发者的成员会随着时间而演变，而且核心开发者还可能对比特币的网络原始程序代码提出修订，通过升级软件修改比特币网络的协议和软件，甚至比特币的属性（包括交易的不可逆性和对开采新比特币的限制等）。倘若比特币网络上的绝大多数用户和挖矿者安装了此种升级软件，则可能会对比特币和 BTC 的价格与流动性造成严重的不利影响。

三、BTC 仍是币圈最"安全"资产

不可否认，BTC 的价格波动巨大，风险十足。特别是经历了价格从近 2 万美元高位暴跌至仅约 3 000 美元的投资者，对于 BTC 及比特币的风险仍心有余悸。

尽管 BTC 具有上述种种风险，但迄今为止，在所有的币圈投资项目中，它仍然是最被认可的"安全"资产之一。主要原因是其交易的透明度、流动性以及芝交所的行业地位，均令它成为币圈难得的公开交易项目。

和 BTC 不同，币圈的很多交易项目均为私募性质，即便目前不少 ICO 转至 IEO，这些新兴的交易所仍然不可与芝商所的行业地位相比。

但在此之前，建议投资者仍然要做好风险防范工作，对于币圈的种种代币项目及区块链项目，建议投资者仍然需要深入了解其背后的运营原理以及价值来源。　（作者：安扬[①]）

---

① 安扬，中国 HKSFC 持牌负责人员（RO），现任淘金者证券（香港）有限公司业务主管；毕业于对外经济贸易大学金融学院，后获得香港岭南大学会计学哲学硕士；曾在道富集团旗下从事投资服务与基金分析，并在兴业资本（RHB）集团担任联席董事，负责证券交易及专户管理。

◆虚拟资产投资所需的基础设施

数字货币交易所的前世今生

一、比特币交易所的诞生

2010 年 5 月，随着比特币第一次被用作支付货币购买披萨成功，人们对于比特币的兴趣和比特币的价格一样一路攀升。同年 7 月，在比特币论坛上，有人用 mtgox 的账号发言："嗨，大家好，我刚刚成立了一个比特币交易所！"这个新成立的比特币交易所就是后来名声大噪的 Mt. Gox。

Mt.Gox 的名字来源于游戏（Magic：The Gathering Online eXchange），创始人最开始拿他作为游戏资源的交换平台，后来发展成一个比特币交易平台。早期的比特币交易一般通过玩家在社区网站上发帖子来寻找交易对手，这种新型的电子自动交易平台推出后大受欢迎。2013 年，该网站已经承载了全世界 70% 的比特币交易量。2014 年 2 月 7 日，这家交易所经历了有史以来最严重的黑客攻击，被盗取了 85 万枚比特币，随即交易所申请了破产保护。网络分析认为，绝大部分被盗比特币经过中间环节都流向了另外一个交易所 BTC-e。目前，Mt. Gox 的经营者、债权人和比特币玩家的官司还没有完全尘埃落定。

二、从比特币向多币种迈进

初期的比特币交易所，只为比特币玩家提供类似于股票交易的撮合服务。卖家在交易所盘口挂出满足自己心理价位的卖单。同样地，买家也会挂出自己的买单。当卖单和买单价格有重叠时，交易便发生了。

为了保证交易的有效性，在挂单时，交易所会负责检查并冻结买卖双方账号里的数字资产和支付工具（现金、信用卡、银行卡等）。当交易被触发的时候，交易所的软件会自动进行资产的重新划拨，并从中抽取一定的费用。

一开始，交易所的交易只限于比特币和流通性好的法定货币（比如美元）之间。随着数字货币的发展，各地的交易所也开始提供其他法定货币与主流数字货币的交易。

但从 2017 年开始，这一类提供法定货币和数字货币交易服务的交易所，由于开始受到各国法规的严格规制，发展空间开始受限。

比如中国、印度等国家对数字货币采取严厉禁止的态度。美国、日本、韩国、俄罗斯、澳大利亚采取比较严格的监管。只有那些货币主权不是很强的小国，为了吸引投资，往往采取宽松的欢迎态度，比如塞舌尔、马耳他、爱沙尼亚等。面对监管收紧的状况，交易所纷纷转型，开始大力发展不同数字货币之间的交易。由此，数字货币交易所从比特币交易向多币种交易迈进。

三、币币交易所的概况

由于这种（提供不同数字货币之间的交易）新型交易所不需要提供法定货币的出入通道，因此他们只需要着眼于在线交易业务。与此同时，在新出现的交易所中，程序化交易接口几乎成了标配。

程序化交易的流行，让数字货币的交易量几十倍甚至上百倍地增加，交易所在享受业务量增加的同时，却也不得不面对技术上的巨大挑战。

首先，相对于传统的股票、期货、外汇等交易所，数字货币交易所的营业时间往往是24小时的。这对于系统稳定性和运营提出了很高的要求。同时为了用户有良好的交易体验，交易所有时不得不采用冒险的在线升级。

其次，由于用户基本都是通过算法交易下单，当行情发动的时候会有海量订单涌入，交易所的撮合引擎无法应付流量峰值的压力，时常会发生瘫痪。

最后，交易所长时间在线，给黑客提供了很便利的作案时间。从诞生之日起，数字货币交易所被盗的事情就时有发生[1]。种种的挑战淘汰了技术实力不强的交易所，也让一些技术积累比较充分的交易所走到了前排。这一类"币币交易所"中的翘楚，就包括后来大名鼎鼎的币安（Binance）。

币安的创始人赵长鹏曾以联合创始人的身份加入 OKCoin，出任 CTO，管理 OKCoin 的技术团队。2017年，赵长鹏创立币安。

2017年9月4日，中国的七大部委出台了关于停止 ICO 项目及退还代币的通知（史称"94监管"），开始对数字货币实行强监管。币安以其敏锐的政治嗅觉，一方面配合监管积极退币，另一方面打出了限制国内 IP 的公告，避免了政策风险。

币安由于其强大的技术积累，而且面向国际，给全球的币圈玩家带来了较好的交易体验，在系统的稳定性、下单延时、币种丰富程度、交易平台覆盖范围等方面都领先于竞争对手。值得一提的是，币安的另一个创始人——"币圈一姐"何一，2017年出任币安的 CMO。虽然身居高位，但她仍经常出现在客服的频道里对顾客进行直接服务，为币安带来了不少人气。币安从诞生到成为世界最大交易量的数字货币交易所，只用了7个月的时间。这个记录一直被币圈津津乐道。

---

[1] 2014年5月，总部位于日本东京的虚拟货币比特币大型交易平台 Mt. Gox 因85万枚比特币失窃而向东京地方法院申请破产保护，并得到受理。2018年6月20日，媒体披露韩国的数字货币交易所 Bithumb 被黑客攻击，共约350亿韩元数字货币失窃。Bithumb 是当时世界知名的比特币交易所，占韩国比特币交易市场份额的75.7%。据 coinmarketcap 数据显示，该交易所24小时的交易额曾经达到3.14亿美元。

四、加密币衍生品交易所出现

值得一提的是，加密货币衍生品的交易所也在 2017 年前后进入公众视野。早在 2014 年比特币交易的低潮期，OKCoin 的徐明星就着手推出比特币期货。由于当时处于比特币历史低潮，比特币现货交易不活跃，市场流动性差。为了刺激投资者的兴趣，OKCoin 在现货交易之外仿照商品期货的设计推出了比特币期货，成为国内第一家集现货和期货于一体的数字货币交易平台。几乎同时，前花旗银行交易员阿瑟·海耶斯（Arthur Hayes）在香港成立了专门以数字期货交易为主的平台 BitMex。因为阿瑟的传统金融背景，BitMex 在合约设计、国际化和用户体验方面远远领先于同时代的其他交易所，很快成为了行业标杆。经过几年的发展，在 2017 年比特币大牛市的时候，BitMex 的主要品种的日交易量达到 100 亿美元，远远超过同期其他现货交易所。2018 年，阿瑟租下了全世界最贵的办公室——长江中心第 45 层，与高盛等世界级金融机构平起平坐。

加密货币衍生品交易所不提供现货交易，但是提供高杠杆和更好的流动性。通常来说，期货交易所一般会提供 10～100 倍的杠杆，并且有比较专业的止盈止损单设置。每单的上限因交易所而定。这些特色对于喜欢以小博大的投机交易者来说非常具有吸引力。

这类金融衍生品交易通过杠杆放大了本来就很大的价格波动性，一般投资者无法掌控其风险，经常以爆仓收场。最近的一次剧烈的市场变化发生在 2019 年 9 月 25 日凌晨，比特币价格在几十分钟内从 9 500 美元左右跌至 7 600 美元左右，跌幅高达 21% 左右。同时由于比特币的龙头效应，其他币种也纷纷崩盘式下跌。几个比较大的期货交易所当晚总共爆仓金额达到 66 亿美元。

五、小结

数字货币交易所发展到今天，基本上形成了以下几种类型：①全品种覆盖的交易所，包括丰富的现货品种和期货品种，代表有 OKEx（前 OKCoin）、火币和币安。它们试图给投资者提供一站式服务，牢牢地把握用户流量。②BitMex 这种走专业路线的交易所，试图在细分领域做到最强。③期待借助创新的业务模式或者服务模式从大量竞争者中杀出一条血路的后来者，比如 Fcoin 在 2018 年推出的"交易即挖矿"模式。④出现了大量包装成数字货币交易所的传销、资金盘等传统骗局，需要投资者提高警惕。　　　　　　　　（作者：王剑①）

---

① 王剑，美国华盛顿大学博士，衍生品定价和风控系统专家，曾就职于雷曼兄弟公司、日本野村证券等国际投行。王剑近年积极关注和参与区块链经济的发展，对于数字货币算法交易和做市有深入研究。

数字货币交易所是门好生意吗

一、似乎人人都想开交易所

如果你想在区块链行业找到一份工作，收到的面试邀请大概率会来自数字货币交易所。经过沟通交流，你会发现这些交易所都有着同样的经营理念：开交易所，赚钱！

如果你在这个行业里已经从业了一段时间，会发现添加为微信好友的大多数同行创始人的特征：开过交易所、开着交易所或者准备开交易所。

整个行业充斥着这样的现象：不管是刚从传统行业跨界到区块链行业的新人，还是在区块链行业浸泡过一段时间的老兵，似乎都想从数字货币交易这个不大的碗里分一口粥。

根据数据行情网站 CoinMarketCap 的分析，截至 2020 年 4 月 17 日，网站收录的数字货币有 5 360 个，但数字货币交易所却有 21 390 个。另外，目前全球数字货币的用户仅 2 000 万~4 000 万个。也就是说，交易所的数量是可交易品类型的 4 倍，每 1 000~2 000 个用户里就有一个用户是交易所的创始人。

似乎，人人都想开数字货币交易所。

二、为什么人人都想开数字货币交易所

（一）数字货币交易所是行业发展的必然产物

数字货币交易所和传统交易所一样，都是行业发展到一定阶段的必然产物。

随着区块链概念在市场上的逐步推广，比特币、以太坊以及其他加密资产大量涌现。区块链成为继人工智能（AI）、大数据和石墨烯后，资金盘可套用概念的"高科技"新宠。新领域的吸金与财富效应，吸引了一大批投资者和投机者，他们对数字货币有很大的交易需求，而交易所则是数字货币交易的主要途径。

大量游资的涌入，新概念的热潮和盲目投资者的疯狂追捧，加速了数字货币交易所行业从应运而生到野蛮生长的步伐。比特币诞生至今短短十余年，数字货币交易所的发展就已经经历了多个阶段。

（二）数字货币交易所是行业的超级金融中心

数字货币交易所可以称得上是区块链行业里的超级金融中心，因为它能做的业务远比传统交易所多得多。

一方面，数字货币交易所如传统交易所一样，具备包括资产托管、交易撮合、清算和交易信息发布等功能；另一方面，监管政策的不完备允许数字货币交易所还兼备了商业银行、投资银行、律师事务所和会计师事务所等机构的属性，它甚至还充当"币圈证监会"的监管角色，协助数字货币项目通过各种方式（比如 ICO、IEO 和 STO）进行融资。表 3-5

描述了数字货币交易所的主要业务。

表 3-5　数字货币交易所业务概览

序号	业务	备注/案例
1.	充值、提现和委托交易	几乎所有交易所必备的基础功能。充值方面，所有交易所支持数字货币的充值；一部分通过提供 OTC 业务或者 C2C 业务，支持法定货币充值，如火币提供的 OTC 业务，让用户可以使用法定货币购买包括比特币和 USDT 在内的数字货币放在法定货币账户，再转至币币账户就可以进行数字货币的二级市场交易
2.	杠杆交易	如 BitMex 交易所最高能够提供 100 倍的杠杆
3.	合约交易（期货交易）	例如 OKCoin，提供了 3 种合约供客户选择，分别为最近的周五、下一个周五和本（次）季的最后一个周五到期，让投资者套利和套期保值
4.	融资融币业务	许多交易所让项目方通过 ICO、IEO 以及 STO 方式进行融资
5.	理财专区	币安在 2019 年下半年开启了名为币安宝的理财专区
6.	支付业务	如 Coinbase 自 2018 年 2 月 App 支付上线以来，支付量已超过 5 000 万美元

（三）数字货币交易所是食物链顶端

由于迄今为止官方的监管制度尚不完善，数字货币交易所的运营方式远比传统交易所灵活。

从初期启动的角度来看，只要具备传统交易系统技术和掌握一部分链上转账技术，或者有足够起始资金购买成套的交易所代码（经笔者调研，最低报价只要 20 万人民币），就能上线一家数字货币交易所，并不需要传统交易所必需的资质与牌照。

从后续运营角度来看，数字货币交易所"既是运动员又是裁判"，交易规则、收费规则和上线规则都由交易所一家垄断。如果说，在币圈一些数字货币项目经常与做市商团队一起把炒币用户当作韭菜，那么数字货币交易所是既可以碾压炒币用户，又可以挖坑给项目方和做市商。具体方式包括不让用户提币（实际可能是交易所偷偷把用户充值的币挪用于其他资金交易）、提供简单版本的后台数据给做市商（交易所内部把握更加详细的后台数据，成为做市商对手）、对合约用户的通知延迟（导致合约用户爆仓）等。

毫不夸张地说，头部数字货币交易所处在区块链行业的食物链顶端，不管是投资者还是项目方都意识到数字货币交易所的行为十分霸道。2020 年 3 月，中国人民银行也发布文章指出虚拟货币交易所的套路：通过虚假交易制造畸高的交易量，营造市场繁荣的假象；恶意宕机逼迫杠杆交易爆仓，从而操纵市场。尽管如此，如图 3-2 所示，对于金钱的渴望使得韭菜、项目方、做市商仍然"忠诚"于货币交易所，货币交易所的头部地位难以被撼动。

图 3-2　处于食物链顶端的数字货币交易所

这也是为什么在数字货币行业里，人人都想开交易所的原因。

三、是否人人都可以开数字货币交易所

读到这里，不知道读者们是否已经心动了呢？假如自己要在区块链行业创业，首先想到的就是开一个数字货币交易所吧？

一方面，它的技术门槛似乎远比其他区块链技术项目（如公链和 DApp）低得多；另一方面，貌似只有交易所"割"投资者，而不存在交易所被"欺负"，假如能趁机发个"平台币"来融资和等待升值，岂不美哉？

先不考虑市场风险，我们来看看开一个交易所要准备些什么。如表 3-6 所示，工作重点在资金、技术和运营三个方面。

表 3-6　经营数字货币交易所的准备工作

	初创期	成长期
资金	一笔自己的钱或者别人的钱作为创始资金	通过平台币再募资，资金用于后期持续砸钱养团队以及做活动
技术	可以向第三方（如早期交易所或者交易所方案解决商）购买代码，具体方式可以一次性买断，后期由自己的技术团队升级或者持续外包，由第三方按照定制化更新以及进行技术维护；也可以完全由自己聘请的技术团队从零开始写代码	持续更新迭代，增加新的功能。如果创始团队有野心并且有足够的资金可砸，则需要高薪聘请数十位产品经理、美工以及程序员等
运营	大部分可以外包，运营核心是让客户相信交易所是真的，利用软文推广来提高以及制造一些交易数据，以避免"零"真实用户	人员配置既需要内部聘请，也需要外包或者外部合作，主要目的是吸引新用户，提高交易用户数量。因此，需要才华横溢的运营，构思在线和线下活动；年轻美貌的商务人员，提供在线聊天和线下搭讪；耐心温柔的客服人员，24 小时回复客户问题；谨慎聪明的量化，提高交易数据的数量与质量

假如钱没有烧完并且活了下来，我们可以试图利用风口概念或精心布局的运营方式，制造机会一炮而红，从而成为新一代数字货币交易所黑马。

也许读到这里，部分人已经意识到开一个数字货币交易所并没有那么简单，但更大一部分人还是信心满满，认为只要能从激烈的竞争中冲出来，后续就是区块链行业的 BAT，行业链条的顶端。

然而，以上陈列出的只是运营一个数字货币交易所的基础工作而已，运营交易所的风险不可小觑。在吸金的行业里，"一山总会比一山高"。

总体来说，数字货币交易所面临的风险可以分为系统性风险和非系统性风险两类。

（一）系统性风险

系统性风险主要来源于政策风险，具体指的是相关部门对数字货币交易所制定的相关政策变化而产生的风险。目前，整个行业的相关法律法规体系都是不健全的，并且各国和地区的监管政策不一。相关的政策，可能通过影响数字货币价格，导致交易行为减少，使得交易所无法持续经营；甚至可能直接禁止交易所的运营，导致交易所要么清算关闭，要么高费用迁移到别的国家或者地区。

（二）非系统性风险

（1）技术风险。技术风险主要为信息系统安全漏洞，导致如交易所冷钱包账户信息遗失、黑客攻击直接盗币以及用户账号被盗用于操作等事件。如在 2018 年 3 月，黑客利用盗取的用户信息在币安进行大量交易来操纵市场行情，获利超过 1 亿美元。

（2）法律风险。法律风险包括交易所面临的金融犯罪风险可能性极高，很多盗窃、贪污、贿赂等犯罪分子利用交易所进行洗钱诈骗、非法集资等犯罪行为；还包括许多交易所收取的交易手续费及其他费用都用数字货币进行，无法计入账面收入，交易所以此逃避税收监管。此外，全球数字货币行业的监管政策开始呈收紧趋势，使得数字货币交易所的监管风险面临着更大的不确定性。

（3）操作风险。此类风险主要源于内部操作过程，如 2019 年 3 月，韩国加密资产交易平台 Bithumb 的内部人员窃取了冷钱包私密钥匙，转出了 300 多万个 EOS，导致平台损失超过 1 300 万美元。

综上所述，持续运营一个数字货币交易所并不那么简单，在成为数字货币交易所的 BAT 前，经营者可能因为无法吸引真实用户充币进行交易导致资金链断裂而倒闭；或者因为面对突然出台的新政策而被迫停止经营；也可能在交易所小有成就的时候，被外部黑客觊觎或者勾起内部人员的贪婪之心。

尽管如此，在行业应用没有落地，稳定盈利模式没有出现，监管政策没有完备的情况下，数字货币交易所的格局仍未定型，机会与风险仍旧并存。

四、数字货币交易所的未来机会

数字货币交易所是进行数字货币之间（币币交易）、数字货币与法定货币交易的平台，是数字资产交易流通和价格发现的主要场所。作为现有区块链产业链中盈利能力最强的细分领域之一，数字货币交易所具备很强的话语权，它的业务模式的演进与创新是抢占市场份额以及引领行业发展的关键。

另外，数字货币交易所的安全技术以及风控体系将不断升级和完善，相关的监管也将逐步到位，这使得数字货币交易所资产托管的功能将变得更加可靠、值得信任。

此外，基于区块链技术的去中心化交易所（decentralized exchange，DEX）也将逐渐成为主流。在去中心化的交易所上，用户能够绝对控制自己的资产，而交易的撮合将由智能合约来完成，结算与清算等行为都在链上进行，从而使得交易公开透明。

在不久的将来，数字货币交易所将取代传统金融平台。一方面，数字货币交易所将成为新一代数字货币银行，取代传统商业银行，成为大众的资产管理入口和新产品创新推广平台；另一方面，数字资产证券化相关技术以及法规的完善，让数字货币交易所取代传统交易所成为可能。

所以，人人都想开的数字货币交易所，它的未来值得期待。

（作者：陈万丰，张明洋①）

非同质化（NFT）交易所：虚拟资产交易平台中的另类

随着加密货币与数字资产等虚拟资产的兴起，虚拟资产交易平台（交易所）也应运而生。截至本书成稿，CoinMarketCap 网站上记录的活跃中的大大小小的虚拟资产交易所已有近 21 600 个。这些交易所的存在，提升了各类虚拟资产市场的流通性，让其价值能够得到更有效的体现。而在这些加密资产交易所中，有一个特殊的类别，即非同质化资产交易所。

非同质化交易所的主要交易品种是非同质化通证（non-fungible token，简称 NFT）。所谓非同质化，是相对于"同质化"数字货币而言的。我们知道，目前大部分数字货币都是基于某一区块链平台，并依照该平台上的通信协议标准进行发售的。例如，有相当部分的首次代币发行（ICO），采用的是以太坊的区块链平台，且按照以太坊的 ERC20 通信准则发行——这种用同一区块链平台的同一准则发行的数字货币，被称为有"同质化"的特点。

而 NFT 的非同质化特性，使得它们无法像常见的以太坊 ERC20 等同质化 Token 一样进行批量转账交易。虽然目前技术上可实现捆绑多个 NFT 进行交易，但大部分 NFT 交易双方

---

① 张明洋，分布式账本技术爱好者，曾任多家数字货币交易平台产品经理，现任国内港美股交易平台产品经理，业余研究区块链技术拓展及落地推广。

仍希望单件交易。因此，常见的加密资产交易所规则无法适用于 NFT 的交易模式，从而催生了新型的交易所——NFT 交易所，这是一种专门适用于 NFT 的去中心化数字收藏品市场。

一、NFT 交易所的诞生与市场参与者概述

OpenSea 是最早的 NFT 交易所，它的诞生与首个区块链游戏"加密猫"密不可分。加密猫又称"迷恋猫"（cryptokitties），是基于以太坊智能合约区块链平台的一款游戏。游戏发行方利用智能合约界定了加密猫的基因特点，游戏玩家可以使用自己的以太坊账户去购买或交易这些加密猫，或用自己的加密猫与其他玩家的加密猫繁育以产生下一代。随着这款区块链游戏的流行，人们对于这些加密猫的交易需求也日益扩大。

虽然加密猫游戏内置有交易市场，但 OpenSea 团队认为，在加密猫游戏之后，还会有大量的区块链游戏诞生，因而对这些区块链游戏内的资产（如加密猫）的交易需求将会上升。但是游戏中的道具往往个体间的差异较大，比如加密猫，每一只都是独一无二的，因此采用 ERC20 协议下的同质化通证，往往并不能很好地区别这些资产，而且其币值往往可再细分为更小的单位；但 ERC721 通信协议最小单位为 1，更适合用于链内游戏资产的定价交易。在这种情况下，OpenSea 利用以太坊的 ERC721 通信协议，创造了 NFT 这种通证，并且在此基础上建立了 NFT 交易所，专门为区块链游戏资产提供交易平台。OpenSea 团队将 NFT 市场设计为去中心化的交易平台，认为只有这样，才能让用户拥有"真正的数字所有权"。

在 OpenSea 之后，先后还出现了 OPSkins、WAX、Emoon、SpiderDex 等多个 NFT 交易市场，但到目前为止，OpenSea 仍是全球最大的数字收藏品交易市场。

OPSkins 原本是传统游戏道具的第三方交易平台，在发现了区块链游戏交易市场的潜力后，其推出了 ERC721 资产交易频道 WAX，支持加密猫和 Decentraland 等多款交易量较大的区块链游戏。

Emoon 是在点对点的交易协议——0x 协议之上开发的一个加密资产交易市场。在 Emoon 上，用户不仅可以交易 NFT 的加密收藏品，并且由于使用了 0x 协议，还可以点对点交易区块链游戏中的同质化通证。

SpiderDex 是一家由中国内地团队开发的 NFT 交易所。在此之前，该团队已经研发了 SpiderStore 和 SpiderDate 两款产品，定位分别为 DApp 分发与游戏社区，公链与区块链游戏数据分析。SpiderDex 将这两个产品在区块链游戏的流量积累进行转化变现。相较于上述几个数字收藏品交易平台，SpiderDex 对于中国内地用户会更友好一点，因为市面上大部分国外团队的产品暂时还未支持中文系统。

WAX 是 NFT 交易平台的新入场者，除 ERC721 交易市场之外，其还在打造一个更适合于数字资产交易的协议（Protocal），以求把业务扩大至数字物品乃至实物交易中，让人们可以实时又安全地与世界任何角落的交易对手进行交易。

总体来说，SpiderDex 与 OpenSea 在功能上非常接近，但由于原有的 SpiderStore 的社区属性，SpiderDex 还加入了会员体系，会定期给会员用户送一些数字收藏品。因此，与其他 NFT 交易平台相比，SpiderDex 的用户黏性偏高。

需要指出的是，为了提升链上数字资产交易的流动性，各式 NFT 交易平台往往不止采纳一种主流标准。例如有的平台可能会同时兼容以太坊 ERC721、ERC1155、ERC20 等主流标准，同时还会考虑兼容 EOS 的道具资产协议等。

二、NFT 交易所的另类定价方式

相较于传统交易所的撮合交易方式，NFT 交易所具有更多的点对点属性，因此它的交易方式有很多种类，常见的售卖方式有以下四种：

（1）直接定价。卖家可直接定价数字资产为 1 以太币，中意的买家付款 1 以太币就能直接购买，付款完成即交割，这种定价方式也是最常见的交易方式。

（2）荷兰式拍卖，即减价式拍卖。用户可以设置一个初始价格、结束价格和持续时间。在这个时段里，如果没有买家拍下，那么这个被拍卖的数字资产的价格将会随时间流逝而逐步降价，直到有买家接受价格并购买，不然价格会一直降到卖家最开始设置的结束价格。

（3）英式拍卖。这也是最常见的拍卖方式。在拍卖前，卖家可以设置一个保留价和限定时间，买家的出价必须比这个保留价高，在限定时间内，出价最高者获得被拍卖的数字资产。

（4）私下交易，灵活定价。其实就是只给指定的地址开启交易通道，除了该地址以外，其他地址无法购买该商品。并且私下交易是免手续费的，这种情况下，其实可以理解为一个点对点的交易平台。

三、NFT 交易所的交易特点

（1）捆绑出售。大部分 NFT 交易平台售卖的商品同时支持单独出售和捆绑出售两种形式。捆绑出售的资产可以是同款游戏中的不同道具，也可以是不同游戏中的链上资产，不过捆绑出售这种模式会更常见于私下交易。

（2）三种身份。在 NFT 交易平台上，除了买家与卖家两种身份，还有第三种身份——店主。用户可以在 NFT 交易平台上借助可视化窗口创建自己的 NFT 合约，只需要几分钟，即可以店主的身份在区块链平台上发行并销售不同卖家的 NFT 资产，并且可以实时查看该合约下的资产动态。

（3）去中心化。NFT 交易平台与常见的数字资产交易所的另外一个很大的区别在于去中心化。对于大部分用户而言，NFT 并不需要像其他的数字资产一样具备高流通性，而更需要体现使用价值，并且 NFT 与其他虚拟商品相比，优势在于用户真正拥有"所有权"，而不是随时可能被清空的数据。

在大部分人看来，中心化的资产托管式交易虽然交易速度快，但也丧失了 NFT 的原有价值。故而大部分 NFT 交易平台不会采用资产托管的模式，也不会为了转售而拥有用户的资产。当用户在交易平台上为 NFT 资产创建订单后，只有当买家实际拥有数字货币，并且通过智能合约的平台购买该资产时，该 NFT 资产的所有权才会变更。用户在交易成功前，仍然可以拥有 NFT 的代理权和自治权，并且可以在等待订单找到买家的同时，对该资产进行任何所需的操作（因为这时候所有权还没有变更）。

四、NFT 交易所更像是数字收藏品交易平台

NFT 交易所的出现，从某种程度来说，满足了链上资产爱好者对于数字收藏品的需求。

人们为什么会购买一些收藏品呢？在传统收藏品市场上，名人签名的专辑、限量版的书籍、演唱会专供的周边产品、历史悠久的古董等，其升值空间往往令人难以想象。比如在 1984 年，披头士乐队的一块鼓皮的拍卖价高达 6 550 美元。1994 年，披头士乐队在 Ed Sullivan Show 节目登场时出现过的鼓皮，在苏富比拍卖行以 44 000 美元售出。到了 2015 年 11 月，那块鼓皮在 Julien 拍卖行的成交价，达到了 205 万美元。

人们对收藏品的理解在于对一份感情的寄托，而 NFT 作为加密收藏品，当它与一款游戏、一位音乐家、一位画家绑定后，它的价值也将不同。人们为一件物品创造的体验越丰富，这件物品对于物主而言就越有意义，这也为限量的 NFT 注入了升值潜力。此外，比起实体物品，数字收藏品不存在品相随时间下降，甚至损坏的可能，因此未来数字收藏品的估值上升空间有可能超越纯实体收藏品。

总之，NFT 交易所的存在，提升了各类数字收藏品的流通性，也让数字收藏品的未来变得更加富有想象空间。

（作者：李桑桑）

◆分布式账本下的新融资模式：数字代币资产的发行机制剖析

在现有的虚拟资产中，代币的占比最重。因此了解数字代币的发行对理解虚拟资产会有所帮助。为免生歧义，在本书中，数字货币、代币、通证均被认为是"虚拟资产"中的同一事物。

我们都知道，一个公司要在股票市场上市，叫 IPO。类似地，一个数字货币想上市，就要做 ICO。实际上，代币行业发展到今天，经历了 ICO、IFO、IEO（initial exchange offering，首次交易所发行）以及 STO 等几个阶段，如果加上挖矿机的话，则要再加一个 IMO。

先说 ICO，它指的是代币的发行，即 initial currency offering（首次代币发行）。和传统投资之下的股票 IPO 仅一字之差，但从内在机制来看，ICO 和 IPO 却有许多不同的地方。

一、从与 IPO 的对比来理解 ICO

ICO 和 IPO 有很多不同，比如传统上的 IPO 企业通常是成熟公司，即便是科创板公司，也是已经有了具体的产品和业务模式的公司，只是这些公司的产品可能尚未获得盈利或是尚未成为市场主流产品。但进行 ICO 的公司，很多往往还只是拥有一种写在白皮书里的"技术概念"或是技术构想，个别 ICO 发行人甚至连白皮书都懒得写，让投资者靠遐想来投资。

不过在具体的融资手法上，ICO 和 IPO 差不多，也是要经历私募（类似 IPO 的股权投资）阶段和公募阶段。在海外，一个标准的 ICO 通常步骤是先准备商业计划书，然后进行私募，私募的对象一般是机构投资者。

根据美国从业者的介绍，在私募阶段，投资者和 ICO 的发行人会签署一个 SAFT（simple agreement for future tokens）。通常这个文件会由律师来起草，因为里面是各种免责声明（大家可以想象其风险）。

SAFT 基本上是一个简单的合约条款（term sheet）的版本，包括介绍项目或是代币（业界喜欢称之为通证）的情况。

SAFT 文件是私募最重要的文件。这期间发行人还会同时聘请律师做公募。由于众所周知的原因（在美国公募通证的行为极可能会被认定为涉及"证券"发行），一般发行人会试图绕过复杂的合规问题，聘请中国香港地区或新加坡的律师，提供中国香港地区和新加坡的法律意见，证明所发行的只是功能币（utility token），不具备证券的性质——如果中国香港地区和新加坡的监管机构对这种代币无法认定为是证券的话，它们通常是无权行使管辖权的。

有的发行人还会聘请美国律师，这是因为美国证监会比较严格，发行人通常还是想证明他们已经采取了措施避免不符合资格的普通美国人参与此项活动（符合资格的投资者不属于发行人的考虑范围）。

与此同时，发行人也在准备白皮书。等各方律师的任务完成，白皮书也差不多撰写完毕，便可以进行 ICO 了。

从公募流程上看，ICO 并没有一个常规的步骤。比如发行人可以在以太坊链上发起一个募资。想融资的机构或是个人可以在自己的社区、微信群或是在官网上公布一个智能合约的地址，说自己想发币募资并公布白皮书内容。

需要指出的是，这里的"募资"其实往往是指投资人手里持有的其他数字货币资产（这里我们假设是以太坊）。有兴趣的投资人会把自己持有的其他数字货币打到融资人（发行人）的一个（例如，基于以太坊的）地址，相当于赋予发行人一个权益货币。在这个流程里，并不涉及任何法定货币的交易，因为它背后只是一个公开的智能合约地址。

但是，由于以太坊和不少法定货币之间有高度的流通性，所以发行人得到以太坊后可以通过和法定货币的兑换而获得融资；而投资者则会得到发行人发出的新数字货币——一个前景尚不清楚的数字代币。

究竟新的数字货币和以太坊之间如何兑换？对于投资者而言，要看这个新的技术产品是否有较大的用户体量。那些重视价值投资的数字货币投资人，会认真阅读白皮书或其他官方材料，看看背后的故事是什么。

尽管如此，ICO 总体还是流程简单。和 IPO 动辄好几年的流程不同（因为需要多年才能达到目标业绩），一个牛市里的典型的 ICO，有可能从私募到公募最快只要 2~3 个月的时间。不过，也有一些发行人表示，现在做 ICO 的时间需要更长一些，因为经历了几次重大的市场事件之后，投资人开始变得更有耐心，也更挑剔了。

从 ICO 的过程来看，无论是对私募还是公募投资人，其风险都不小。对于私募投资人来说，虽然有可能私募的价格会比同期公募的价格低 10%~20%（因机构而异），但它也极有可能碰到一个项目无法落地，或是手中的代币上不了交易所的情况，这样一来，投资就打了水漂。

此外，对于私募机构来说，和投资 IPO 极为不同的一点是，参与 ICO 的私募一般不会在公募的时候就有出售旧币的机制。一是发行团队不愿意让私募在这时候退出（当然私募机构还是有其他办法退出的）；二是发行团队也不会帮私募机构去卖自己正在公募的币。而在股票 IPO 的情况下，前期投资者只要没有锁定期，完全可以在 IPO 的时候出售股份而实现退出。

对于公募 ICO 的投资人来说，最主要的风险是二级市场无法套现，或是代币的币值不断下跌，这有可能是由于其背后的区块链技术迟迟未能兑现价值，或是其技术没有获得市场认可。当然，还有一种情况，如果本来就是些不靠谱的假区块链项目，融资结束后发行人就会准备卷款套现跑路，代币便会成为垃圾币。

需要警惕的是，有时即便代币背后的区块链技术能够实现，但整个大市场行情严重下滑的时候，ICO 的投资人一样也会出现投资亏损。正如前文所说，ICO 的企业，本质上不像 IPO 的企业是发展成熟的企业，有成熟的估值方法，有板块和行业比较，还有很多的机构投资人和有强大的尽职调查机构去协助定价。在区块链领域，代币的估值方式和可比性均偏弱，板块概念也还只是处于初期阶段。

除此之外，进行 ICO 的发行人还需要一段时间去搭建并证明自己的社区价值（指的是这种币的用户、持币者以及场景等）。大部分代币的用途是用来做交易的手续费，这是其使用价值（发行人也不敢强调它的投资价值，怕引来监管机构），只有手续费变更了，这个对应的币的价值才会高起来。因此，只有随着社区的流量上升，代币的价值才会逐步体现，而这可能需要相当长的时间。

二、从 ICO 到 IEO

从对 ICO 的风险分析，不难看出，投资者和发行人在 ICO 这件事情上往往会存在信息不对称的情况。学过经济学的人都知道，信息不对称的一个结果，往往就是"劣币驱逐良币"。这就不难理解，为什么币圈的 ICO 有一阵子出现了问题，令投资者产生了信任危机。对于 ICO 所发行的币，在不少人看来，连劣币都算不上。

如果更深入地对比 ICO 和 IPO，我们会发现前者更大的问题是只集资，而并不保障投资人的权益。而企业 IPO 通常会在招股书中或是路演的时候披露派息率，当企业股价被低估时，大股东会回购股票以维持股价。

对于 ICO 而言，这些都是奢望。

因此，不少数字货币的发行往往也会被认定为一种游走在违法集资边缘的行动。特别当如果 ICO 被认定为与某种"证券"的定义相吻合，便会被认定为是需要受规管的行为（即要"持牌"经营）。

据新加坡的币圈人士介绍，现在在 ICO 的协议里，很多时候讲的是"捐赠"，而不是"投资"。最早的案例是以太坊，它第一次对公众募资时，其实用的是捐赠的方式——即发行人可以把自己认为有价值的数字货币以捐赠的方式捐给投资人，但并不承诺经济回报。投资人获得捐赠后，可以获得一些产品的对应权益，或是在这个区块链的生态系统里有某种决策权，抑或是在去中心化的生态中拥有参与权。

这种情况的出现，显示 ICO 本身带来了许多问题。而要解决这个问题，就要解决信息不对称的问题。

为此，IEO 应运而生。其大概思路是代币的发行人找一个代币交易所，帮它们做公募，而公募的对象往往是交易所的用户。这些用户把钱转到交易所指定的"钱包"中，由交易所控制。

这些资金汇总后，会根据各方的合约安排，转给代币发行人。通常交易所对这种资金的转移有特定的要求，比如会根据发行人的融资目的转移相应的金额。如果该目标没有实现，代币发行人有可能将不会得到剩余的融资款，而剩余的款项会退给代币投资者。

IEO 对参与的各方都有好处：从发行人来看，它不需要自己再去找投资人。而且，交易所会往往会进行"客户背景调查"（KYC）及"反洗钱审查"（AML）等工作，这可以令发行人降低一些合规成本，也可以吸引到一些"靠谱"的投资人。对于交易所来说，它往往会要求发行人提供的代币要有一定折扣，以吸引用户来买币，而这样做，也为交易所提供了更多的产品、更强的流动性以及有可能更多的投资人。

有的交易所对 IEO 的参与者还会设置一些要求，比如持有该交易所的代币的数量和时间有一定标准，这些都变相提升了对交易所本身的代币的需求，对交易所也有利。

IEO 的出现，不仅极大地消除了投资者与发行人之间的信息不对称，而且也部分解决了 ICO 中涉及的合规性问题。比如有些交易所会要求发币人配合监管，把来自有合规风险的国家从客户来源中屏蔽掉。虽然这可能会损失一部分的投资者，但大大降低了发币人的合规风险。

IEO 对于合规的追求比 ICO 的发行人更甚。DREP 基金会（新加坡）的一位高管对笔者表示，对于像 DREP 这样的区块链技术公司以及交易所，大家都是希望其走向合规的。包括 IEO 这类融资模式，同样希望有监管层的介入，让执行更加合规化，以明确参与方权利和义务的边界。

该 DREP 高管称："大部分交易所为了满足不同市场的合规要求，需要对登陆平台的项目提供律师出具的合法证明，以证明其代币不属于证券型币种（security token），而只是法律认定的功能币（utility token）项目，这可以规避一定的风险。"

可见，在合规性追求上，IEO 与 ICO 大相径庭。在 ICO 来说，投资人极可能连团队是谁都不知道，即便是募了钱也不会做 KYC 和 AML，而美国证监会可能连传票都不知道送给谁，找不到被告。这是 ICO 乱相的根源。IEO 通过交易所的背书和利用交易所的"中心化"监管，使得投资人再度对数字货币这类虚拟资产重拾信心。

三、STO 将发行人拉回到阳光下

尽管 IEO 的出现为项目融资方提供了新的空间，但它本质上并没有彻底解决合规及投资者保护问题，而更多的是用交易所的信用和自身的合规流程（未必悉数符合官方监管机构的要求）去给新币背书，其结果往往是交易所在币圈的话语权上升，但对投资者的保护未必有质的突破。

随着行业对于合规的要求提升，有人发起了 STO。STO 即 security token offering，简单来说就是证券型代币的 ICO。

STO 符合官方监管的要求，因此需要被纳入监管。对于投资者来说，这是最有保障的一种发行机制。

和 ICO 不同，STO 背后往往必须有实体资产支持，可以是不动产、大宗商品、现金、股权等。而且 STO 必须向各国官方监管机构（比如美国 SEC、中国香港地区的证监会）提出申请，通过审查后方可进行。它也需要符合一些当地的其他法律规定及流程。总体来说，对投资人而言，STO 会比 ICO 更安全。

显然，STO 将 ICO 拉回到了阳光下，至于是否所有的发行人都喜欢这种做法，就因人而异了。

四、IFO 和 IMO 价值仍受质疑

除上述发行机制外，虚拟货币还有 IFO 及 IMO 等其他概念。具体来说，IFO 就是分叉发行，英文是 initial fork offering。亦有人把 IFO 称为 infinite fork offering，即无限分叉发行。

IFO 是指基于比特币、以太坊等主流数字货币进行的分叉货币发行活动。发行人在这些主流币的原有区块链的基础上，按照不同规则又分裂出另一条区块链，从而产生新的分叉数字货币。持有主流币种的人可以在 IFO 过程中获得分叉后的新币，通过这种方式，IFO

成为一种新的虚拟币融资手段。但它的认受性一直遭到置疑，因为不同的人可以各自分叉，而分叉后的数字货币如果认受性不足，往往会缺乏足够的流动性，从而逐步失去市场价值。迄今为止，行业对 IFO 的争论仍然没有停歇。

和 IFO 同样争议较大的是 IMO（initial miner offering），即首次矿机发行。顾名思义，即发行人其实卖的是挖某种数字货币的特殊矿机，只有这种矿机才能挖到该公司独家构造的区块链上面的数字货币。

简单来说，IMO 的融资方（亦称项目方或是发行人）同时也就是矿机的唯一销售商，而这种矿机除了挖掘项目方的数字货币外，其他商业用途有限。在这个游戏的博弈中，数字货币的价格往往波动很大——因为只有开盘价较高，才会吸引更多投资者入场购买更多矿机。但随着矿机出售数量的增加，大量参与者的入场使数字货币急剧上升，从而拉低价格。

IMO 还有一个问题，就是如果它的数字货币的二级市场的价格较高，那么就会吸引更多的投资者去买矿机自己挖币，而不是在二级市场上交易。这样就造成了一个价格悖论：币价上升时二级市场无人接盘，币价下跌时又可能有更多的人抛出货币。

当然，为了规避监管风险，一些 IMO 的发行人通常并不会用矿机来命名自己的产品，而是会赋予这种矿机一些实际的功能，比如云存储等。

从 IMO 的发行机制来看，它更适合一些传统公司来发行，其矿机可以附带该公司的商业产品或服务，产生的数字货币本质上更像是该公司的一种积分产品。也正是因为这个原因，IMO 在虚拟资产领域的争论仍然较大。

以上仅是对于各种代币发行机制的粗略梳理。作为虚拟资产的投资人，抑或是经营虚拟资产的管理人，有必要对上述种种代币发行机制做进一步了解，特别是清晰地了解其背后的经济学原理，方可做出合理的价值和风险评估。

（作者：安扬）

◆ 深入剖析虚拟资产管理

虚拟资产管理概述：估值难点与组合策略

随着加密货币及数字资产等虚拟资产的推出，虚拟资产管理逐渐成为一个单独的另类投资门类。2018 年 11 月 1 日，HKSFC 正式决定，将对持有 9 号牌①的数字资产管理业务进行监管。2019 年 10 月 4 日，SFC 再发文件，对 9 号牌公司从事"虚拟资产管理"提出了具

---

① 对于中国香港地区各号牌的含义及相关的业务范畴，请参考本书第 6 章内容。

体条件。这意味着虚拟资产管理正式登上资管舞台。

接下来，虚拟资产管理的从业者必须考虑两大问题：第一，如何对虚拟资产进行估值，有哪些估值原则和策略；第二，如何组建虚拟资产组合。如果以股票投资为参照，这两大问题类似于如何对每只股票进行估值定价，以及如何建立一个股票组合。

需要指出的是，对任何资产的估值与定价都是金融学里非常专业的学科，若从理论上去阐述，恐怕寥寥数语无法讲清。本书会介绍一些现实中另类投资者较为常用的估值定价手法，以及与之相关的组合原则及方法。在此之前，我们在本节先介绍一下虚拟资产的认定与分类和估值难点，以及组建虚拟资产组合的基本原则。

一、虚拟资产的认定与分类

对于从事虚拟资产管理的机构与投资顾问来说，首先需要解决"虚拟资产"的定义问题。虚拟资产的具体定义是什么？如何进行虚拟资产的分类归属？它是否属于传统证券或是期货合约？……这些问题涉及大量的法律及不同市场对于投资者保护的规定。

截至本书成稿，加密货币的发行及交易仍然未获中国内地有关监管部门认可，因此本书借用 HKSFC 对于虚拟资产的概念：

以数码形式来表达价值的资产，其形式可以是数码代币（如数码货币、功能型代币，或以证券或资产作为抵押的代币）、其他任何类似的虚拟商品、加密资产或其他本质相同的资产，不论这些资产是否构成《香港证券与期货条例》所界定的"证券"或"期货合约"。

根据 HKSFC 于 2018 年 11 月的发文，上述虚拟资产不论是否属于传统的证券或期货合约，因为都有和后两者类似的属性，因此其基金分销和组合投资管理都需要受到监管。

在界定了虚拟资产概念之后，还要对其进行一定的分类。本文遵守中国内地行业的一般习惯，把"虚拟资产"分为加密货币和数字资产：

（1）加密货币。加密货币通常也称为"数字货币"，是以虚拟货币形态存在的币种，而非类似钞票或硬币那样以实物货币形态存在的币种。

"加密货币"又分为"法定数字货币"（亦称主权数字货币，是由中央银行发行的数字货币）和"非法定数字货币"（亦称为非主权数字货币）两大类。

法定数字货币，是由各国中央银行或货币发行机构发行的数字化法币，是非实物形式的法定货币，中国的 DC/EP 和新加坡的 Ubin 属于此类。

非法定数字货币，也称非主权数字货币，包括了目前全球流行的几乎所有加密货币，如比特币、以太币、泰达币（USDT）以及 Libra 等。CoinMarketCap 列出全球近 5 400 种不同的加密货币，这个数字会根据实际情况不断变化，有兴趣的读者可以自行搜索。

（2）数字资产。数字资产主要指链上资产、链上数据及游戏币等加密通证或类似的利用区块链技术进行通证化的资产。如无特别说明，本书中的"通证"主要指的是上述"数字资产"的虚拟货币形态。

　　除了上述概念和分类，我们还需要留意不同地区对于具体的虚拟资产的不同表述。例如，在中国内地，数字货币和加密货币往往含义一致；在中国香港地区，则称为"数码货币"及"数码代币"；在中国台湾地区，则称为"数位货币"或"虚拟货币"。

二、传统估值原理很难适用于虚拟资产

　　坦率地说，截至本书成稿，虚拟资产的估值理论尚未成型，原因是尽管虚拟资产从大类上可以归为一个另类投资的门类，但是实际上仅就加密货币和数字资产而言就有相当多的细分类别，其背后所对应的权益、经济收益、功能等均不相同，令传统的估值原理无法简单地套用到虚拟资产上。

　　例如：我们在传统的投资中，经常用市盈率（PE）、市净率（PB）、市销率（P/S）、市盈增长率（PEG）、现金流折现或是净现值法等估值方法去给某个公司或是项目估值。通常来说，对于成熟的、有稳定利润的公司（如消费、零售板类公司），我们可以采用市盈率；对于盈利变动极大的高净资产企业（如周期股、银行板块等），我们可以用市净率来估值；对于尚未有盈利但营收高速增长的新创企业，我们通常可以用 P/S 指标；对于有高盈利增长的高科技企业，我们可能会采用 PEG 指标……

　　但不论是加密货币或是数字资产，都难以用上述指标估值。从现有的情况来看，加密货币或是数字资产的价格变动，往往只是反映了公司或是某个区块链的未来应用的估值——而且往往这些区块链项目或是技术尚未盈利，甚至连应用场景都不成熟，因此没有现金流，不能采用现金流折现或净现值法，更无法采用市盈率、市净率或是市销率等指标。

　　在以往的一些区块链加密货币发行过程中，投资人往往只看到电子白皮书——在这种情况下，对相关加密货币的估值，更类似于传统的天使投资，只不过和天使投资人不同，加密货币的投资者往往并不持有公司的股权或是任何权益，只是持有这个区块链货币的未来估值，或是未来使用这种币的某种区块链网络的通行权力（即通证的使用权）。

三、加密货币的估值难点

　　加密货币的估值难点主要源自其资产性质，以及与之相关联的经济利益。

　　（一）加密货币的另类募资方式带来估值困扰

　　现有的加密货币有两种募资方式：①通过证券型代币（STO）方式募资；②通过非STO方式募资。如果是STO发行，一般加密货币又可以分为利润分享型（参与发行人经营的利益）与固定收益类型（例如债券，可以获得发行人获得的固定利息）。

　　如果STO发行的加密货币是权益类型的，有可能可以分享利润或是投票权，则可以参照权益类资产（如股票）的估值方式进行估值。需要注意的是，有时STO发行的只是分享利润的加密货币，由于利润只是权益的一部分，因此其币值相比完整的权益可能要打个折扣。因此，我们在估值时要具体分析持币背后所附带的具体权益特点。

如果 STO 发行的加密货币是固定收益类型的，则可以参照固定收益类资产的估值方法。但不少 STO 发行的固定收益所收获的是加密货币，这时如果要估值就要考虑获得的加密货币的具体属性了。

目前大部分的加密货币是以非 STO 方式募资的，其估值需要分具体的情况来进行估值判断，主要是要看持有该加密货币可以获得哪些权利及经济利益。

在加密货币家族中，由于发行人往往会采用私募形式发行、以非证券类别资产的形式进行募"资"，而所募的"资"，往往亦非法定货币，而是其他类别的数字货币。因此这种募资方式也会带来复杂的估值问题。

（二）加密货币的奖励机制和内在机理复杂

现有加密货币的奖励机制和内在机制往往很复杂，其背后所对应的权、责、利都不相同，这使得对其估值有相当的难度。因为不同的获取方式，可能涉及不同的软硬件和时间成本，权、责、利的不同则意味着对应不同的价值。

以比特币与以太币为例，这两种公有链的加密货币都可以通过挖矿的方式获得，而从使用角度来说，两种加密货币本质上是比特币网络及以太坊网络的加密通信工具。在这种情况下，如果从资产估值角度来看，比特币与以太币的持币人应该和上述网络的使用价值直接挂钩，但在成本上又需要与相应的挖矿成本相挂钩。

但是人们如果仅从实用角度来度量这些加密货币的估值是明显不够的。举例来说，比特币有其独特的设计，其挖矿的成本有可能随时间变化而变化，这就导致它的成本有可能不是一个简单的函数就可以解决的。

如果从比特币的供应量来看，它的总数量是有限制的，理论上会造成通货紧缩。但在现实中，比特币又出现了分叉（如 2017 年出现的"比特币现金"和"比特币黄金"），这种分叉无疑又会反过来对原有的比特币币值带来影响。

除了比特币和以太币这类公有链的加密货币，目前市场上还有大量的联盟链和私有链加密货币。这些加密货币可能对应的是某个区块链项目，也可能对应的是另一种公有链网络上的加密货币，甚至有可能对应的只是发行人自己的某一项产品或服务。在这种情况下，对于这些加密货币的估值，就要具体问题具体分析，而难以采用一个通行的标准。

四、数字资产的估值难点

数字资产对应的是链上资产和数据，以及有实际用途的各种虚拟币种。其估值难点与加密货币又有所不同。

（一）投资方缺乏应有的技术背景导致估值争议

数字资产往往都与某个区块链的项目相关。和传统的股权投资项目不太一样，区块链项目的估值有其自身的难点。从现实中的案例来看，最突出的一点就是：区块链项目估值特别依赖投资方的技术背景。

对于行业人士来说，区块链技术可能不算难点，但不是所有的投资人都精通密码学和区块链技术。特别是那些传统投资人，他们很难理解区块链项目和数字货币的价值，因此在做出投资决策时，投资人的技术背景往往会限制对项目的估值判断。

事实上，要让投资者在短时间内做出融资方认为比较符合其估值标准的决定很困难。尤其是对那些应用前景并不是特别明确的公链项目而言，投资方更是难以采用传统的现金流折现法或是对比估值法去进行项目估值。在这种情况下，投资方往往会压低有关项目的估值，以便给自己争取更多的安全边际。

举例来说，当年以太坊 2014 年 7 月到 9 月众筹上市的时候，以太币的价格只有 0.3 美元左右，到 2015 年就升到了 0.6 美元；到了 2020 年 3 月 15 日，以太币的价格是 130 美元！如果当年的投资人都看得懂它的技术价值，可能最初给出的就不止 0.3 美元。

这并不能全怪区块链或数字货币的投资者。即便是今天，区块链也不是普罗大众容易搞懂的东西，更何况它在实体经济中的应用还极为有限。当年敢投资以太坊的投资者是很有胆量的。

（二）区块链项目估值需要各方的想象力

以公有链为基础的数字资产（加密货币也类似）在估值上的第二个难点是：需要对技术的未来应用有足够的想象力。项目的发行人和投资者在技术层面的理解达成一致时，往往还需要对区块链的技术特点和应用前景有惊人的想象力，才能把一种纯粹概念性的技术与未来可能的现实应用挂钩。

过去几年，不少公链项目投资人往往面对的只是一本白皮书和几个技术员组成的团队，有的团队甚至只提供几张 PPT。对于投资人来说，他们需要从寥寥可数的几张纸去发挥想象力，考虑整个项目在成熟阶段的商业价值——这也是该行业比较魔幻的地方。

直到今天，我们看到的很多区块链项目还只是某一种立项，别说投资人，连创业者自己可能都不知道能否做出来。所以这种公司或是项目的估值，和传统公司估值就很不一样，它的估值需要投资者的想象力。

在传统 IPO 或是 PE 投资中，基金经理极少会投一个没有任何实物、只有一种理念的所谓技术"产品"。所以传统的估值理念到了区块链项目，特别是公链项目上，就会出现偏差。

相比之下，私有链项目的估值在这方面难度不像公链项目那么大。因为私有链或是联盟链项目，往往是某个公司或是行业内的一种应用，能对应一定的市场需求，它的估值往往和创办人的公司价值挂钩。

五、现实中虚拟资产的另类估值手段

（一）咨询同行专家意见

如果投资者看不懂某些底层区块链技术，又该如何给出估值呢？在实践中，不少虚拟资产的投资人采用 PE 融资模式来看待数字资产的估值，简单地说，投资人往往会寻求那些资深行业投资人的协助，和这些行业投资人共同进退，或是寻找行业参照。

在现实生活中，并不是所有的投资人都不懂区块链技术，所以不少虚拟资产的投资机构都希望能找到那些愿意投资相关区块链项目，而且懂得这些项目背后技术特点的投资者，共同组成一个投资团队。

据一些投资人介绍，在区块链投资领域，不少投资机构是喜欢抱团取暖的，来自各方的投资人各自展示自己所处的某个领域的知识，共同对一种数字资产进行估值。当然，比较精致一些的做法，是至少寻求两个不同的独立技术团队的意见，以避免陷入所谓的"专家陷阱"或是"羊群效应"。

（二）参考可比项目估值

在这个行业里，采用可对比项目的估值，有时会有其合理性。特别是在金融行业中，人们普遍认为美国市场是一个颇为有效的市场，所以美国的同类别项目融资情况可以作为参考。一般是按市场的对比项目的评估，比如前两个月的同类别项目融资估值或是总额，都可以拿来做参考。

当然，这个做法也有弊端，因为如果某个项目非常特殊，它的技术和产品逻辑非常与众不同，反而有可能很难在公开市场融资。这就好似比特币和以太坊早期的时候的确很新颖、很特别，但反而造成不是那么多的投资人可以很容易地理解它们，因此它们初期的价格并不高。

（三）参考股票的价值投资模式

区块链的价值投资是相对于那些热衷炒币的币圈炒家而言的。对这些炒家来说，别说白皮书，连 PPT 可能都算多余。但真正的价值投资者会根据区块链项目的用途、前景和政策支持情况进行分析。从实践来说，价值投资当然也适用于区块链项目，只不过我们这里的价值投资不是指投票市场上的逢低买入，而是指要从项目本身价值去考虑定价。

和传统股票或是股权投资一样，价值投资在区块链项目中也是很根本的理念。不论是公有链项目，还是私有链项目，最终还是要落实到实体经济，落实到具体技术产生的价值上。

六、虚拟资产"入库"原则与组合策略

（一）虚拟资产的入库原则

在界定了虚拟资产定义，并且深入了解虚拟资产（以加密货币和数字资产为主）的估值难点之后，接下来要解决的是如何选择入库虚拟资产的问题。在这个问题上，其实虚拟资产管理和现代资产组合管理理论没有太大的差别。简单来说，在入库资产的选择方面，人们应该遵守以下原则：

第一，入库的资产类别必须清晰，有鲜明的资产特性，并且该类资产的价值可以通过

现有的法定货币予以度量。如果资产定义不清晰，虚拟资产的投资经理很难向他们背后的金主解释，自己究竟投资了什么类别的虚拟资产，其（未来）价值究竟在哪里。

当然，从现实情况来考虑，虚拟资产往往并不容易被轻易地界定为某一个具体的类别——比如买卖某种具有特别功能的加密货币，其既可以被视为是投资加密货币，也可以被视为是对它所承载的特别功能的经济价值的投资。

此外，如果有关资产的价值无法用现有的货币体系进行度量评估，则投资经理也很难向投资人解释，有关资产的投资究竟是亏损还是盈利。

第二，入库的虚拟资产，必须与现有组合里的其他资产不存在高度相关性。这主要是考虑资产组合的多元化，以便最大程度地实现整个投资组合的资产配置多元化。

第三，准备入库的虚拟资产，必须有较好的流动性。这主要是考虑到整个资产组合有可能需要不时地进行调仓，如果交投不活跃（有可能无法达成交易），或是买卖交易的差价过大（买卖成本较大），抑或有关虚拟资产的集中度太高（容易面临价格操纵问题），都有可能影响整个虚拟资产组合的业绩表现。

（二）虚拟资产的组合建仓原则

在选定了满足入库条件的虚拟资产之后，我们可以根据以下因素进行建仓：

第一，尽可能考虑纳入更多的满足条件的虚拟资产。这是因为纳入的相关性低的虚拟资产越多，越有助于提升风险回报的有效边界（即在承受同一风险的情况下，整个组合所获得的预期回报更高）。

第二，新虚拟资产的加入能明显提升整个资产组合的夏普率（Sharpe Ratio）。简单来说，背后的原理就是，增加的虚拟资产有可能会给整个组合的回报带来收益和风险，只要每增加一个单位的风险，其所对应的超额回报更高，就可以考虑把这个虚拟资产纳入组合中。

在现代资产管理理论中，对于是否应该增加一项新的资产类别，有如下的结论可供参考：即增加新资产后的整个组合的夏普率与现有组合的夏普率之比，要大于新旧组合的相关系数。有关结论在虚拟资产管理中也可以作为一项重要的参考依据。

在本书《虚拟资产投资者图谱：谁是行业的领投人》一文中，将会介绍把数字资产加入现有资产组合后，整个组合的夏普率表现，供读者参考。

当然，由于虚拟资产属于另类资产，其流动性和法律法规风险特点与普通资产不同，因此在具体建仓的时候，我们还要考虑这些风险因素，不能单纯根据夏普率指标进行建仓。笔者更倾向于将法律法规及流动性风险的权重因子设置得高于夏普率指标。

（作者：陈宜飚）

区块链项目的"价值投资"分析体系

大多数区块链项目①或虚拟货币的投资者，往往在牛市时高呼区块链是未来，熊市时痛骂区块链是骗局。

不可否认，有的区块链项目是靠"进场快"和"跑得快"获得回报的。投资者也许逃过了项目方的镰刀，却没逃过交易所的套路。但随着区块链技术的实质性发展与落地，以及行业监管的成熟，区块链项目的投资价值必然会得到体现。

不管是为了"防骗"，还是挖掘高成长价值的区块链项目，建立一个价值分析框架都非常重要。

一、认识项目分类

和任何传统行业的投资分析一样，投资者想进入区块链行业投资，第一步应该是认识行业分类与不同细分领域的特点。

如图 3-4 所示，区块链项目大致可以分为四大类。

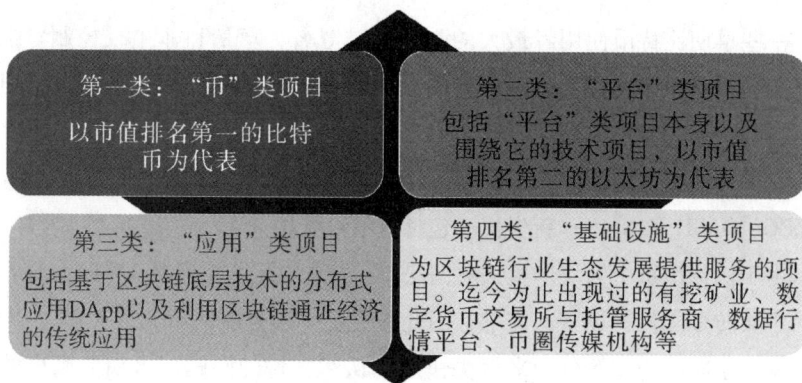

第一类："币"类项目
以市值排名第一的比特币为代表

第二类："平台"类项目
包括"平台"类项目本身以及围绕它的技术项目，以市值排名第二的以太坊为代表

第三类："应用"类项目
包括基于区块链底层技术的分布式应用DApp以及利用区块链通证经济的传统应用

第四类："基础设施"类项目
为区块链行业生态发展提供服务的项目。迄今为止出现过的有挖矿业、数字货币交易所与托管服务商、数据行情平台、币圈传媒机构等

图 3-4　区块链项目的四大类别

（一）第一类：以比特币为代表的"币"类项目

2008 年出现的比特币（BTC），可以称为第一个区块链项目，其诞生的意义之一是为了解决传统法定货币的数字/电子货币的双花问题。比特币的底层是依托一个集合密码学、博弈论和计算机科学的分布式数据库，其创造者中本聪将之称为"点对点的电子现金系统"，这一个底层技术后来被称为"区块链"。

比特币的最初角色定位非常明确，就是一种与各国法定货币功能相似的加密货币，其

---

① 本文描述的区块链项目投资专指发行通证的区块链项目。

功能包括价值贮藏和交换媒介。但与法定货币不同的是：它不受一个中心机构（如央行）控制，总量（2 100 万枚）是固定的，新增数量与节奏（如现在是平均每 10 分钟，就有新的 6.25 个 BTC）是已知的；此外，不是商业银行才有资格记录支付与转账情况，而是每个提供算力的节点都可以有机会记账，并且获得区块奖励以及赚取手续费；再者，交易信息是公开的，币的转移路径（不同地址的往来信息）是可以在比特币的区块浏览器上查看的。

然而，比特币及其底层的比特币系统用于"支付"有一定不足，因此出现大量如图 3-5 所示的替代币。

图 3-5 功能与法定货币相似的替代币

首先，一些早期比特币使用者最大的刚需就是匿名、隐私和非主权控制。然而，比特币可以公开查到币的转移路径，虽然公开的只是一大串数字组成的钱包地址，但一旦与线下身份信息挂钩，就很容易追溯。因此，出现一系列使用包括零知识证明或环签名加密技术的项目，使得在一些信息不被公开的情况下，交易的发生仍然是能够被矿工验证的。早期代表是 ZEC、DASH 和 XMR；新生代表包括 GRIN 和 BEAM。

其次，由于比特币每个区块产生的时间是 10 分钟并且只能记录 1M 的交易纪录，无法满足高频、小额转账支付等场景的需求，因此催生了一系列山寨币和分叉币。例如莱特币，通过修改区块产生时间为 2.5 分钟来解决快速确认和支付的问题；再如分叉出的 BCH，则通过将一个区块容量扩大到 32M 来解决问题。

最后，投机者的出现使得众多加密货币的价格波动大，不适用于支付，因此产生了一系列稳定币。如以美元现金为担保的 USDT、GUSD 等；再如初期以一篮子法定货币或者单一法定货币担保的 Libra；也有通过算法能够调控币的供给和需求以实现稳定的 Basecoin。

（二）第二类："平台"与"技术"类项目

比特币引申出的分布式概念，让社区成员认识到分布式应用的潜力。早期开发的分布式应用只有两种：一是山寨比特币的代码，二是在比特币区块链上开发。然而，比特币的代码库把"网络层""共识层"以及"应用层"混合在一起，并且比特币的脚本语言对开发者并不太友好。行业需要更好地开发平台来满足各种区块链应用开发所需的技术要求。

在 2014 年，以太坊提出开发分布式应用的新主张，让开发者可以在区块链上构建任何

DApp。以太坊通过将虚拟机（ethereum virtual machine，EVM）代替应用层，并通过智能合约程序，让数千名开发人员能够在以太坊上自由构建分布式应用。

就像早期有大量的山寨币项目通过复制和修改比特币的代码与比特币"竞争"一样，以以太坊出现之后也有许多平台型公链项目通过复制与改进以太坊代码，向以太坊"宣战"。行业里的人曾提出 2018 年是公链的元年，并提出"百链争鸣"。

以太坊之外的平台型公链的争相出现，一方面是因为资本热捧"区块链底层技术"这一概念；另一方面，以以太坊为代表的平台公链的确存在包括低可扩展性、存储限制以及缺乏开发者工具等问题。这导致开发者认为"developer unfriendly"（开发者不友好），而用户认为"user unfriendly"（用户体验不友好）。因此，行业陆续出现的技术类项目或者平台型项目都是围绕"解决以太坊的不足"来讲故事的公链性能提高的三大方向，如图 3-6 所示。

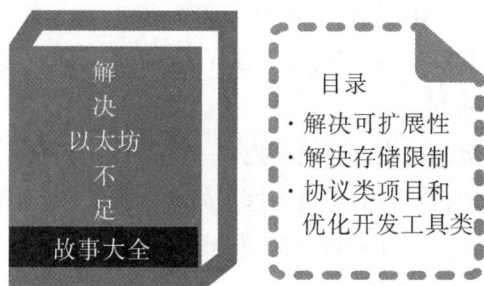

图 3-6　公链性能提高方案

1. 第一个方向是解决可扩展性

低可扩展性的表现形式有两种：一是低吞吐量，只能处理有限的交易；二是交易速度慢，如以太坊平均每秒可以处理的交易是 14 笔。目前有人提出，解决这个问题的技术包括以下几种。

（1）侧链技术。它使得小额的交易以及不重要的信息在侧链或者链下（如中心化数据库）确认和记录，只有一些重要的信息和交易才在主网上去记录和确认。相关的项目包括 RSK Smart Bitcoin、Raiden Network Token 和 Loom Network 等。

（2）跨链技术。它主要帮助链与链之间交互，这样每个链既能单独处理交易事务，不影响别的链网络情况，又可以根据需求指示交互。目前获得较多关注的项目有 Cosmos 和 Polkadot。

（3）有向无环图（directed acyclic graph，DAG）。图与树（如默克尔树①）都是数据结构的一种，而 DAG 则是与区块链并行的一种技术，它也可以做到分布式账本，典型的项目

---

① 关于默克尔树，详见本书第 19 页。

如 IOTA 和 Conflux。

（4）分片技术。将传统中心化数据库中的分片技术应用到区块链中，通过将大的数据库切分成很多小的和可处理的部分，从而提高性能、缩短响应时间，代表项目包括 Zilliqa 和 Quarkchain 等。

2. 第二个方向是解决存储限制

以太坊以及 EOS 等平台型项目出现后，越来越多的应用开始在平台上开发，其中富媒体应用尤其对存储有大量的需求。围绕存储的典型技术项目包括 IPFS 和 Storj 等。

3. 第三个方向是协议类项目和优化开发工具类

社区精神让一些项目选择通过在已有的公链上开发协议层或者构建开发工具平台来解决问题，而非重新开发一条公链。如针对游戏行业，区块链游戏开发平台 Enjin 构建了游戏设计 SDK（软件发展工具）以及基于 ERC1155 的 Token 协议标准，让开发者更容易在以太坊上开发游戏 DApp 以及游戏道具资产。再如，针对证券行业，数字证券发行平台 Securitize 构建的 DS 协议提高了在以太坊上发行合规的证券通证的可行性。

（三）第三类：应用类项目

何时能等到一个杀手级的区块链应用落地，一直是行业从业者以及区块链发展趋势关注者所关心的问题。谈及"区块链的应用"这个词组，大家通常会将其等同于 DApp，但实际是，后者只是前者的一种。总体来说，区块链的应用项目可以分为两种：①Token＋App 或经济活动，强调利用 Token 经济优化商业模式；②DApp，强调核心业务的数据是记录在区块链。

举个例子，某个内容社区平台发行了通证，读者可以用通证打赏给作者，作者获得通证后也可用通证购买平台的其他服务，这种情况属于上述第一种；但假如，在这个内容社区平台，所有用户的账户信息都记录在区块链，作者具备其原创文章所有权也记录在链上，那么这个平台就属于 DApp。

目前，行业中比较多的 DApp 主要在两个领域：游戏类和金融类（DeFi）。前者如基于以太坊开发的 RPG 游戏 MyCrytoHeros 以及基于 EOS 开发的 EOS 骑士等。后者如基于以太坊开发的去中心化借贷抵押平台 MakerDAO 以及去中心化交易所 Kyber。

（四）第四类：基础设施类项目

区块链的热潮也引起一系列基础设施类项目进场，虽然这些项目大多数并没有使用到区块链技术，但对区块链行业生态的发展提供了重要的支持。此类项目具体包括但不限于以下领域：

（1）与数字货币有关的挖矿行业，包括矿机生产、矿场出租、矿池服务以及算力平台。

（2）金融服务类，包括数字货币冷钱包、数字货币交易所、数字货币托管服务以及场外交易等。

（3）数据与媒体服务类，如数据行情平台、区块链媒体平台等。

以上项目，它们的应用虽然不一定需要基于区块链底层开发，但也可能通过发行通证来优化商业模型。比如包括币安、OKEx以及火币在内的数字货币交易所，都发行了平台币，而用户则可以在交易所生态内各种场景使用平台币。

（五）虚拟资产投资者估值贴士小结

从上述介绍来看，区块链行业的投资种类并不少，但对于刚接触区块链行业的大多数人，尤其是没有IT背景的人而言，仍然可能认为区块链项目非常抽象。因此，在慢慢深入学习和了解区块链行业里的专业术语之前，投资人可以先从传统行业的视觉看区块链项目。以下是笔者提供的一些有用建议：

第一，对于币类项目，一方面，我们可以将其看成货币或商品，从供求角度以及流通角度分析价值；另一方面，我们也可以把它背后的底层技术或应用看作是支付系统，从安全性、交易速度以及支付体验角度评估其价值。

第二，可以将平台类项目，看作是一个孵化器。一方面，它是各类DApp进行开发的基础平台，就像"孵化器"给各类初创项目提供办公场地；另一方面，一个好的基础平台类项目，会有配套开发者工具、开发语言以及开发指导，就像"孵化器"会给创业项目提供创业教育支持一样。还有一种传统视角，即在某些情况下，可以把它当作VC或是PE投资公司来看，因为一些平台类项目的基金会也会对生态圈里的一些DApp项目进行投资，就像"孵化器"会投资并持股所孵化的项目。

第三，对于应用类项目，就更简单了，就从互联应用项目或者传统商业项目角度评析，不一样的只是要考虑使用区块链技术或者应用了通证经济模型之后，会如何优化此类项目。

第四，对于基础设施项目，其实它们本身与传统行业更为贴近，投资者并不难理解，在此就不赘述了。

第五，谈及估值，各类传统资产已经有一套经过实证的估值模式。比如货币中，我们常用的估值模型是费雪交换方程；而公司的股权股票投资中，我们常使用的方法包括相对估值法和绝对估值法；对于期权，常用Black-Scholes模型估值。

行业人士试图以基于传统估值模型衍生适合虚拟资产中通证的估值模式，或者创新提出其他估值模型，如成本定价法。然而，如表3-7所示，它们都有不少未经证实的弊端。

表 3-7　虚拟资产中通证的估值模式

传统估值模型	通证估值启示	局限性
交换方程 MV＝PQ，其中 ●M＝货币供给量 ●V＝货币流通速度 ●P＝物价水平 ●Q＝实际货物和劳动产出	适用于上述第一类项目，即币类项目	流通速度和贴现率难以确定；无法验证此传统货币的估值模型是否适用于数字货币
相对估值法，以现金流折现模型为代表	适用于（1）后期会进行分红的证券型通证；（2）Staking 模式的币，即抵押币可获得币的奖励	折现率难以确定；不管是币的分红，还是币的奖励，都不是现金，不一定适用
绝对估值法，如 P/B、P/E 和 P/S 等	用区块链特有的数据（如链上交易数据）变形指标比率，如 NVT（网络价值与交易比率）＝市值/当天交易量（仅链上数据）	一定的时间滞后性； 更多交易量并非代表更高的通证价值
互联网估值 $V = K * P * N^2 / R^2$ V＝互联网企业的价值 K＝变现因子 P 是溢价率系数（取决于企业在行业中的低位） N＝网络的用户数 R＝网络节点之间的距离	梅特卡夫定律[①]同样适用于区块链网络，区块链中节点连接起来。而节点越多，潜在的连接越多，价值也就越大，也就是"共识越强"。 对应指标是网络价值与梅特卡夫比率（network value to Metcalfe ration，NVM）	只考虑了链上数据
期权定价法 Black－Scholes 模型 $\frac{\partial v}{\partial t} + 0.5\delta^2 S^2 \frac{\partial^2 v}{\partial^2 S} + rS \frac{\partial V}{\partial S} - rV = 0$ V＝期权定价 S＝股票价格 t＝时间 r＝无风险利率 δ＝股票波动率	将通证看作加密资产可能提供实际效用价值的看涨期权，进而利用期权定价公式计算通证内在价值。 V＝加密货币价格 S＝加密资产的实际效用价值 t＝时间 r＝无风险利率 δ＝S 波动率	S、δ 和 T 未知；S 如何影响 V 没有描述
/	成本定价法： 适用于 POW 共识的通证 P＝矿工每天的挖矿成本/每天挖到的 Token 数量	模型假设基于完全市场假设，没有考虑算力中心化问题

资料来源：通证通研究院等网络公开信息整理。

---

① 梅特卡夫定律指一个网络的价值与联网的用户数的平方成正比，n 个节点的网络中节点间唯一连接为：n/（n-1）/2。

二、了解通证投资的方方面面

目前来看，参与区块链项目的主流投资方式有两种，一是股权投资，二是通证投资。股权投资大家很容易理解，投资者出资成为项目股东；而通过通证投资，投资者与项目之间的关系要取决于所投资的通证的属性及其背书价值。

事实上，自 2017 年以来，通证投资已经成为更主流的区块链项目投资方式。本文后续就通证涉及的分类、基本参数以及可能的升值逻辑等几个主要方面对通证投资进行分析。

（一）通证分类的五大维度

这里我们借用 Untitled UND 的 *The Token Classification*《通证分类框架》提及的方法，从技术、目的、底层价值、功能以及法律五大维度来归类通证，如表 3-8 所示。

表 3-8　通证分类框架

技术角度	
区块链原生通证	应用在区块链底层的通证，就像 Bitcoin 之于比特币区块链和 Ether 之于以太坊
非原生协议通证	应用在建立在区块链之上的加密经济协议，如建立在以太坊之上的 Augur 协议的 REP
（D）App 通证	应用在区块链之上或者协议层之上的应用层，如 BAT（Basic Attention Token）是用在 BAT 平台上的 Token，但这个平台是基于以太坊开发的
发行目的角度	
加密货币（Cryptocurrency）	目的是成为具备价值存储和交易媒介功能的加密货币，如 Bitcoin
网络通证	目的是流通和使用于特定的生态体系（如网络或者应用），如 Blockstack 的 Stacks
投资型通证	目的是作为投资资产或发行主体的方式，如 Newfund Equity Tokens。
背书价值的角度	
资产背书通证	拥有这类通证就代表拥有通证代表的资产，如持有 1 个 USDT 代表持有 1 美元
网络价值通证	通证的价值与网络产生和交换的价值相关，如 Ether 的价值取决于以太坊网络的经济价值
类股权通证	它指的是具备股权特征的通证，但这类通证并不一定是合规的，如持有 Fcoin 可获得交易所分红
功能角度	
使用型通证	通证的持有者能享受某种服务，如支付 BTC 手续费，则可以使用比特币网络转账

表3-8（续）

管理型通证	持有通证则可以为生态做出贡献并获得奖励，如在去中心化借贷平台 MakerDAO 上，MKR 的持有者组成一个去中心化的管理社区，决定哪种有价值的数字资产可以作为抵押资产，清算比例。其他用户在使用平台的服务而支付的手续费中的一部分，则会用来购买并销毁 MKR
混合型通证	这种通证综合了上述两种功能，如新版本的 ETH，在 POS 机制下，抵押 ETH 可以获得记账权，但支付 ETH，可以使用以太坊网络服务
法律角度	
功能型通证	通证的应用场景与网络或者 DApp 的功能特色紧密相关，完全避免证券属性
证券型通证	即工具，与传统证券属性相似
加密货币	通证主要是具备价值存储和交换媒介的功能

（二）通证的基本参数

在投资股票时，我们会关注包括发行数量和价格在内的一些基本参数。那么无论通过 ICO 或 IEO，还是私募或者二级市场购买通证，我们也需要了解通证相关的一些数据，并对这些数据的合理性进行判断。具体要了解的数据包括但不限于：

（1）发行总量。一些通证的发行总量是已知的，如 Bitcoin 是 2 100 万枚；而一些通证的发行总量是无上限，如 Ether，但其每年的增发量也是已知的。

（2）流通总量，大多数通证的流通总量都会小于发行总量，主要有三种原因：①还没产生，如新的 BTC 需要通过挖矿产生；②锁仓，如 POS 机制下，节点需要锁仓通证；③回购销毁，如币安交易所每个季度会回购一定 BNB 并且销毁。

（3）价格。在一级市场了解价格，有助于判断项目融资额度的合理性；而在二级市场，我们可以通过与私募或 ICO 价格对比，看通证是否破发。

（4）分配机制。通常通证的分配主要是团队、基金会、投资者、空投等，一方面，我们需要分析每个角色持有的比例是否合理，如某团队持通证过多则存在明显操盘嫌疑；另一方面，我们要看团队以及早期投资人所持部分是否锁仓分批释放，如果没有则存在明显的套现嫌疑。

（5）融资需求。与传统 VC 或者 PE 项目一样，每个项目的融资目的最好都是合理的、详细的。

与传统股权项目不同，通过通证融资的区块链项目的融资数据都是公开的，因此，这些数据都可以通过如 CoinMarketCap、非小号或 CoinGecko 等第三方数据行情网站以及项目官网与白皮书查找。

（三）通证的升值逻辑

通证的升值因素来源于两方面：

一方面，源于通证自身，尤其是功能型通证与加密货币。通常，接受通证的场景越丰富，通证的需求量就越高，通证就越有潜在升值空间；项目方回购并销毁通证，导致通证供应量减少，通证也会有升值潜力。

另一方面，源于通证背后的项目。如前文所述，即使是通过通证来参与区块链的投资，投资目标的价值与项目本身紧密相关。虽然一般区块链项目的通证在私募或者 ICO 之后，很快就可以在加密货币交易所进行二级交易，但是项目本身还是早期的。因此，我们可以学习 VC 投资的方式分析项目的可行性，如分析业务方向和团队构成。

1. 分析业务方向对不对

一方面，针对强调技术解决的项目，如前文所述的币类和平台类项目，要分析项目是否有在解决区块链行业的瓶颈问题（隐私安全、可扩展性、存储限制等），并且分析其所倡导的技术手段是可在短期落地还是一个科学级别的概念难题。

另一方面，针对强调应用的项目，则需要分析使用区块链技术或者 Token 经济的必要性。如在确认信息成本高的领域，比如金融领域，如果用区块链技术给"沙子"溯源，这就没有必要；再如，需要符合人性的经济逻辑，如果可以通过人为手段作假而获得通证，那么这种项目也是不可持续的。

2. 早期项目的关键是团队

如图 3-7 所示，一个完善的发币项目团队成员需要技术、营销与战略投资人。

图 3-7　发币项目的完善团队构成——通证项目金牌组合

首先，区块链项目，尤其是强调技术解决方案的项目，技术团队尤其关键。最好是有一个技术领袖能够获得开发者的追随，如以太坊的 V 神。从比特币或者以太坊早期开发团队出来的技术人员的创业项目，往往也受到投资人的青睐。再不济，也需要传统互联网巨头的技术、数据库以及存储等从业背景。

其次，一个优秀的营销团队也是非常重要的。一些只关注技术的项目团队，经常不看重营销，导致项目与 C 端用户以及个人投资者脱离，无法维持项目的持续发展。懂得营销的团队，可以为项目引来关注度，让项目吸引更多的资本，再招揽技术团队开发项目。经典的例子就是波场的孙宇晨。

最后，如同 VC 项目流行跟投的方式，区块链项目亦是如此。新手投资人可以选一些知名区块链投资机构或者投资人投资的项目。但这并不是说，看到标榜有知名机构投资的项目就立刻盲目跟投，我们至少需要花点时间确认该机构是否真的投资了这些项目，而不是项目用来做的虚假宣传。

3. 追踪与参与所投项目

虽然区块链项目处于早期，但其比起传统早期股权项目，公开的信息比较丰富。因此，在通过分析业务和团队来判断项目是否可行后，我们还可以通过持续追踪项目的进展，参与项目社区和体验产品等方式，来判断是否继续持有项目的投资。

具体需要追踪与参与的包括以下几个方面：

（1）社区情况

社区情况的分析有两种方式。一是定量分析，可以通过项目在谷歌的搜索指数和各大平台（如推特、脸书、电报等）的粉丝用户数、交流发言频繁等判断社区的活跃情况；二是定性分析，可以通过亲身关注媒体号以及入群，感受社区的质量（比如大家讨论的话题是项目进展还是只是关心通证涨不涨），参与 AMA（Ask me Anything）来感受团队是否有在积极推进项目等。

相关数据，可以直接在项目所在的各大平台的主页上分开获得，也可以在数据行情网站如 CoinGecko 上直接一次性获取。

（2）技术进展

如果是了解代码的投资人，可以通过项目在 GitHub 上的开源代码判断品质。而非技术出身的投资人，则可以在 GitHub 通过看项目 Watch 情况（代表有多少程序员关注了该项目）、Star 情况（代表有多少程序员收藏了该项目）、Contributors 情况（代表了项目开发人员数量）等数据来判断项目是否还在积极地进行技术开发以及受开发者欢迎程度。

另外，平台类项目是否受开发者喜爱也可以在基于该公链开发的 DApp 数量上体现。相关的数据可以在一些关于 DApp 的数据平台上查看，如 SpiderStore、DAppRadar 等。

（3）二级市场交易表现

通过加密货币行情网站、交易平台或是行业媒体网站，看到所涉项目通证的二级市场表现。投资者可以关注该项目的市值、换手率、上线的交易所、交易对等数据，从而观察通证在二级市场的受欢迎程度。但值得一提的是，通证的市值并不一定是一个非常可信的指标，由于缺乏流动性和监管，区块链项目操纵市值是非常容易的。

（4）链上数据

链上的数据，是一个相对可信、作假成本比较高的数据。基本上每个公链项目都会有配套的区块浏览器，我们也可以在一些专门统计区块数据的网站上查看。比如以比特币为例，我们可以通过在 blockchain.com 上的比特币浏览器查到区块相关数据（区块高度、产生时间、矿工和区块大小等）、交易相关数据（发生在链上交易的时间、额度、交易的钱包地址以及手续费）。又如 Ether 以及其他 ERC20 的通证，我们可以通过在 Ethplorer 上查看链上交易相关数据、钱包总数以及钱包持币排名等信息。

通常，我们认为一个通证上的钱包地址，尤其是活跃钱包地址，数量越多越好，这说明其实际用户数量多；当然链上交易也是越多越好，说明大家是真正在"使用"通证。另外，持币分布也是越分散越好，假如前十大钱包地址就持有 90% 的通证，这就说明通证的流动性不高。除了这些细节，大家还可以通过观察持币多的钱包地址，验证项目是否真实做到锁仓行为，以及观察这些钱包地址的历史记录寻找猫腻。

鉴于区块链投资方式中的通证投资是一种新型的投资领域，因此"价值投资"法对其适用性还有待进一步探究与验证。特别是通证价格的波动性，也使得定投以及长期持有区块链项目通证有可能是一种非常考验人性的价值投资实践。此处还是以两句非常老套的话作为结语吧——投资有风险，投资需谨慎。 （作者：陈万丰[①]）

虚拟资产的量化：如何选择靠谱的量化团队

自 2009 年比特币诞生以来，加密货币从密码极客走向普罗大众，逐渐形成了一个新的市场——加密货币市场。

一、加密货币市场成量化交易的沃土

尽管起步晚，但加密货币市场已经成为量化交易的沃土，背后原因有很多。

首先是时间上的连续性。加密货币市场 24 小时的交易制度，是名副其实的金钱永不眠市场。如图 3-8 所示，加密货币市场一周总交易时间为 168 小时，是 A 股市场（每周 20 小时）的 8.4 倍、美股市场（每周 32.5 小时）的 5.2 倍、外汇市场（每周 120 小时）的 1.4 倍。更长的交易时间带来了更多的交易机会，量化则成为捕捉交易机会的刚需。同时加密货币交易所还在积极推动量化交易的发展。

其次，加密货币市场的量化门槛更低。传统资产在交易时，由于政策和法规的限制，在交易频率方面面临较为严格的规定。而加密货币交易所为了吸引更多的用户，则积极提供便利的 API 接口。相对于传统的二级市场量化交易的高门槛，加密货币市场量化交易的门槛低得多。在加密货币市场，除了基础的程序设计能力外，量化几乎没有其他的门槛。事实上，加密货币市场最早做量化的一批人，基本是没有任何金融背景的程序员，他们不需要数学模型，不需要专业的设备，不需要多大的资金，一台服务器，几百行代码，几万元资金甚至更少，就能运行"搬砖"的量化程序，收益率还令人匪夷所思。

---

① 笔者特别声明：投资有风险，投资需谨慎，请大家务必在风险承受范围内投资区块链项目！本文并不构成投资建议！

各大交易市场一周交易时长/小时

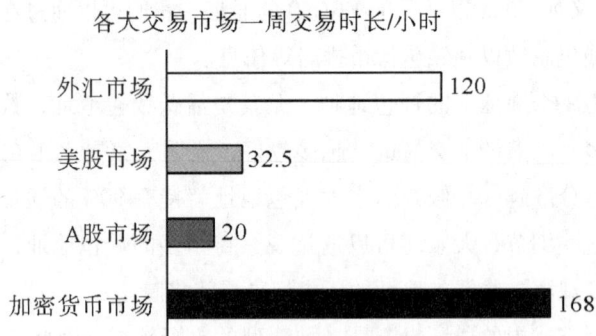

图 3-8　各大交易市场的一周交易时长

量化投资本是一个成熟市场做的事，但由于加密货币市场的特点，使得加密货币市场量化交易的门槛很低。和成熟市场不同，加密货币市场不需要做投资者资质审查，门槛较低，也没有托管机制，这意味着资金管理机构有可能随时能拿钱"跑路"。特别是在2018年9月以后，量化交易的入场者激增，让这个市场内不但有赚钱的聪明人，也充斥着赌徒和骗子。从迄今为止的案例来看，量化投资短期盈利的很多，而能长期持续盈利的很少。

二、如何避免人傻钱多的结局

如何实现量化投资的长期盈利？这需要对量化投资做进一步的了解。

量化投资是借助计算机技术和采用数学模型去实现投资策略的过程。如果说投资是一门艺术，那么量化投资就是一门技术。从最早的发现市场交易机会，到建立数学模型验证策略的可行性，再到编写程序实盘运行，最后再根据市场环境变化不断优化改进，这些环节都需要量化从业人员具备很高的专业度。随着进入加密货币量化交易的人越来越多，各类量化策略的收益率下降是必然趋势，普通投资者直接参与量化交易的难度将会越来越大，量化交易更多的将会是机构之间专业性的比拼。在欠缺理论培训、时间和精力等因素下，普通投资者盲目模仿量化投资方式难以取得理想收益，将资金交给投资机构也许更为稳妥。

量化是一种投资方式，所有的量化策略最终都是投资者或机构投资组合的一部分。因此，普通投资者参与量化投资，首先应从自身的资产配置需求出发，去选择不同的量化策略。其次，要对自身的风险承受能力有一个相对客观、清晰的认识，收益往往和风险相伴随，大多数投资者往往只关注收益，而忽视了自身的风险承受能力。

三、精选量化投资机构

普通投资者由于大多是间接参与量化投资，最大的风险就是把钱交给了错误的人，因此选择靠谱的投资机构至关重要。那么投资人应如何选择优秀的量化机构呢？如图3-9所示，优秀的量化机构包括三大要素。

首先看团队背景，团队成员的经历决定了团队是否有能力做量化投资。量化毕竟是高度专业化的行业，需要长期的训练和积累，才能形成完整的体系。

其次，要考察策略和风控逻辑是否清晰、细致。量化策略并不是模型越复杂越好，好的量化策略往往模型和逻辑很简单。

最后，要结合市场情况看历史业绩。一个好的量化策略并不是在任何市场情况下都有效，比如套利策略往往在震荡市场表现好，CTA策略则是在单边市场表现好。不同的策略的收益和回撤范围在特定的市场都相对比较清晰。如果在某一时期一支团队的业绩偏离它所做策略的收益回撤范围太远，就需要引起投资人的警惕了。

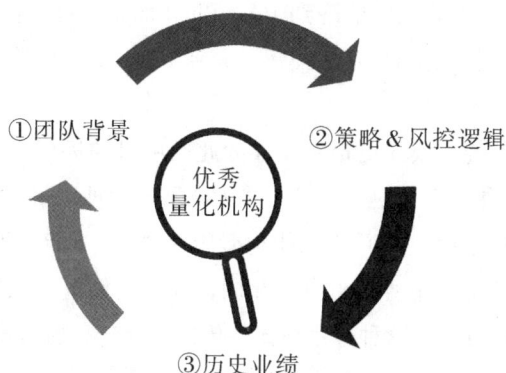

①团队背景　②策略&风控逻辑

优秀
量化机构

③历史业绩

图3-9　优秀量化机构的三要素

加密货币市场目前在全球资产中的占比还比较小，但增长迅速，未来有很大的发展空间。笔者认为，对于普通投资者来说，最好的投资方式是长期定投加密货币，定投的部分则拿来做量化投资。假如你今年计划将120万元投资于加密货币，那么可以每个月用10万元买入比特币，而每月买入的比特币则交给加密货币市场优秀的量化投资机构来管理。如此，不仅能分享加密货币市场未来发展的红利，还能分享加密货币市场量化投资所带来的红利。

（作者：袁惠邦[①]）

理性投资者必读：如何辨别"区块链"骗局

一、虚拟世界的金钱游戏

最近几年，伴随着比特币的暴涨和区块链技术的普及，各种各样的区块链和虚拟货币投资项目闪亮登场。从各种公链项目原生代币、应用项目的通证与积分、虚拟货币交易所平台币，到形形色色的资金盘、模式币、抵押币和传销，诈骗方式让人目不暇接……

[①] 袁惠邦，Alpha Q量化创始人，毕业于北京大学。Alpha Q是一家专注于加密货币资产管理和二级市场机构服务的科技型资产管理公司。

（一）掉下神坛的 PlusToken

2019 年 6 月，被圈中人称为"币圈第一资金盘"的 PlusToken 钱包在社群里发布了暂停服务与提币的信息，预示着这个从 2018 年 3 月就开启了传销模式的项目终于崩盘了。

一年多来，PlusToken 钱包席卷了 100 多个国家和地区，受损用户数量超过了 300 万，涉案金额或达 200 亿人民币。这个宣称是 imToken 之后的第二大数字钱包的诈骗项目，套路不少。

PlusToken 项目表面上给了用户提币的自由，但若用户在 28 天内提币就要被收取 5% 的手续费，只有熬过 28 天，手续费才能降到 1%。PlusToken 项目自称"币圈余额宝"，启用"智能狗搬砖"概念，对外宣称可以让用户每月赚到 10%～35% 的额外收益，但实则将用户存进钱包的本金私吞。

讽刺地说，此项目的传销模式更是有望成为此类项目的标杆。从公开信息来看，Plus-Token 将账户分为四个等级，分别是"大户""大咖""大神"和"创世"，不仅要求直接推送用户，而且还要求推荐用户开通"智能狗搬砖模式"，才能获得相应的收益，见图 3-10 所示。同时，每一级获得的收益分红各不相同，例如"创世"级别甚至还被承诺可以分得额外的平台月、年返佣分红。这种分销模式与传销、资金盘的模式非常相似。

大户	直推超过10个有效账户，伞下十层内推广市场的总市值达到20万美元，升级到大户，除了2~10代的佣金外，还可以叠加拿到无限代5%的佣金
大咖	直推超过10个有效账户，其中有三组是大户，就能成为大咖。除了2~10代的佣金外，还可以叠加拿到无限代5%的佣金
大神	直推超过10个有效账户，其中有三组是大咖，就能成为大神。除了2~10代的佣金外，还可以叠加拿到无限代5%的佣金
创世	直推超过10个有效账户，其中有三组是大神，就能荣登创世。创世和大神收益一样，但是创世可以享受平台盈利的分红，月度奖和年度奖，一年的分红不会低于159万美元

图 3-10　PlusToken 账户等级

资料来源：基于 PlusToken 官方资料。

该项目还对外宣称为韩国团队管理，但却仅仅公布了两名联合创始人，其中一名是"谷歌阿尔法狗算法研究院 LEO"，另一名是"三星团队核心技术金钟仁"。这令外界感觉是，该公司实际上可能隐瞒了团队的人员信息，以方便跑路。

不过韭菜割得多，哪有不留痕？2019 年 6 月，6 名逃到瓦努阿图的"创世"和"大神"由瓦方执法人员和中方执法人员押回中国。

（二）共振币鼻祖 VDS

目前，能与 PlusToken "媲美" 的无疑是被称为 "共振币鼻祖" 的 VDS，VDS 的花样甚至比 PlusToken 还有过之而无不及。VDS 团队是一个完全匿名的团队，既有文科生的创作力，又有理科生的模型设计能力。此项目所创作的名词如 "VDS 五次元空间" 和 "加密货币超导网络" 等，让老韭菜们 "云山雾罩"。尤其是 "共振交易" "信任钢印体系" 及其背后的计算模型，更是让人 "大跌眼镜"。

曾经，一直不敢入手 VDS 的币民，眼看着 VDS 在 "共振模式" 下，从 1.4 元人民币暴涨 100 倍到 140 元人民币，市值挤进全球加密货币前 15，其价格貌似真的如项目介绍所描述的那样——最终与 BTC 相等。在这种诱惑下，一些韭菜即使猜测这是 "空气币"，也忍不住想投机一把。

这个项目迄今仍在市场上活跃着。截至 2020 年 4 月 15 日，其人民币价格为 5.47 元，仍然高于发行价。但考虑到大户套现 5 亿人民币离场的情况曾在 2019 年发生过，笔者担心，这个项目币也可能终将归零。

（三）各种只有白皮书的 ICO/IEO

上述两个案例都令人唏嘘，在币圈狂热于 ICO 的 2017 年到 2018 年上半年，不少项目发行方只需要花点钱，通过淘宝找个团队帮忙，发行基于 ERC20 标准的代币以及抄袭白皮书，就能轻松融得巨资。如果能立刻搭上交易所的快车，甚至连白皮书都不需要，投资者都抢着认购代币。在这种疯狂的情绪背后，某些原本真心想好好把项目做下去的团队，尤其是年轻的团队，发现钱是那么容易获（骗）得，最后也往往背离初衷，走上了圈钱的不归路。

在此，笔者需要提醒的是，不论是投资者遇到的区块链资金盘游戏，或者是利用 "Staking" 和 "搬砖套利" 等概念提供 "存币生高息" 的资产管理，大多数在本质上都属于一种庞氏骗局，会让投资者血本无归。

二、币圈与庞氏骗局

如果在百度上搜索比特币或者其他加密货币，或是某种代币，关联搜索往往是 "某币是骗局吗" "某币是庞氏骗局吗"。在币圈，只要是关于投资的诈骗，几乎都与庞氏骗局相关。学会识别币圈骗局，要先了解庞氏骗局到底是什么。

庞氏骗局是舶来品。在外国，它被称为金字塔骗局（pyramid scheme）的始祖，很多中国内地非法的传销组织，就靠这一招赚了个盆满钵满。

这种骗术的起源可以追溯到 20 世纪 30 年代一个移居到美国的意大利投机商人查尔斯·庞兹。他可谓是这种骗局的原始 "发明人"。简单说，庞氏骗局就是不断利用新投资人的钱，向老投资者支付利息或短期回报。施骗者通过这些很吸引人的利息或是短期回报制造赚钱的假象，进而骗取更多的投资者入场。简而言之，就是 "拆东墙补西墙" "空手套白狼"。用经济学的语言来说，它是一种博傻游戏，先入场的投资人很多时候未必不知道这种超高收益的游戏是不可持续的，只是抱有侥幸心理，觉得自己不会是最后的接盘侠。

庞氏骗局的最终目的还是敛财。无论是传销还是非法集资，它们都有一个共同的特点，就是承诺给参与者高回报、高收益，迷惑参与者的眼睛。在利益的驱使下，很多人忘记了防备，心甘情愿地将钱交给这些骗子。

出现在币圈的资金盘，往往就是庞氏骗局，它们拆东墙补西墙，用后加入的会员或参与者的资金，支付给前期的会员或参与者。这些资金盘一开始就是圈钱游戏，也是击鼓传花的游戏，鼓声一停，后面的人将全军覆没。

资金盘本质上不为社会创造价值和财富，只是通过忽悠和拉人头的方式来创造人为供需，用钱来托市。真正的项目建立在增值的基础上，资金盘却是建立在概念上，所以只是泡沫，迟早会崩盘。

三、区块链项目投资背后是风险投资的普惠化与市场化

除了币圈直接的庞氏骗局"项目"外，区块链项目投资的风险也和区块链项目本身的特性相关。

区块链项目的本质是将区块链技术应用于去中心化应用场景的开源项目（特别是公链项目），而代币或者通证的功能是作为项目社群的激励机制。其中，代币的公开发售是以资产数字化为特征的金融创新，并以此作为项目开发的融资手段。区块链技术的内生架构衍生出一个全新的金融体系，它可以使融资避免传统金融中介和监管机构的参与，从而改变了许多创业项目的融资方式。比如通过 ICO 发行虚拟代币，项目发行方可以以低成本向跨国界的散户投资者融资。

然而，这种"低门槛"的发币融资方式，是风险投资的普惠化和市场化，往往让散户成为承担较高风险的天使投资人。由于散户辨别风险的能力较低，这也就让那些骗子、投机者和空想家有机可乘，他们摇身一变，成了"区块链项目"的创始人。

我们不妨比较一下区块链项目和传统项目投资的区别，以便理解为什么现阶段前者的风险更大。

在传统领域，每个公司从初创到上市，基本要经过多轮融资，每轮融资考核的指标以及投资所附带的条件都是较为苛刻的，融资规模最初只是几十万元到几百万元，只有公司能继续生存，并且能熬到后面几轮，所融的资金才可能多起来。

传统公司成立初期，创始团队会通过一份商业计划书来表达创业想法，向亲戚朋友借钱或者通过高风险投资者获取天使投资，一般金额是几百万元。待公司有确定的产品方案，需要更多人力和市场等资源时，才开始有专业投资人入场。后续每一轮的入场，都有可能根据公司业务进展，给公司带来新的资金，规模可能高达几千万元甚至几亿元，但它们的目标都是让公司扭亏为盈、扩大规模以及抢占市场等。

这些专业投资人往往背后还有其他金主，因此他们的投资行为都是受到监管的，他们自身以及他们背后的投资人，往往都需要符合监管的要求，达到一定的资质，才可以发生投资行为。

最后，传统公司在成立 3~5 年后，如果业务发展成熟，将会通过各类型的融资（股权、过桥债、可转债等）进行上市前的冲刺，并最终正式进行 IPO——在这个阶段，散户才能进场投资。相比之下，散户在公司 IPO 之后入场，所获得的回报比起前几轮的投资人可能要低得多，但这些散户也不用承担公司初创时期的投资者所经历的早期风险。

如图 3-11 所示，区块链融资方式与传统公司的融资方式大不相同。从 2017 和 2018 年来看，区块链项目团队往往是先把通证分配方案确定好，先是吸引一些通证投资基金入场，也送一些给行业主要意见领袖（key opinion leader，KOL），希望其对外宣称自己是项目投资人或者顾问，以提高项目的吸引力。

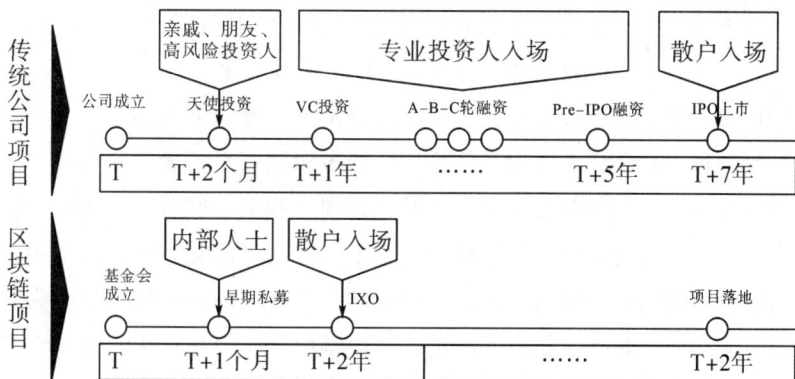

图 3-11　传统公司项目与区块链项目的融资节奏

接下来，项目可能仅通过几十页的白皮书，在 MVP（最小可用产品）都没有的情况下，直接向散户们进行融资，并且融资期长，融资规模也比传统早期项目大得多。

比如，EOS 自 2017 年年中开始长达 350 天的融资，总融资额接近 42 亿美元。与股票市场中科技企业的 IPO 规模相比，EOS 的融资规模可排史上第三，把谷歌和推特等知名公司甩在身后。

许多币圈项目多在白皮书中宣称 1.5~2 年后产品才可落地，但这丝毫不影响散户参与代币项目融资的热情，"上交易所拉盘"和"百倍币"的谎言吸引着散户疯狂入场。2018 年下半年，疯狂之后泡沫破灭，留下一地鸡毛。随着比特币大幅跳水，近 99% 的 ICO 出现破发或者直接归零，一众"项目方"集体跑路，众多投资人血本无归。

迄今为止，世界各国还没有形成对虚拟币发行和区块链项目融资统一监管的标准。绝大部分区块链项目仍然缺乏合适的监管（甚至是缺乏任何监管）。因此，现阶段大多数区块链项目不仅缺乏价值支撑，更因缺乏足够的监管，而令风险投资普惠化和市场化的 ICO 完全沦为诈骗工具。

四、如何识别区块链项目和虚拟币投资骗局

区块链本质上是一种综合性技术，但由于看懂技术的门槛较高，许多人将"区块链项目"神化了，再加上泡沫效应，许多散户在完全不了解项目基本面和风险的情况下盲目入场。

要投资区块链项目，我们的建议是要先研究项目的基本面（包括技术、未来应用场景和团队背景），了解项目开发进展和项目的合规情况，同时具备对区块链项目的逻辑分析能力。

尽管与其他投资相似，投资早期区块链项目甚至是投资虚拟币需要建立一套逻辑分析框架，但是判断其是否是个骗局仅需要分析一个项目是否有必要披上"区块链外衣"以及需要发行通证。

从区块链技术而言，项目可以分为两个类型：①致力于提高性能（如可扩展性等①）的基础链项目；②针对某些行业的垂直链或者分布式应用项目。

就第一种而言，必然是有必要披上"区块链外衣"。尽管难度很高，投资者还是需要阅读项目材料找到项目提高公链性能的具体手段，通过查阅资料或者访问专业人士，探究这些手段是否可行并且可以短期落地还是一个长久的科学规划。同时，在阅读项目的白皮书或者是宣传稿时，如果发现项目方没法解释清楚项目的去中心化技术，甚至频繁制造新概念，那么项目最终落地的可能性就不大；如果项目方承诺达到的性能效果非常夸张，那么项目可以肯定是个骗局。此外，如前文所述，区块链项目一般是去中心化的开源项目，特别是公链项目。如果一个这类项目在未来不会开源，那种项目也和骗局没差别。

针对第二种类型，需要结合区块链技术的优缺点与行业特征来具体分析。

一方面，源于区块链的不可篡改特征（其中确认节点越分散，即越去中心化，该特征越明显，如 POW 共识机制的公链），区块链被称为可信任的机器，它更适用于需要价值链条长、确认信息成本高、需要大规模共识的场景，以提高跨主体协作效率以及降低沟通成本，比如跨境支付、供应链金融和国际贸易物流等。

但是，目前区块链的性能（尤其是公链）有一定局限性，其效率较低。一些对交易速度要求高的行业，比如电商、社交和游戏，硬是要披上区块链技术外衣，可能有点本末倒置。当然，这也需要看最终落地到应用层面后，架构设计的合理性，比如什么数据是链上进行，什么是链下进行。如果一味为了所有数据都搬到区块链上使项目显得"高大上"，即使项目不是骗局，项目在落地之前也会把资金消耗完毕。

另外，一些应用仅凭区块链技术是无法落地的。就溯源行业而言，区块链能保证数据

---

① 详见本书第 109 页。

上链后，无法篡改，但无法保证上链的原始数据一定是真实的。这就需要物联网技术（图像识别、遥感技术等）以及 5G 技术的配合，从而保证数据不经过人为处理就可以及时上链。

另一方面，如何判断项目是否有必要发行在交易所流通的通证，第一步需要判断项目本身是否使用了除发币之外的区块链技术。

如果没有，则这些项目可能是：

（1）资产上链，如黄金上链、房地产上链、法定货币上链（稳定币）、艺术品上链甚至是游戏资产上链等。投资者需要调查标的资产与通证是否能做到一一对应，拥有通证是否就真的代表拥有标的资产，从而判断是否是个骗局。

（2）利用发行通证进行融资。通证代表的是股权和债权等证券属性，这类行为通常会成为 STO。投资者需要判断是否经过合规流程。

（3）凭空发行通证。通证既不代表股权也不代表债权，除了可用于存币生息、拉新投资人换取佣金这类功能外，没有别的使用功能（如作为链上交易手续费、投票权或换取商品服务等），这类通证很大概率是利用通证的资金盘。

（4）传统项目或商业活动发行类似积分功能的通证。在这种情况发生时，投资者则需要判断拥有通证是否能真的兑换项目的产品与服务。

如果项目的确使用了区块链技术，还需要判断：

（1）若项目是公链项目，发行通证则是非常必要的，因为需要鼓励大家成为节点，一起维护账本。对此类项目是否是骗局的判断，可参考上述"基础链"，因为项目无法落地，通证价值必然归零。

（2）项目是联盟链和私有链项目（比较多应用在政务系统、国际贸易和供应链领域），项目可以发行通证作为内部使用网络的"凭证"，但是这类通证是不建议具备"公开交易"属性的。

（3）项目是 DApp，一方面要判断项目本身是否能够落地，另一方面则要判断 Token 是否真的能够使用。

总之，Crypto 千万个，安全第一个。在此，笔者谨提醒投资者：贪婪入骗局，亲人两行泪。币圈的各位，且行且珍重。

（作者：余刚，陈万丰）

虚拟资产投资图谱：谁是行业的领投人

在传统投资领域，机构投资者被认为是整个市场稳定的基石。例如 A 股就经常以散户比重过大而频遭诟病。在数字资产行业，到底有哪些比较活跃的机构投资者，他们能否克服数字资产行业的弱点，走出一条创新的投资新路？这是笔者想探讨的问题。

要想在实现分散化投资的同时减少固定收益类投资的机会成本，投资者需要寻找那些与国内上市有价证券相关度不高的高收益资产类别。对美国投资者来说，最常用的策略是在投资组合中加入一些外国股票，另外，投资者还有其他选择，比如房地产、风险投资、杠杆收购、森林、石油和天然气以及绝对收益投资策略。

如果这些类别的资产能够产生像股票一样的高收益，但收益模式又不同于核心资产（美国国内股票），那么投资者既实现了高收益，又能分散风险。尽管对特定资产类别而言，高预期收益难免伴随着价格的剧烈波动，但是，由于这些风险资产的相关性不高，投资组合的整体风险实际上得以降低。这种分散化投资策略在降低风险的同时并没有牺牲预期收益，因此，对投资者而言，它相当于一顿"免费的午餐"。

————戴维·斯文森《机构投资的创新之路》

一、数字资产行业机构投资者概况

（一）传统主流机构是否进场仍然存疑

作为高瓴资本张磊的导师和领路人，耶鲁大学首席投资官戴维·斯文森在其著作中将分散化投资带来的收益形容为"免费的午餐"。这位耶鲁捐赠基金的掌门人 2018 年告诉美国消费者新闻与商业频道（CNBC），称他已经通过投资基金的形式享受到了这份新兴另类资产"免费午餐"的馈赠。

一年后，戴维·斯文森迎来了效仿者，坐拥 119 亿美元资产的密歇根大学捐赠基金向 A16z［硅谷的顶级风险投资公司——安德森·霍洛维兹基金（andreessen horowitz，简称 A16z）］新的基金注资了 300 万美元。

2019 年 4 月，*Global Custodian* 杂志在机构投资者调查报告中发布的结论表明：过去 12 个月中，94% 的大学捐赠基金已经参与了数字资产相关的投资，其中 54% 为直接投资，46% 为通过基金投资，并且 94% 的捐赠基金计划在 2019 年维持或增加了对数字资产的投资。

富达投资（Fidelity）也在同年 5 月对超过 400 个美国机构投资者进行了调查，其中包括养老金、家族基金、对冲基金、捐赠基金等，有 22% 的机构投资者已经投资过数字资产，47% 的机构投资者认为有必要在资产组合中配置数字资产。

那么，主流的机构投资者（对冲基金、养老金、捐赠基金）真的进币圈了吗？我们一起来看 2019 年耶鲁捐赠基金公布的资产配置：

如图 3-12 所示，耶鲁捐赠基金配置了超过总资产合计 60% 的另类资产，并未列出具体在数字资产中的配置比例。但是根据 CNBC 的报道，耶鲁捐赠基金投资了加密基金 Paradigm，总规模为 4 亿美元。我们假定 4 亿美元全部由耶鲁捐赠基金提供，则耶鲁捐赠基金的的数字资产配置规模为 1.3%。这显然远远高于密歇根大学已经披露的投资（比例不到 0.03%）。

绝对收益	23%
风险投资	22%
杠杆收购	16.5%
外国股票	13.75%
房地产	10%
债券及现金	7%
自然资源	5.5%
国内股票	2.75%

图 3-12　2019 年耶鲁捐赠基金资产配置

数据来源：耶鲁捐赠基金会（发布时间：2019 年 9 月 27 日）。

除了上述问卷调查和零星的新闻报道，目前没有足够的资料证明主流机构投资者在多大程度上参与到数字资产的投资中。而问卷调查的结果无法避免参与者言行不一的情况。

（二）数字货币行业的机构投资者

根据区块链机构投资者研究机构 Crypto Fund Research（2017 年成立于旧金山，目前是行业领先的基金研究机构）的统计，截至 2020 年 3 月，全球共有数字资产基金（crypto funds）804 个，其中对冲基金（二级市场投资）355 家，风险投资基金（一级市场投资）425 家。由于 ICO 的财富效应，以及比特币价格的大幅上升，数字资产类投资基金在 2017 年和 2018 年如雨后春笋般成立，两年间新成立的基金总计 575 家，如图 3-13 所示。

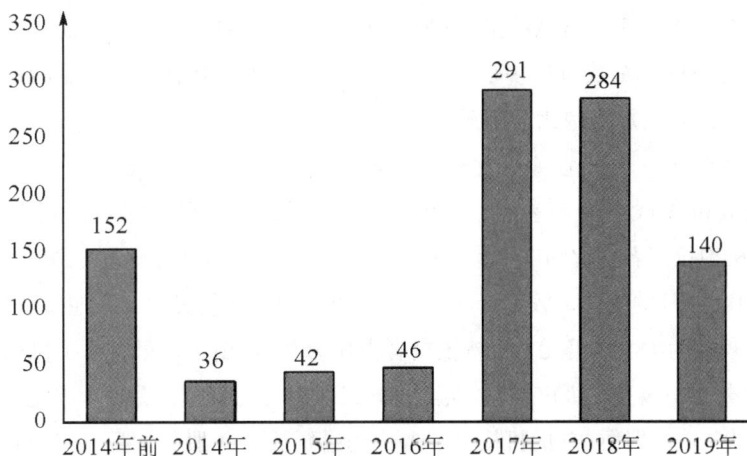

图 3-13　数字资产基金成立时间统计

数据来源：Crypto Fund Research（发布时间：2020 年 3 月）。

从数字资产基金管理的资产规模上来看，从 2016 年 1 月的 1.9 亿美元到 2020 年 1 月的 189 亿美元，三年多时间增长了 99.47 倍。2017 年资产管理规模的上涨主要得益于基金管理的数字资产价格的飚升；而在 2018 年数字资产价格跳水的市场环境中，基金管理规模的持续上升则归因于新基金的设立和老基金募集到了新的资金，如图 3-14 所示。

百万美元

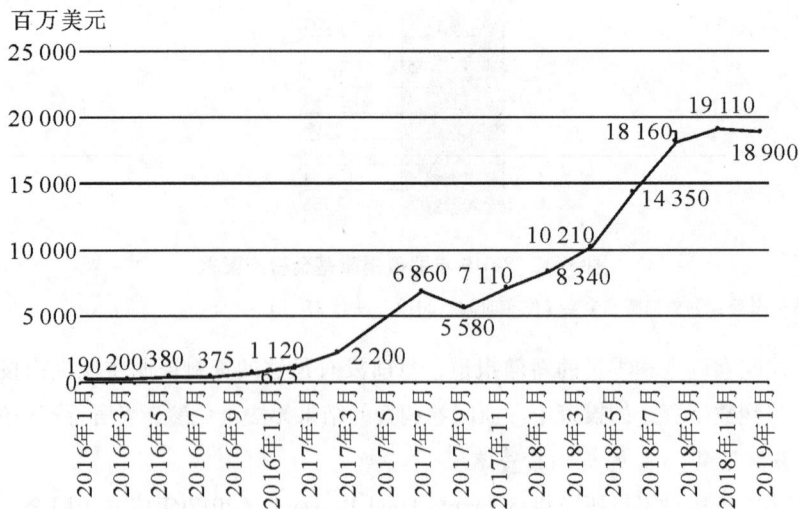

图 3-14　数字资产基金管理规模

数据来源：Crypto Fund Research（发布时间：2020 年 1 月）。

可以作为佐证的是，普华永道（PwC）2019 年第一季度在数字资产对冲基金（Crypto Hedge Fund Research）中公布：2019 年，第 1 季度数字资产对冲基金管理的资产中位数为430 万美元，是 2018 年 1 月份该数据（120 万美元）的三倍以上。

数字资产方向的基金数量增多是否意味着数字资产的市场像成熟的金融市场一样由机构投资者主导，或者更加机构化运作呢？

（三）数字资产市场正呈现"散户化"特征

我们以美股和 A 股市场做参考，如图 3-14 所示，美国股市机构投资者持股市值占57.4%，A 股机构投资者占比为 13%。A 股机构投资者的比例显著低于美国股市。

根据 2020 年 4 月的统计，数字资产行业总规模约 2 080 亿美元（按照市值计算），机构投资者管理总规模为 189 亿美元，机构投资者占比为 9%。由于这里忽略了机构投资者管理资产的类别（分为一级和二级市场），实际投向二级市场的资金会更少，因此机构投资者占比要显著低于 9%。但即便 9% 的机构投资者比例也要低于 A 股，并且仅仅为美股机构投资者的六分之一。

2019年Q1A股投资者持股占总市值比重

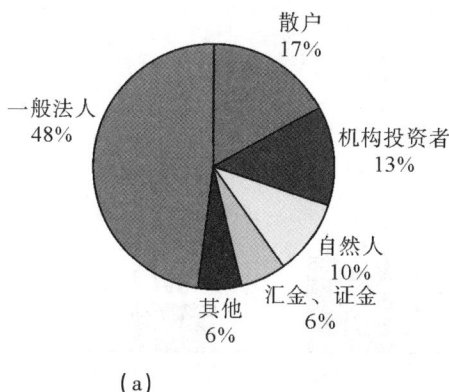

（a）

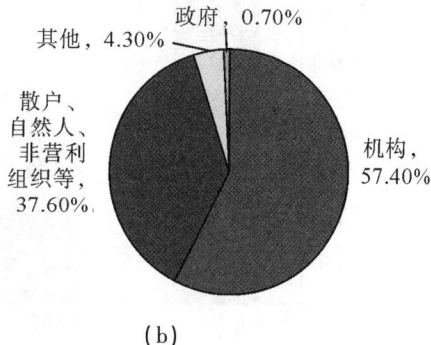

（b）

图 3-15 美股与 A 股投资者机构分析

数据来源：海通证券策略组（发布时间：2019 年 6 月 5 日）。

如图 3-16 所示，在资产规模上，数字资产基金的单个管理规模也非常小，数字资产对冲基金管理规模在 1 000 万美元以下的占到总数的 50%。

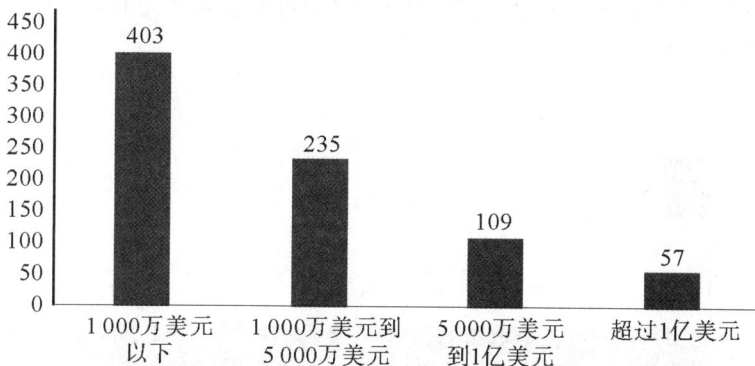

图 3-16 数字资产对冲基金管理规模分布

数据来源：Crypto Fund Research（发布时间：2020 年 4 月）。

如图 3-17 所示，在人员组织结构上，绝大多数的数字资产机构的人员组成跟主流的金融机构相比非常简单，一般仅仅由创始人和 1~2 名员工组成，超过半数的数字资产基金员工不超过 5 人，也就是币圈随处可见的"一个人资本"现象。

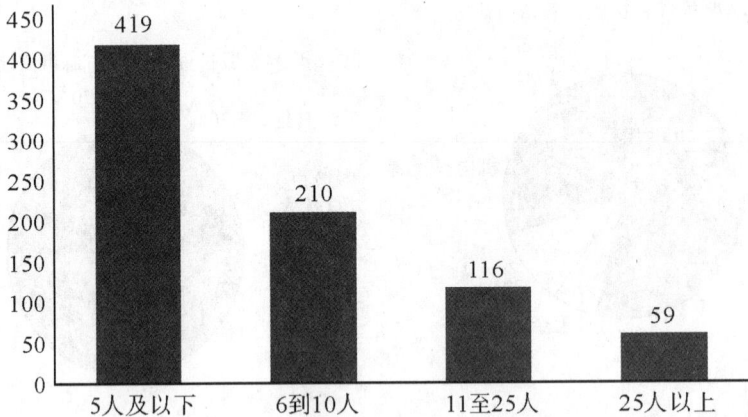

图 3-17　数字资产对冲基金人员结构

数据来源：Crypto Fund Research（发布时间：2020 年 4 月）。

如图 3-18 所示，根据普华永道的统计，超过 90% 的数字资产对冲基金并不使用第三方的研究服务。一方面是因为市场不够成熟，有效的研究方法和理论还在探索中，可靠的第三方研究机构并不多见；另一方面也说明数字资产对冲基金在研究上更偏重内部研究，或者并不进行研究工作。

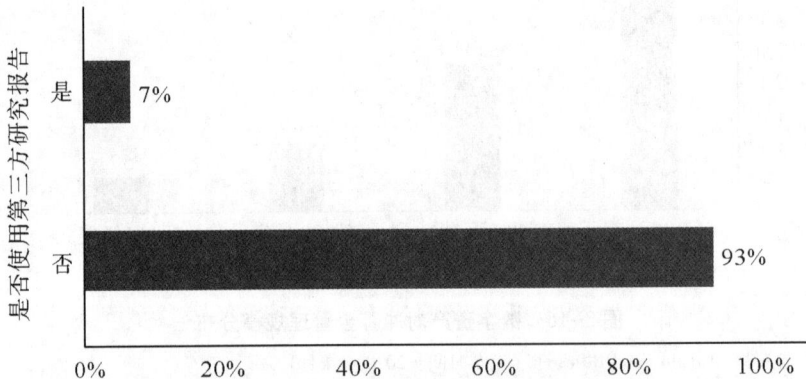

图 3-18　数字资产对冲基金使用外部研究情况

数据来源：普华永道（发布时间：2019 第 1 季度）。

如图 3-19 所示，在基金治理方面，75% 的数字资产对冲基金并没有设置独立董事（independent director）的职位。在美国共同基金的治理结构中，独立董事制度处于核心的地位，在基金董事会设立独立董事主要是为了对投资公司进行监督，以防止投资顾问滥用其权力从投资公司中牟取非法利益，保护股东的利益。而目前的数字资产基金显然无暇顾及这一点。

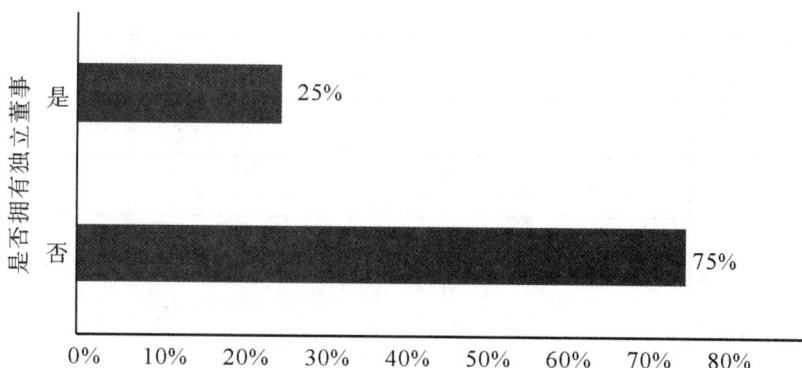

图 3-19　数字基金治理结构调研

数据来源：普华永道（发布时间：2019 第 1 季度）。

由此可见，数字资产市场本身相对于成熟资本市场呈现出机构投资者比例偏低的特征，而其市场内机构投资者本身的管理规模和治理结构都更偏"散户化"。

（四）从 FOMO 到 FUD——数字资产基金的"冬眠"

根据美国投资机构 Outlier Ventures 统计，2019 上半年区块链创业公司总共融资 8.22 亿元，分别来自 279 个不同的数字资产风险投资基金（Crypto VC）。这意味着有 142 家 VC 整个上半年没有任何一个案例出手，占总基金数量的三分之一。

基金"冬眠"是因为 ICO 的风吹过的冬天，格外地寒冷，大多数 ICO 项目并没有熬过寒冬。以美元计价，ICO 项目的回报率中位数是惊人的-87%，大多数项目团队解散、项目关闭，代币已经丧失流动性，而更多的 ICO 项目还在归零的道路上一去不复返，如果以比特币作为本位货币进行计价，回报率的中位数为-91%，大多数项目在喧嚣后沉寂，而比特币依然是比特币。

2019 年，IEO 开始兴起，但 IEO 的实质是项目方用资金获得交易所流通的地位，同时给散户进行补贴的市场营销行为，并没有成为投资基金翻身的救命稻草。

首先，大部分中小交易所的 IEO 普遍破发，如图 3-20 所示，仅有 Gate. io、Binance 等 3 家交易所 IEO 项目的投资回报率（ROI）为正。

其次，该 ROI 计算的是针对 IEO 首发价格的回报率，而投资基金的私募价格要普遍高于 IEO 发行价，并且有一定的锁定期，因此投资基金的回报率相比 IEO 首发要偏低。

不仅如此，由于该 ROI 计算的是每个交易所平均的项目回报率，相对来说私募价格回报率的中位数会明显偏低，原因是个别高回报的项目拉高了平均值，但是大多数项目对于基金来说是亏钱的。而那些基金赚钱的项目的流通盘往往很小，基金盈利的额度并不高。

IEO 的模式严格地控制了首发交易所的流通规模，并且为了吸引用户降低了首发价格，往往给用户的价格要低于私募投资人。那么从机构投资的角度来说，可以接受的结果是以

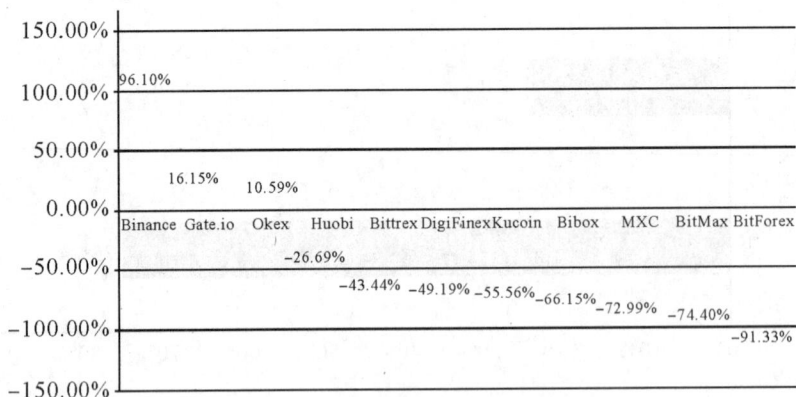

图 3-20　交易所 IEO 项目 ROI

数据来源：CryptoRank（发布时间：2020 年 4 月）。

较小金额的资金换取较高的回报率，而项目方不会给机构交出太多廉价的筹码，以免对市场价格造成冲击。但风险投资的真正意义却丧失了，投资机构无法以承受风险为代价博取高收益高回报；项目方也不敢募集太多资金，为开发项目储备充足弹药。最终 IEO 成为一个短期套利的资金游戏和营销行为。

二、数字资产机构投资的创新之路

（一）主流金融机构应该使用何种姿势入场

1952 年，诺贝尔经济学奖得主马科维茨（Harry Markowitz）开创了现代资产管理组合理论，他从理论上证明了资产组合中分散化投资对于优化资产的必要性，并且能通过合理的资产配置找到最佳的资产组合有效前沿（efficient frontier）。

由图 3-21 和图 3-22 可知，英国 Frontie 资产管理公司创始人 M. W. Azlen 对持有 5 150 亿美元资产（2017 年）的美国 805 家大学捐赠基金进行了研究，发现美国资产规模前五位的捐赠基金，特别是像哈佛和耶鲁这样资产在 250 亿美元以上的大型基金，通过多样化的资产配置，尤其是通过大比例配置另类资产（总资产的 45% 以上），大幅度提高了资产组合的长期回报率（5% 以上），而付出的代价是资产组合波动率（Volitility）仅仅增加了 1% 左右。

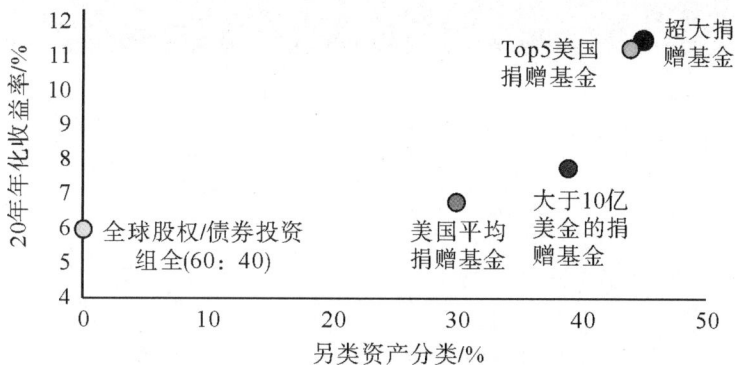

图 3-21　美国大学捐赠基金中配置另类资产的情况

数据来源：Investing Like the Harvard and Yale Endowment Funds（2017 第 3 季度）。

图 3-22　捐赠基金资产组合相对各资产类别的表现情况（2001—2016 年）

数据来源：Investing Like the Harvard and Yale Endowment Funds（2017 第 3 季度）。

　　进一步拓展，假如我们在资产组合中加入微小比例的数字资产，那么整个资产组合的表现将会如何？变差还是变好？在多大程度上发生改变？

　　首先来看数字资产与主流金融资产的相关性如何。

　　由图 3-23 可以看出，主要的数字资产与其他金融资产（股票、黄金、外汇、债券、货币等）呈现非常微弱的正或负相关，平均相关系数为 0.01，相关性非常低。

　　我们把这种相关性非常低的数字资产（以 BTC 为例）加入一个叫做 Global 60/40 的资产中，其中 Global 60/40 是一个 60% 配置全球股票和债券的资产组合。

　　结果如图 3-24 所示，我们发现通过向资产组合添加 1%～5% 的数字资产 BTC，使整个资产组合在风险小幅度上升的情况下大幅度提升了回报率，因而整个资产组合的夏普比率有了 101% 的提升。

　　尽管上述模拟的资产组合存在一系列不确定因素，比如数字资产的价格表现是基于过去，而未来的波动性和回报率有可能比过去更低，还有资产的流动性和交易成本等因素未

资产类别	BTC (Bitcoin)	ETH (Ethereum)	XRP (XRP)	BCH (Bitcoin Cash)	LTC (Litecoin)	ETC (Ethereum Classic)	ZEC (Zcash)
标普500指数	0.24	0.19	0.02	0.02	0.09	0.13	0.11
纳斯达克	0.11	0.15	0.04	0.09	0.03	0.18	0.07
MSCI世界价格指数	0.18	0.27	0.11	0.03	0.08	0.18	0.14
MSCI EAFE价格指数	0.09	0.38	0.25	0.01	0.06	0.24	0.18
MSCI新兴市场价格指数	(0.10)	0.20	0.19	0.07	(0.11)	0.07	0.01
彭博商品指数	(0.24)	(0.31)	0.14	0.13	(0.24)	(0.30)	(0.26)
巴克莱债券指数	0.01	0.18	0.10	(0.00)	0.00	0.21	0.08
COMEX黄金指数	(0.14)	0.07	0.06	0.06	(0.18)	(0.01)	0.02
DJCME 即期汇率指数	(0.17)	0.14	0.07	(0.10)	(0.08)	0.15	0.01
瑞士法郎	(0.20)	0.21	0.08	(0.14)	(0.06)	0.23	0.13
加拿大元	(0.25)	(0.07)	0.05	(0.11)	(0.11)	(0.11)	(0.06)
英镑	(0.27)	(0.13)	0.06	(0.25)	(0.00)	(0.01)	(0.24)
欧元	(0.06)	0.23	0.12	(0.02)	(0.03)	0.24	0.09
日元	(0.11)	0.07	(0.08)	0.06	(0.16)	0.05	0.00
人民币	(0.20)	(0.00)	0.02	(0.14)	(0.14)	(0.09)	(0.07)
俄罗斯卢布	(0.03)	0.15	0.15	(0.14)	0.01	0.04	0.03
阿根廷比索	0.27	0.09	(0.05)	0.14	0.16	0.14	(0.01)
泰国泰铢	(0.10)	0.11	(0.06)	(0.14)	(0.15)	0.08	(0.03)
新加坡元	(0.13)	0.13	0.04	(0.03)	(0.13)	0.09	(0.00)
巴西里尔	(0.12)	(0.08)	(0.04)	(0.06)	(0.11)	(0.12)	(0.29)

图 3-23　主要数字资产与主流金融资产相关系数

数据来源：Grayscale，根据 2016—2018 年数据计算。

资产组合	Global 60/40	Global 60/40 +1%Bitcoin	Global 60/40 +3%Bitcoin	Global 60/40 +5%Bitcoin
总回报率（累计）	15.7%	18.7%	24.7%	31.0%
总回报率（年化）	10.9%	12.9%	17.0%	21.1%
风险（年化标准差）	6.2%	6.3%	6.9%	7.8%
夏普比率	1.61	1.90	2.33	3.24
回报率改进比例	—	18%	45%	101%

图 3-24　加入一定比例比特币后的虚拟资产组合回报率

数据来源：Grayscale。

被考虑，但是不可否认，大型的主流金融机构有理由尝试通过配置很小比例的数字资产来进行分散化投资，享受这份"免费的午餐"。

事实上，根据 Fidelity 的调查，46% 的机构投资者已经表露出他们对于数字资产低相关性特征的研究兴趣。

（二）数字资产投资基金何去何从？

1. 优质项目极端稀缺，明星项目回报极高，但大多数项目趋于归零

根据 The Block 统计，截至本书成稿，总共有 5 600 个项目进行了 ICO 发行，只有

10.8%的项目获得了正收益，如果算上已经停止运营的项目，实际获得正收益的项目要远远低于10.8%这个比例。对美元计算的回报率的中位数是-87%。

通过简单的估算可以得出，如果基金采用广撒网的投资策略，参与投资每一个ICO项目，并且都投资相同的金额，持有到现在的话，最终的总体收益率仍然为负值。

因此对于数字资产投资，需要投资机构拥有主动管理能力，被动式基金的模式在当前尚不成熟的数字资产市场很难取得好的收益。

进一步分析可以发现，中小型数字资产投资基金更容易受到市场行情影响，从而无法继续生存，这种现象可以归纳为"挤出效应"。由于市面上带来正面收益的项目占比低于10%，因此需要基金采取更多的主动管理，而中小机构由于研究能力不足、影响力有限、缺少优质项目来源等因素，更难以投到好的项目，从而选择主动转型，如转做交易所、FA等，或者退出数字资产投资领域。

2. 多策略的综合资产管理能力将成为机构必备

众所周知，数字资产行业的新项目定价机制和二级市场交易情况由核心交易所牢牢把持，投资机构面临着不对称的信息差。投资机构对基本面的信息掌握程度不及项目方，而交易信息了解程度又不及交易所。

本身作为通过信息差和认知程度获利的投资机构，很大程度上无法通过信息差获得超额收益，这部分的利润被交易所和项目方瓜分。因此，数字资产的投资机构要么参与到二级市场下场博弈，要么与交易所或者项目方组成同盟，市场环境对投资机构的要求远远不局限于提供资金。

此外，数字资产项目从发起到募资，再到交易流通，往往在几个月到一年之内完成。这要求投资基金不仅具备项目投研能力，还需要配合二级市场交易策略。

项目投资与交易部门之间的信息交互和协同，也是此前的互联网投资基金所没有经历过的新挑战。

3. 机构投资方向更加分化

从行业的发展趋势来看，比特币作为数字资产的代表性项目，其作为另类资产的配置意义将随时间推移而逐渐被主流金融机构所认可，最终会成为进入合规监管体系的金融资产。

区块链本身作为一项新兴技术，当前阶段的投资无异于在沙漠中淘金，大多数项目仍然充满社区性质和实验性质，投资机构保险的做法之一是以极低的估值大量布局，而高估值的投资往往面临无法退出的窘境，想必经历过牛熊快速切换的机构都有切身体验。

此外，Libra这一类由大企业和政府主导的项目，结合了区块链与其他技术，并且汇聚商业资源，盈利路径清晰，其出身奠定了优势的起点和较为明朗的发展方向，但也正因为如此，一般的风险投资机构也难以在早期参与获利。

三、监管难落地——数字资产成为被缚的普罗米修斯

尽管中本聪的愿景是让比特币成为一个不受政策影响的独立货币，但今天的数字资产行业比任何时候都需要政府进行更加明确和积极的监管。

Global Custodian 一书在对当前主流金融机构投资者调查时，在回答对数字资产最大的顾虑是什么的问题上，最多的人选择了监管政策的不明朗，排名第二的是托管等基础设施的不完善。

首先看托管。目前数字资产托管技术和解决方案的服务提供商已经多达数十家，最著名的如富达数字资产（Fidelity Digital Assets）、Coinbase Custody、Anchorage、Bakkt 等，亚洲也有类似 Cobo、KeyShard、Keystore 等服务商，可以为客户提供数字资产的保管、权限管理、多重安全防护等托管服务。

托管方面的基础设施技术不是问题，问题在于监管层面没有法定的托管机构存在，换句话说，监管没有颁发任何一个数字资产托管牌照。总之，托管等基础设施问题还是政策监管问题。

以美国为例，1940 年，美国颁布了《1940 投资公司法》，明确规定基金必须将其证券和类似投资交给"合规的托管人"保管，包括具有一定资质的商业银行、全国证券交易所的成员等。目前美国证券存托与清算公司（DTCC）负责几乎全美国的股票交易、公司和政府债券、抵押支持证券、货币市场工具和场外交易（OTC）衍生品等的托管和清算业务。

而对于数字资产的托管业务，美国证监会（SEC）和美国金管局（FINRA）在 2019 年 7 月发布的声明中强调，目前还没有找到一种方案可以让数字资产托管满足 SEC 颁布的《投资者保护条例》的要求。原因在于 SEC 和 FINRA 认为仅仅持有私密钥匙不能代表对资产拥有归属权，比如持有私密钥匙拷贝的人可以不经过托管商的允许提走数字资产。

问题的症结在于比特币创立之初所倡导的"谁持有私密钥匙谁就拥有资产"规则，也就是密码极客们所引以为豪的"资产绝对意义上私有化，银行和政府无法处置"。

数字资产由于其注重个体、去中心化等颇为乌托邦色彩的特性，吸引了密码极客与投机者们而得以生存和发展，但却又因为如此，政府监管的顾虑和谨慎也阻碍了数字资产进一步走向大众市场，进入主流金融机构配置的资产池，正如那被缚在高加索山上的普罗米修斯。

（作者：蒋新①，陆昱谦②）

---

① 蒋新，分布式资本投资经理，专注区块链项目投资和行业研究，5 年投资行业从业经验。蒋新曾在全球 500 强企业负责跨国并购业务，作为初始成员参与上交所—港交所"沪港通"项目。

② 陆昱谦，TokenUp Capital 合伙人，火币大学特聘导师，2016 年开始数字货币投资，熟悉数字货币资产管理领域的策略与运作。陆昱谦曾就职于上海著名证券私募基金公司，负责二级市场投研业务。

投资分布式技术与加密货币的方式

分布式账本技术与加密货币的出现，从根本上重塑了创新经济和私人资本市场。尽管该行业仍处于早期阶段，但如表3-9所示，区块链技术的应用对包括金融服务、供应链管理和网络安全在内的数十个行业都在发挥积极作用：降低成本、增加收入或降低资本需求等。这些价值驱动有望创造超过数万亿美元的市场。

表 3-9　区块链技术对各行业的应用案例与价值驱动

行业	应用案例	价值驱动		
		降低成本	增加收入	降低资本需求
区块链基础设施	● 比特币挖矿 ● 加密货币交易所 ● 电子钱包		√	
支付	● 更高的安全性，从而可降低费用 ● 更高的速度和透明度	√		√
身份识别管理	● 登录凭据的安全存储 ● 通过交易身份验证防止欺诈	√		√
资产管理 IT	● 第三方投资组合管理 ● 交易订单的生成和履行	√		√
证券交易	● 安全的实时交易匹配 ● 托管和证券服务 ● 另类资产交易服务	√	√	√
KYC/AML 管理	● 智能合约使客户自动化验证 ● 分布式注册表用于安全存储	√		
云计算	● 将闲置的计算资源用于分布式系统 ● 分布式应用程序的在线基础架构	√	√	√
保险技术	● 定价和承销注册处 ● 通过智能自动处理索赔和付款合约	√		√
在线存储	● 加密和冗余存储 ● 没有单点故障	√		√
网络安全	● 消除认证中的人为因素 ● 使用发布在区块链上的密钥保护身份	√		√
房地产	● 通过 P2P 通信进行透明的交易跟踪 ● 安全存储记录和托管管理	√	√	
供应链管理	● 具有实时更新和验证的共享账本 ● 整个网络随时可溯源	√		
数字媒体	● 增强的数据隐私控制 ● 针对特许权使用费和内容有更好的条款	√		√

表3-9（续）

行业	应用案例	价值驱动		
		降低成本	增加收入	降低资本需求
社交媒体	● 个人控制个人的信息和内容 ● 控制元数据	√		
电子商务	● 消除向市场供应商付款的需求 ● 促进直接的买卖双方互动	√		√
线上营销	● 增强数据安全性和隐私控制 ● 为内容创作者开拓新的获利渠道	√		
游戏	● 为玩家和外部开发者开放游戏开发接口 ● 分布式薪酬模型	√		√
物联网/设备管理	● 透明的数据跟踪和分析 ● 直接进行设备到设备的通信和监控	√		
医疗保健 IT	● 透明的账单管理 ● 提高医疗保健之间的数据提供效率	√		√
政务系统	● 提高透明度 ● 消除中介的低效率	√		√

资料来源：SharePost《Tnrestment Strategies for Blockchoim：A ＄2.5 Trillion Opportunity?》。

面对高潜力的区块链技术，投资者可以通过什么方式把握投资机会呢？具体包括以下方式[①]。

一、加密货币市场投资

在数字货币交易所或者通过 OTC 购买加密货币是投资区块链技术衍生产品最简单的方法之一。鉴于加密货币市场是一个 24 小时可交易的市场，加密货币的周期比传统股票市场更短一些。因此，在加密货币投资中，持有几周则可以称为中线投资，持有数月则称为长线投资。

倾向于短线投资的投资者除了可以自己制定策略并执行，也可以将资产交给量化团队打理。如果不偏好频繁交易的投资人，则可以选择以下策略，以便中长线持有加密货币。

（一）武士策略

武士的最大特点就是对领主忠诚，而加密货币的领主则是比特币。对于不想花太多时间研究各类加密货币的特征与背后项目的技术原理的投资者，可以直接购买比特币，而不用计较比特币之外的山寨币有多大的涨幅。就现阶段情况来看，持有比特币是数字货币投资中较为稳妥的收益方式。

（二）随大流策略

随大流是指选取主流数字货币投资，比如可以根据 CoinMarketCap 等数据行情网站上市

---

① 笔者声明：以下例子不构成投资建议。

值排名前 10 或者前 30 的加密货币都进行配置。这有点类似买蓝筹股组合，以跟踪市场表现的情况。

（三）细分领域配置

从区块链技术看，区块链项目可以分为支付型币类项目（山寨币、隐私币等），平台型项目（侧链、跨链、DAG 和分片等技术手段）以及应用层项目（包括金融、通信、娱乐和物联网在内的不同行业垂直应用）。投资者可以通过构建价值投资框架，选取看好的细分领域并且每个领域选取 1~2 个优质的标的。

（四）捡便宜策略

投资者可以选取 10~20 个已经横盘一段时间的便宜虚拟货币，等待行情爆发时快速出手。然而，此类方法属于"赌博式"投资，不建议投资者过于依赖。

二、传统公开市场投资

相对于通过投资加密货币而获取区块链带来的红利，通过传统公开市场投资区块链行业，风险会更低些，后者的方式包括投资区块链股票和投资区块链 ETF。

其中，区块链 ETF 投资更适合风险规避程度稍高的人，并且 ETF 的成本通常较低，还可以投资大量公司。如表 3-10 所示，目前美股市场已经支持区块链 ETF 的交易，它们都是至少满足以下条件之一的基金：

（1）投资区块链技术开发或者通过区块链技术转变业务的公司的基金；

（2）通过期货合约或持有加密资产来追踪比特币或其他加密货币表现的基金。

表 3-10　美股市场可交易区块链 ETF（截至 2020 年 4 月 26 日）

ETF 名称	开始日期	规模/美元	标的数	YTD/%	价格/美元
Amplify Transformational Data Sharing ETF	2018 年 1 月 17 日	78 644 250	55	−7.04	17.43
Reality Shares Nasdaq Nex-Gen Economy ETF	2018 年 1 月 17 日	55 431 461	69	−8.99	23.23
First Trust Indxx Innovative Transaction & Process ETF	2018 年 1 月 24 日	35 625 499	100	−17.50	26.34
Goldman Sachs Motif Finance Reimagined ETF	2019 年 3 月 1 日	17 594 711	121	−14.92	50.28
Innovation Shares NextGen Protocol ETF	2018 年 6 月 30 日	7 836 582	43	−7.48	26.24
Reality Shares Nasdaq Nex-Gen Economy China ETF	2018 年 6 月 20 日	2 099 636	40	15.63	20.83
AdvisorShares Sabretooth ETF	2019 年 2 月 6 日	1 287 086	30	N/A	24.90

数据来源：efgdb.com。

股票方面，由于区块链是个新兴技术，许多核心业务为区块链技术或引用区块链技术的相关公司仍处于初创阶段，但是目前港股、美股与国内 A 股都有不少公司涉及区块链业务板块，如表 3-11 所示。

表 3-11　区块链概念股票（部分）

股票名称	上市地	区块链业务
中国移动	A 股	中国 BSN（blockchain-based service network，区块链服务网络）的区块链理事单位，云服务委员会和开发者委员会成员之一
安妮股份	A 股	BSN 开发者委员会成员之一，区块链作为其版权综合服务平台重要的底层技术之一
四方精创	A 股	以银行为代表的金融领域已有多个区块链解决方案与应用案例，比如银行保险、跨境汇款、供应链金融等
先进数通	A 股	提供面向商业银行为主的 IT 解决方案及服务，正在投入研发涉及区块链技术的解决方案，包括大规模分散客户的数据采集、部分支付场景等领域
用友网络	A 股	一方面通过投资区块链创业公司博晨技术，以助力其构建区块链基础设施；另一方面侧重研究区块链+供应链金融的应用场景，并借助最新的技术与平台寻求落地
苏宁易购	A 股	苏宁金融上线区块链福费廷业务，区块链+物联网汽车
恒生电子	A 股	已经发布了四款区块链产品：HSL2.0 平台、范太链（FTCU）、贸易金融平台以及供应链金融区块链服务平台，全部都是应用在金融科技领域的产品
广电运通	A 股	打造了全国计量行业区块链场景应用，现已完成验收。广电运通区块链技术已逐步应用到农业数字资产流转、工业供应链金融服务、数字资产交易、政府区块链政务共享、政府资金流向管理、政府投资项目监管"六大场景领域"
东港股份	A 股	在北京开展区块链电子发票服务；与中国网球协会联合发布区块链+RFID 物联网的网协证书管理系统；联合济南报业集团发布开放式媒体区块链版权保护平台；在财政票据方面进行研发和推广
IBM	美股	基于所开发的底层区块链平台为企业提供区块链即服务（BaaS）
Square	美股	支付公司 Square 正在为其移动现金 App 推出比特币存款功能
富士通	美股	富士通实验室在 2019 年 7 月公布"数字身份交易所技术"，旨在提高在线交易的安全性
万事达	美股	截至本书成稿，万事达在全球区块链专利排行榜上排第三
Overstock.com	美股	子公司 Medici Ventures 投资 STO 平台 tZero，Overstock 自身也是第一家接受比特币作为支付方式的美国零售商
阿里巴巴	美股	阿里巴巴区块链专利在 2017—2019 年位居全球第一，区块链业务围绕电商、新零售、金融三点布局。
嘉楠科技	美股	中国矿机生产商
火币科技	港股	数字货币交易所

数据来源：网络公开资料整理。

三、私募股权投资

合格的投资人可以通过区块链主题的私募创投基金，投资区块链初创公司。由于现阶段全行业还处于萌芽阶段，第一批相关企业主要投资以下几个类型：

（1）区块链底层技术，包括支付和平台。

（2）周边基础设施行业，如数字货币钱包、数字货币交易所、数字货币行情网站和挖矿行业。

（3）区块链技术推广，包括区块链培训和区块链企业服务等。

四、其他投资方式

除了上述投资方式，2017—2018 年，ICO 的投资方式曾经风靡行业，但是一方面目前许多国家与地区已经明文禁止 ICO，另一方面 ICO 投资方式比起二级市场购买数字货币风险更是高出许多。因此，笔者建议投资者谨慎。

更高风险的投资方式，是以合约方式做多、做空加密货币。但鉴于加密货币本身就是高风险投资，以及监管不成熟状态下合约交易所的行为无法把控，笔者也建议投资者谨慎对待。

此外，通过包括投资云算力、购买矿机挖矿等方式也是投资 POW 机制加密币以及存储类加密货币的途径之一。

（作者：刘涛[①]）

◆来自业界的投资实践

业界访谈：如何在全球布局资产管理
——数字货币联合银行（UDB）主席王虎独家专访

就如何在全球开展虚拟资产管理业务，本文对 UDB[②]GLOBAL 董事会主席王虎先生进行独家专访。王虎先生亦是优德宝数链行创始人，资深区块链早期投资人及价值应用导师。

问：虚拟资产类别广泛，但外界对这一行业的资管公司仍比较陌生，能否介绍一下UDB 主要投资哪些类别的虚拟资产？

答：UDB 资管业务是由注册在新加坡，并由其全资控股的加密货币资产管理机构 UDB AM 负责，主要投资标的有主流加密货币、区块链信贷资产、以足额法定货币抵押发行的加

[①]　刘涛，高级区块链应用管理师，中国通信工业协会金融理财师。

[②]　数字货币联合银行，简称 UDB，是一家在新加坡注册的区块链金融科技公司，该公司为持有加密货币的投资者提供资产增值保值服务。UDB 的业务包括基于区块链技术及加密货币的支付、信贷、投资理财、资产托管、国际汇付和加密货币投资等。

密稳定币、各国中央银行直接发行的电子法定货币、期货期权等加密衍生品、加密风投基金、量化基金、对冲基金等其他类型区块链基金。

问：全球金融市场因疫情影响而出现"低利率+流动性宽裕+避险心态"，不少地方陷入价格走低的"资产荒"，UDB 的解决方案是什么？

答：UDB 会对区块链行业现存的资产标的进行尽调和整合，为不同风险和收益偏好的客户提供多种高效投资组合，既有年化 6%～10% 的低风险投资策略，也有高风险高收益的指数联动策略。

以 UDB 近期推出的"指数联动"策略①为例，从 2020 年 3 月 16 日成立至今②，得益于比特币的强劲表现，累计帮助投资人获得 67.91% 的投资回报。当然，我必须指出，该策略是高回报和高风险并存的，历史的投资收益不能作为对未来投资回报预期的依据。该指数策略的回测显示，它的波动是相当大的，而且并不能保证每一年都是正回报。

问：虚拟资产管理中，最大的风险有哪些？如何对这些风险进行防范？虚拟资产投资管理与传统资产投资管理的风控有哪些不同？如何对持有的虚拟资产进行托管，以确保其交收、结算、保管的安全？

答：数字货币资产管理中最大的风险有两点：第一是密钥丢失风险，私钥丢失或被盗均有可能造成严重的资产损失；第二是短期价格波动风险，加密资产价格波动性要高于传统金融资产。

为应对第一种风险，我们采用严格的冷热钱包分管机制，以及多签授权机制，通过这些机制，确保金融生产环境和存储环境的安全。

为应对第二种风险，我们设立了多种对冲机制，并谨慎选择理财策略和产品，最大限度地保证长期资产不会因为短期市场波动而蒙受损失。

问：UDB 对虚拟资产管理的营利模式是什么？考虑到虚拟资产估值的难度，该如何对业绩表现进行确认？管理费是用法定货币还是虚拟资产支付？

答：UDB AM 会陆续推出不同的投资策略产品，基于每个产品的投资标的、周期、性质的不同，收费结构也会有所区别；总体来说，UDB AM 的主要收费项目包括手续费、业绩报酬、管理费。

估值方面，针对一级市场，会以项目方近期融资情况作为估值依据；针对二级市场，会以市场价来确认资产净值。业绩报酬通常以投资人的赎回交易价认定交易净值，赎回后进行业绩抽成，抽成以加密资产的形式收取。

问：目前中国台湾地区、中国香港地区以及美国等地都将虚拟资产的发行及投资管理

---

① "指数联动"策略包括：跟踪加密市场表现；投资市值排名前 5 的加密货币；月度平衡来应对快速变化市场；使用市值平方根来消除高市值的币种跟踪策略过多的影响；分散仓位历史上有效提升投资组合的风险利益比。

② 采访时间为 2020 年 5 月初。

列入监管，UDB 是否会考虑去这些地区展业？你预期虚拟资产管理行业会有哪些技术和政策的演变？

答：UDB 的业务是全球的、开放式的，我们会秉承合规合法的经营理念在各国和各地区开展业务。

我们认为，越来越多的地区将加密资管列入监管，一方面体现了当地的投资需求，另一方面体现了监管部门对这一全新资产类别的认可和接纳，而保护投资人是任何金融市场长期稳定发展的大前提，合规监管将为加密行业的繁荣奠定坚实的基础。

我们预计，所有国家和地区都会加入行业合规的浪潮当中来。届时，更多的投资人会配置加密资产，此类资产会从一个小众类别变成全球主要基金和投资人都需要进行配置的主流资产之一。

资本的涌入将会在推高资产价值的同时，促进人才的流入，提升整个产业的技术水平，快速将区块链技术普及到普通民众的日常生活当中。

问：公司是否有专门的审计及法律顾问，主要是请这些专业机构承担哪些职能？

答：面对全球加密资产行业的法律及合规的复杂性、多样性的挑战，UDB 成立伊始就重视内部法律团队的建设，在此基础上，UDB 也与全球各地区顶尖的律所合作，致力于合规的全球化业务版图拓展。公司的年度报表的审计工作与顶尖审计事务所合作，除此之外，UDB 对所管理的资产均可以通过区块链进行实时的监督。

如何把握区块链与虚拟资产投资机会
——合约资本创始合伙人陈晓波访谈

比特币的出现，让虚拟资产成为全新的另类投资门类。在骗局和大量商机共存的区块链行业中，投资人是如何步履蹒跚？带着这个重大问题，本书副主编对合约资本①创始合伙人陈晓波先生进行了独家专访。

问：在投资区块链项目或是虚拟资产领域，合约资本所管理的基金在过去主要选择了什么赛道？你认为今后 1~2 年的投资热点是什么？

答：过去几年区块链行业的发展还属于早期，很多方面不够明朗和完善，合约资本也在不断学习和成长。我们倾向于投资公链技术、跨链技术和区块链安全生态等。总的来说，就是构建区块链框架的底层核心，因为不管未来区块链行业发展到什么程度，都离不开这

---

① 合约资本（Contract Capital）成立于新加坡，是一家全球领先的数字科技投行和数字资产管理公司。该公司提供区块链项目孵化、投资以及加密数字资产管理服务。团队分布在新加坡、北美地区、澳大利亚、中国香港地区、中国深圳，其核心成员均来自高盛、美林、德勤、埃森哲等知名机构，目前已投资了数十家区块链企业，并获得行业高度认可。

些底层基础。

我认为今后1~2年的投资热点会是区块链与大数据、人工智能相结合的应用。数据才是最有价值的，人工智能和大数据的发展依赖于大量的数据，而区块链能有效地解决数据的很多问题，比如数据真伪辨别、防止篡改等。

问：在分析具体项目时，合约资本会从哪些方面来做投资决定？你们如何跟进项目管理？

答：我们会从创始团队、技术特点、营利模式、投资人背景和入场时机五个方面来分析与决定项目是否可投。

首先是创始团队。投资归根到底是投人，是这个团队未来的价值创造能力。看团队最重要有两点：一是团队驱动力；二是相应的匹配能力。

三是在技术方面，看的是有关项目是否具备亮眼的技术特点，能够聚集起技术社区力量，这是判断项目发展前景的关键指标。

关注营利模式，或者说是商业模式，是因为它决定着投出去的钱能否赚回更多的钱。

四是看其他投资人的背景。一个项目的不同阶段往往会有不同的投资人，这些投资人除了提供资金，还会提供资源和其他协助。

五是看入场时机，投资是需要讲究周期的，时机的选择隐含着不同的成功概率，要把握周期的力量。

以上五个方面还是偏向技术层面，最终，回归项目本身，才是投资成败的关键。

钱投出去只是成功了50%，投后管理是另外的50%。我们会有专业团队来跟进项目进度。投一个项目就代表我们是这个项目的合伙人，因此我们不只提供资金，更多是互相的连接和资源的交换利用，尽可能给项目最大的支持，帮助项目成长。

问：能否列举一些过往比较成功的案例？您觉得这些成功还可以复制吗？

答：过去几年我们有不少成功的虚拟资产项目，在国外的有 ETH、oracle（BLZ）、EOS、ADA、ZEC 等，国内的像 NEO、BTM、QTUM、ONT 等，这些项目让我们获得了数十倍甚至百倍的回报。当然，很多是在 2017 年的大牛市下才有如此高的回报。考虑到区块链行业会逐步规范和健康发展，高回报的项目必然要拉长投资周期，也就是说要想复制这样的成功案例，前提是熬得住。好的项目需要时间来沉淀价值，高回报的项目可以复制，但过程可能无法复制。

问：这个行业中有不少短线交易的投机主义者，你对这些人有什么建议吗？

答：首先，新进场的投资者不少是新人，不熟悉市场，总想着一夜暴富，追涨杀跌是常态。行情波动大，他们很容易被淘汰掉。其次，我尤其想提醒的是，这个行业短期波动剧烈，暂时没有太多交易规则，比如没有涨跌停限制，手续费也很高，而且是 24 小时交易，如果选择短线操作，不但令人神经衰弱，更容易交易出错。过度频繁的短线交易，会让人频繁出错，心态控制不好。

回顾过往，行业里真正赚钱的几乎都是坚持价值投资的人。也只有长线投资，才能抓住一波又一波行情。

我建议投机者应该多去学习区块链的知识，把基础的知识把握好，特别重要的一点是要学会判定价值币和空气币。

如何判断价值币和空气币呢？我的判断标准是看有没有实际落地应用的可能和团队的运作实力，如果一个币没有任何落地的应用，只是停留在区块链的概念层面，投资人就要慎重了。币圈鱼龙混杂，充斥了很多空气币，作为投资者第一步就是要防止上当受骗。

最后给大家一个建议：坚持价值币的长线投资，才会收获区块链的红利。

问：关于区块链和虚拟资产整个行业的未来前景，你怎么看？

答：每一次伟大的变革都起源于当下的微不足道，我们的坚持不一定被身边人认可，就像马云当年卖黄页一样，当他挨个给别人讲的时候被认为是骗子。就像马云说过的，今天很残酷，明天更残酷，但是后天很美好，可是大多数人死在了明天的晚上，这句话充分说明了坚持的重要性。大浪淘沙，当潮水退去的时候，就知道谁在裸泳了。这个行业还处在早期，鱼龙混杂，一切应交给时间来判别。

区块链提供了一次公平起跑的机会，我视它为时代赋予所有参与者的重大机遇，无论你相信与否，这个世界正在因为区块链而不断发生变化，这已经是大势所趋。我们要抓住顺势而为的机遇，致力于推动行业发展。

虚拟资产与区块链项目个人投资者主要关注哪些问题

——区块链投资者谭琳女士独家专访

与 A 股票市场相似，虚拟资产与区块链项目的投资领域，是个人投资者所占比例更大的投资市场。然而，区块链项目尤其是以虚拟资产形式投资，是风险极高的投资标的。抗风险能力远低于机构的个人投资者，在投资虚拟资产与区块链项目时应该注意哪些问题？本文介绍区块链投资者、米林财经创办人谭琳[①]女士的一些观点。

问：你是什么时候开始区块链行业以及虚拟资产的投资？在此之前，主要是做什么类型的投资？

答：2017 年 7 月左右，我开始做区块链相关的内容。通过采访虚拟资产行业人士，我自己也认可了比特币的价值并且进行投资，随后创办了专注区块链垂直领域的米林财经。

在此之前，我主要做房地产投资，它和数字货币投资差别还是非常大的，投资逻辑完

---

① 谭琳，米林财经创始人，恒舜资本创始合伙人。谭琳女士曾任职于广东电视台并作为联合创始人创办某财富管理平台。

全不一样，退出的方式（流动性）也有天壤之别。不过两者的投资也有一定的相同之处：一方面，两者都是对项目未来的一个预期与判断，投资的本质是认知的变现；另一方面，投资决策都要依据自身的抗风险能力，两者实际上都是高风险投资。

问：你在选择区块链项目的时候，主要关注哪些问题？你希望听到创业者给你什么样的回答，才能让你有投资的冲动？

答：我主要关注项目本身与背后的团队。不管该项目涉及的技术原理有多么复杂，我希望创业者仍然能够用清晰简单的语言说清楚，项目能解决什么问题（底层技术瓶颈/垂直领域应用/行业生态发展）以及用什么方式解决。一些故作高深、故意创造概念而让人听得云里雾里的项目，我一般都拒绝投资。

此外，我会通过多次交流以及多方验证来探究团队是否靠谱。有一支优秀靠谱的团队非常重要。对于区块链项目来说，有时候团队比项目更重要，因为目前区块链项目可落地的商业模式大家都在探索中，行业的变动也非常迅速，而监管层面的不完善更需要团队拥有优秀的性格和品质。一流的团队可以把二流的项目做到一流。

问：目前，你主要选择哪些区块链细分领域进行投资？为什么？

答：我主要关注一些底层产品，比如数字货币交易所、借贷平台以及资管平台等。尤其是具备交易、借贷和理财服务的综合性资管平台，我认为将会成为数字资产时代的"银行"。

比如我最近投了个天使项目 Hoper，就是一个支持 OTC 交易、数字货币借贷、数字货币理财的区块链数字资产管理平台，它主要面向全球用户提供比特币、泰达币等数字资产的币币交易和衍生品交易服务。它的团队由全球多国、多领域的精英团队构成，在系统安全、金融领域拥有资深经验。

问：就虚拟资产领域，你的资产配置策略是什么，可否给大家分享相关的经验与教训？

答：目前数字货币领域充斥着大量的空气币，一些有爆发力的项目需要耗费大量的时间与经历去谨慎、细心地甄别。2018—2019 年，我投资了很多所谓的区块链落地应用相关的项目，包括游戏链改、资产上链、5G 等，但后来这些资产的市值跌了 90%，甚至归零。

因此，目前我在虚拟资产领域主要的配置还是偏稳健，即关注 BTC 以及主流数字货币，并以长期持有为主。我也会将一定比例的 BTC 交给优质的量化团队进行量化策略投资。

问：如何看待区块链行业下一个 5 年的投资机会？

答：区块链整体来说还是一个新生的行业。无论是公链、DApp、交易所、资管平台等都有很多机会。但是目前大部分项目没有闭环盈利的能力，大部分靠烧钱，然后从二级市场进行融资，这其实是一个非常漫长和艰难的过程。但是区块链行业未来的发展我还是非常看好的，资产数字化是未来发展的一个必然趋势。

第四章

重新定义传统金融： 区块链带来的新金融与新产业生态

尽管区块链在实体经济中的应用仍然处于探索阶段，但它在传统金融服务占优的诸多领域，特别是在合规、反洗钱等证券投资领域，已经展现出了惊人的影响力。

◆分布式金融时代下的行业重塑

DeFi：区块链技术下的新型金融创新

去中心化金融（decentralized finance，DeFi）的概念始于2017年，从去中心化交易所这一应用开始。一开始它并未受到太多关注，直到2018年年底，随着众多著名风投基金（如Andreessen Horowitz等）的进场，DeFi才渐渐受到追捧。

DeFi，作为对一类区块链项目的统称，是专注于消除金融服务中的中介，旨在建立一个更快、更具包容性和透明度的金融体系。通常，DeFi项目会涉及"去中心化"的交易所和贷款平台，交易和贷款并不依靠中介机构持有资金，而是通过自动化流程，在参与者之间直接完成。

一、DeFi 的应用场景非常具有潜力

DeFi适用于金融行业的各个领域，现在市场上已有的一些应用包括链上资产、区块链资金借贷、稳定币、虚拟资产交易所、虚拟资产做市商、虚拟资产投资基金和保险等。其中以虚拟资产的借贷平台发展最为迅速和成熟，而去中心化的虚拟资产交易所也同样引人关注。

DeFi的应用场景如此丰富，与近年来虚拟资产的繁荣不无相关。

（一）虚拟资产的繁荣成为 DeFi 应用的基石

DeFi应用场景的第一步是资产上链。根据本书的定义，链上资产也称数字资产。数字资产是一类可编程资产，以电子数据的形式存在，表示基础资产的所有权和价值。随着第一代和第二代区块链、智能合约和DApp的发展，数字资产发行和管理的难度大大降低，资产数量和种类急剧增长。

加密数字资产是数字资产的子类别，可以在去中心化的计算网络中不依靠中介创建、存储、交换和管理。根据采用区块链技术的难度，笔者将加密数字资产分为以下几个类别：加密货币、数字化无形资产、数字化有形资产以及数字化常规服务和产品。此外，数字化

传统金融资产和法定数字货币尽管并不属于本书所界定的数字资产范畴，但由于其也可以通过上链方式成为链上资产，并参与 DeFi 市场的交易，因此本文将这类上链的数字化传统金融资产和法定数字货币也归入加密数字资产。

1. 加密货币

加密货币是创业者发行的一种数字资产，用于资助与区块链相关的平台的启动。通常，初始代币发行（ICO）用于发行加密货币，并承诺将来仅接受该加密货币访问数字平台。有时，区块链项目可能拥有去中心化的治理机构，那么这种加密货币从某种程度上也代表了平台的所有权。

其他形式的加密货币发行包括工作量证明及预挖、权益证明及预挖等。加密货币是一种新型资产，它代表了承诺利用区块链技术开发服务的价值和权利。

2. 数字化的传统金融资产

数字化的传统金融资产主要包括股票、固定收益债券、ETF、REIT 和衍生工具等常规金融资产的数字形式。数字化金融资产主要是指资产所有者可以在开放的金融网络中，拥有和转移金融资产，而无须借助受信任的第三方，这将简化金融资产的创建、交换、清算、结算和治理。例如，在传统的股权交易周期中，往往需要许多金融中介机构：证券交易所和结算所（纳斯达克，纽约证券交易所）、经纪商、托管银行和存托信托公司等。区块链可以通过精简步骤，在不损害安全性的情况下，缩短结算周期，这反过来有可能降低行业的成本和资本需求。

3. 法定数字货币

法定数字货币是法定货币的数字形式，它允许持币人拥有、转让和交换，地位与一国的法定货币一样。目前有数家中央银行一直在积极研究如何使用区块链技术发行中央银行数字货币。随着监管制度的发展和区块链识别技术的发展，法定数字货币有望成为一种非常重要的币种。

4. 数字化无形资产

数字化无形资产是通过区块链发行和管理的数字形式的无形资产。奖励卡、特许权使用费、版权、专利、游戏积分、信用评分等无形资产均可通过区块链技术很方便地进行数字化，它对知识产权保护也有重要作用。

由于所有权跟踪的困难以及知识产权交换和支付系统的成本高昂，如何保障知识产权一直是知识产权所有者面临的难题。由于很容易在网络上分发，无形产品（如软件、音乐、图像等）经常未经许可就被使用。区块链所具备的特点，例如不可篡改性、透明性、可追溯性、交换的即时性等，使得它在保护知识产权方面有独特的优势。

5. 数字化有形资产

数字化有形资产是有形资产的数字形式，其所有权和权利通过区块链进行数字化、发行、分配和管理。房地产、商品、林地等有形资产均可用作基础资产，以支持由受托保管人发行的数字代币。这些代币的价格将与基础资产挂钩，并且代币可以在区块链上进行交易、清算和结算，以消除交易场所、交易商和经纪人等中介。

此外，数字化有形资产的高度可分割性，令它可以很容易地分解成较小的单位，这将提高流动性和交易的效率。诸如石油币、金币等稳定币的普及，证明了数字化有形资产的巨大增长潜力。

6. 数字化常规服务和产品

数字化常规服务和产品是服务和产品的数字形式，由公司或个人在区块链上发布，以代表其产品或服务。产品和服务数字化后，可以方便地在区块链上进行交易和结算，大大降低了销售点的交易成本和交易结算周期。

此外，区块链的可追溯性和透明度，可以帮助解决假冒产品问题。更重要的是，区块链网络的高度公开性，将帮助服务和产品扩散到更广泛的人群和客户，实现市场的拓展。

（二）DeFi 应用场景简介

1. DeFi 借贷

DeFi 借贷是依托于数字化的资产市场而存在的，但其不一定是只服务于去中心化的数字资产，中心化的数字资产同样适用。例如，著名的数字美元 USDT 和 USDC 等资产规模达数百亿美元。现在市场上的主要应用场景有活期抵押贷款和定期抵押贷款，未来可能还会有信用贷款和企业债券，并将逐步服务到实体经济中去。

2. 去中心化交易所

DeFi 交易所，也就是去中心化交易所，在 2017 年就已经出现，可以称作是第一代交易所，例如 IDEX 和 EtherDealta 等。第一代交易所是点对点交易，其缺点是很难将有效订单聚集起来形成资金池，流动性较差，因此并未引起市场的广泛重视。随着分布式交易所Uniswap 的出现，情况出现较大改变。DeFi 交易所将撮合功能扩展到线下，汇集资金池，将交割流程放在线上完成，大大提高了去中心化交易所的效率。因此，DeFi 交易所也在过去的两年中迅速发展。

3. 链上资产及合约的保险

保险是金融产品不可或缺的一环，在 DeFi 市场里也一样。DeFi 产品依托于智能合约，而智能合约存在着设计缺陷和编码漏洞的风险。此外，DeFi 抵押借贷产品存在着抵押物贬值迅速、资不抵债和违约的风险。因此，DeFi 保险公司应运而生，它通过收取保险金，聚集数字货币资金池，从而提供金融产品的保险业务。截至本书成稿，DeFi 保险还处于早期，并未有行业领军的保险公司。

4. 链上资产的衍生品

随着 DeFi 的交易市场、借贷市场和保险市场的不断完善，DeFi 市场逐步形成了一定规模。因此，DeFi 衍生品市场孕育而出，形成了 DeFi 期货、DeFi 期权等一类衍生品。虽然它处于早期，但是发展势头非常迅猛。

5. 创新基金产品

在一个逐步形成的 DeFi 市场中，由于存在相对稳定有效的收益渠道，DeFi 对冲基金和 DeFi 指数基金也渐渐形成。与传统基金不同的是，DeFi 基金通过智能合约聚集客户资金，再通过提前设置好的交易策略来获取稳定收益。

（三）DeFi 的发展情况

DeFi 的兴起是虚拟资产发展积累到一定地步的产物。业界通常把 2018 年定为 DeFi 的萌芽初期，而 2019 年被称为是 DeFi 元年，正是在这一年，DeFi 市场获得了急速的发展。

如图 4-1 所示，DeFi 的管理资产规模（AUM），从 2017 年的几乎为零成长到 2020 年年初的 10 亿美元。

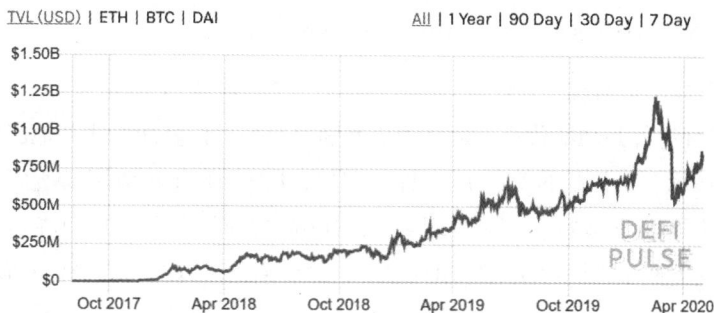

图 4-1　DeFi 锁仓价值（2017 年 8 月 3 日至 2020 年 5 月 3 日）

数据来源：https://defipulse.com/。

如图 4-2 所示，DeFi 累计借款总额突破了 20 亿美元。截至 2020 年 4 月 28 日，以去中心化交易所 dYdX 的融资融券杠杆借贷为主的贷款占据了总贷款额的 59%；其次是以发行稳定币为主的 Maker Dao 占总贷款额的 25%。累计借贷交易数为 58.7 万笔，平均每笔交易金额为 3 469 美元。

二、DeFi 的相关技术基础

DeFi 应用主要依托于智能合约，以及基于智能合约的新一代去中心化应用程序（DApp），所以 DeFi 通常以第二代区块链（如以太坊等）为基础。

DApp 和 App 之间的主要区别在于，App 使用 API 连接数据库，而 DApp 使用智能合约来连接区块链并与之交互，DApp 将充当主流用户和区块链之间的桥梁，在建立去中心化社会方面发挥关键作用。

具体来说，DApp 的后端代码运行在去中心化对等网络上，这与在服务器上运行后端代

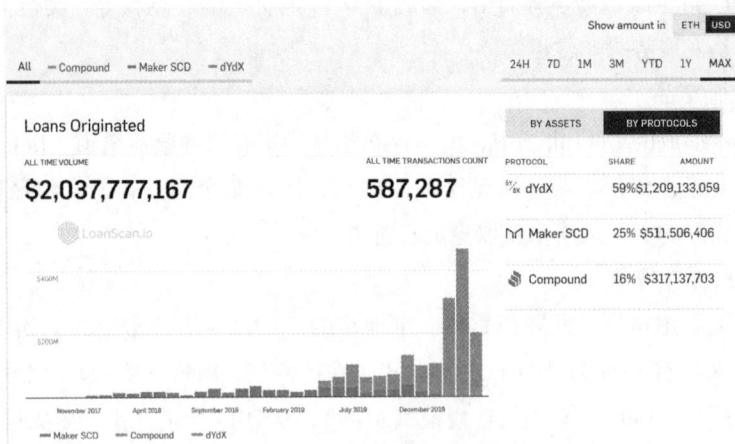

图 4-2　DeFi 借款总额

数据来源：https：//loanscan．io/loans？interval＝max。

码的常规应用程序形成对比。

DApp 的关键组件是功能代币，通常用于奖励用户提供计算能力或其他服务。

如图 4-3 所示，与传统的 Web 应用程序类似，DApp 的前端使用众所周知的脚本语言（例如 HTML、CSS 和 JavaScript）来呈现页面。DApp 的前端代码和用户界面可以用任何语言编写，其功能类似于调用后端的应用程序。它的前端也可以托管在分散存储解决方案上，例如 IPFS 或 Swarm。

三、未来的展望：DeFi 仍属早期阶段

2018 年才萌芽发展，2019 年刚刚步入高速增长，DeFi 下一步会走向什么方向？目前无人能晓。DeFi 的未来取决于几个因素：①底层区块链技术的演变；②数字资产的进一步发展情况；③去中心化金融服务需求的增长情况。

此外，受区块链技术及金融科技的影响，传统金融服务也在不断演变，这同样会对 DeFi 的未来产生影响。

麦肯锡的数据显示，2017 年，全球所有金融中介机构的年总收入为 5 万亿美元，约占全球金融体系总值（262 万亿美元）资金的 1.9%。而将这个比例大幅降低的优质服务或解决方案则是——自动化。自动化采用创新技术，例如区块链、人工智能（AI）、5G、物联网（IoT）和量子计算等。

如前文所述，区块链的固有特点（透明性、可访问性、可追溯性、可分割性、即时结算、安全性、可靠性和去中心化）使其非常适合整合各种技术实现重塑传统金融体系。数字资产将成为未来数字智能经济的基石。随着数字革命在新兴技术（人工智能、机器学习、物联网）的推动下加速发展，区块链作为价值交换渠道有可能发挥关键作用，从而降低对

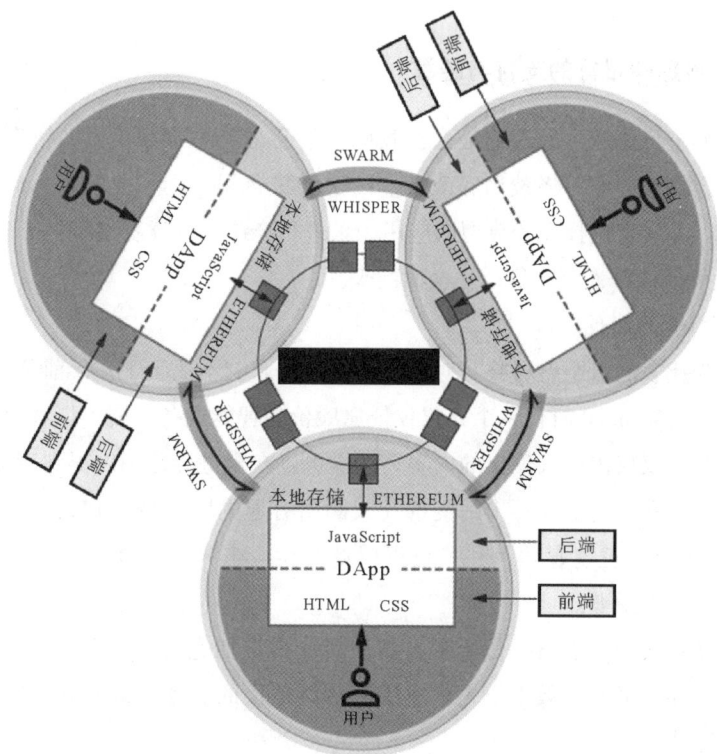

图 4-3　DApp 架构

集中式中介的需求依赖。数字资产是简化、自动化和加快商品与服务贸易结算流程的关键。

　　全球区块链开发仍然处于早期阶段，仍有许多必须解决的重要挑战，其中包括网络可扩展性，简化用户体验，获得合规明确性，增强社会认知，减少虚拟资产的极端价格波动等。这些挑战需要不断的技术开发、成熟资本投资的增加，并配合适当的监管制度，以及广泛的行业应用支持，才能得到最终解决。

　　目前看来，DeFi 解决方案适用于传统金融的各个领域，拥有无限的应用空间。DeFi 诞生仅仅 2 年多的时间，市场份额已接近十万分之一。随着 DeFi 技术的发展，生态系统的完善和用户体验的不断提升，DeFi 或许会渐渐地提升其在金融服务市场的份额。

（作者：吴建鑫①）

---

　　① 吴建鑫，美国俄亥俄州立大学工商硕士。开放式金融科技（DeFiner）创始人及首席执行官。作为美国特许金融分析师协会（CFA）的现任成员，他在将区块链技术应用于金融创新领域具有丰富的知识和经验。作为区块链、智能合约技术和共享经济的拥护者，他于 2017 年创立了 DeFiner 开放式金融平台及概念，致力于开放式金融推广及普惠金融的实现。他还同时担任多个金融科技和区块链技术公司的董事和顾问，作为新产品研发及投产的领军人物，曾服务于多家世界 500 强企业。

区块链技术如何影响银行的支付与结算

区块链对哪个行业产生的影响最大？我们相信会是金融领域。当区块链技术整体进入成熟期，整个金融业的面貌将被彻底改变，区块链将会深入到行业的方方面面，并带来翻天覆地的变化。本文将选择 2 个典型的应用场景进行介绍，供读者参考：

（1）个人发债或个人资产货币化全面到来。

（2）新银行业的出现。

以区块链为代表的新金融科技，对当前金融业的影响不亚于十多年前 Web2.0 对新闻业和出版业的影响。Web2.0 时代，个人仅仅依靠廉价的智能设备，就可以在互联网上生产大量有价值的内容，仅仅由个人输出的内容，同样可以在全世界范围内得到广泛的传播。

到今天，一个在微博上能写出好文章（或画出有趣的图）的用户，其影响力不亚于一个有着 40 多年历史的正规媒体，并且可以以此为生。未来，同样的事情极有可能再次发生，不过是发生在金融业。

随着以区块链为核心的下一代金融科技工具变得更加完善，今天需要一个大型机构才能推出的金融产品，或是由数十个人组成团队才能提供的服务，未来只需要几个人（甚至 1 个人）就能提供。

具体来说，个人可以通过区块链，快速、安全地把有价值的资产上链，这些链上资产如果在全球范围内具有良好的流动性，将会大大提升个体的融资能力（当然还要考虑合规的要求）。

照此发展，有能力和有想法的人将越来越容易获得资金开展新的业务，其结果就是：全球将迎来新一轮的个人创业的高潮！原有的大公司组织构架将有可能被这个"小小的"技术创新瓦解，由区块链串联的卓越个人联盟形态，有可能得到蓬勃的发展，甚至主宰行业大局。

上文所说的已经不仅仅是设想，美国 NBA 篮网队球员丁威迪，就是使用区块链为个人融资的先行者。在巨星云集的 NBA 赛场上，丁威迪并不突出，但他成为第一个使用以太坊发行个人加密债券的人，毫无疑问，他将被记录在区块链的发展史册上。

2020 年 1 月 13 日，丁威迪启动了他的独特债券区块链通证平台 Securitize，基于以太坊发行了 100 枚个人债券通证，每个代币价值 15 万美元，总价值是 1 500 万美元。这笔钱大约相当于他未来 3 年 NBA 合同总收入（3 440 万美元）的 40%。这个大胆的尝试实际上是丁威迪将其个人合同通证化，等同于可以提前获得合同中的 1 350 万美元。

根据丁威迪的设计，他的这个债券通证需要锁仓一年，投资者每个月可享受一定的利息，本金在 3 年后偿还。通过发行个人债券，他提前支配了未来 3 年的 NBA 合约收入中的部分工资，立即兑现 1 500 万美元现金。用这笔钱，他可以尝试通过投资获得更高的收益。

丁威迪的行为可能会给那些职业生涯比较短的运动员带来重要启示：合理地使用杠杆可以大幅提高自己在有效时间段的挣钱能力。在未来，影视明星、歌星、运动员等高净值人群，都可能采用类似的方式在职业生涯的早期变现，获得大量的现金，这些资金可用于进一步发展自己的职业优势，或是进行合理投资，以期获得稳定的资产增益。

那些没有卓越天赋但有独特收藏品的人，也可以发行个人藏品通证，增加这些藏品的流动性，获得额外的收益。如果技术进一步成熟，法律法规也能跟得上，甚至普通人也可以把自有住房或者汽车"抵押"在链上，在享有这些资产的使用权的同时，获得一个重要的金融杠杆。

使用区块链可以避免信任问题，减少交易成本，在全世界范围内促成交易。而投资人则可以轻松地通过区块链参与并分享这些通证化资产所带来的收益。

基于这一理念，在未来粉丝追星除了在机场拉横幅等待明星，或是购买歌星的周边商品外，还可以得到更大的参与感：通过区块链他们将和自己喜欢的明星更紧密地关联起来。他们可以通过购买明星发行的相关通证，投资到自己喜欢的明星。明星则可以把收入的一部分通过存储在区块链上的智能合约回馈给自己的粉丝，如图 4-4 所示。只要设计合理，符合相关的法律法规要求，利用这样的通证经济模型，将是一个把蛋糕做大且有可能多赢的过程。

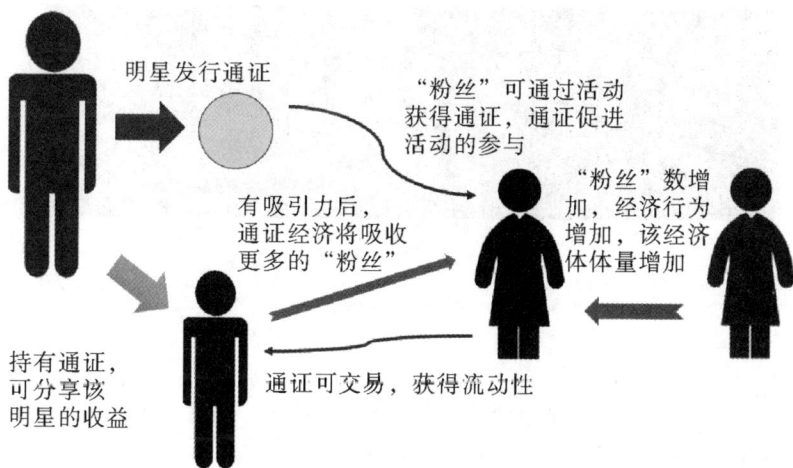

图 4-4 一个简单的"明星经济体"生态图

区块链还将推动新的银行形态的出现。银行作为为他人保管钱财的场所，其自身信用极为重要。传统银行为了在大众心目中树立"有钱"的形象，常常要在热闹的地段修建高楼大厦，并提供众多的网点（相当于提供充足的流动性，使用户容易取到钱），这样银行的储户才能放心把钱交到银行。区块链出现后，由于链上业务天然带来的去信任的属性，新的银行服务并不需要部署网点，即使只有一个简单的网站，也有人愿意把钱交过去。

目前，以太坊上运转的理财 DApp——"Compound"已经管理着价值 1.3 亿美元的数字资产，虽然当前的资金规模不能和传统银行相提并论，但这已经是一个很好的开始。

如图 4-5 所示，某国内银行的网站（a）要比 Compound（b）的网站"高级"得多，业务也复杂得多。不过 Compound 没有高大上的办公楼和众多的网点，仍然吸引了很多用户。

图 4-5（a）　某国内银行的网站

图片来源：中国工商银行官网（http://www.icbc.com.cn/icbc/）。

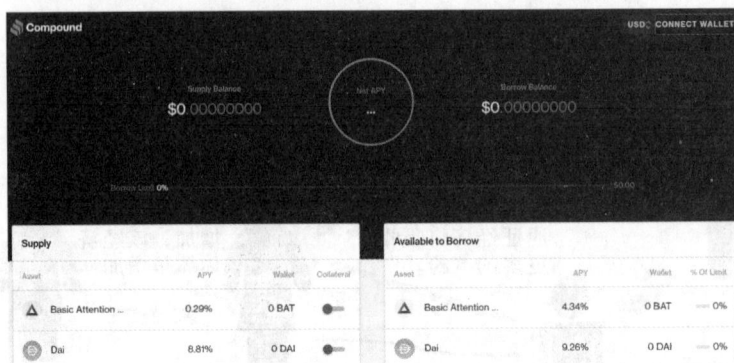

图 4-5（b）　Compond 网站

图片来源：compound 官网（https://compound.finance/）。

没有具体的网点，用户如何能够信赖 Compound？不怕 Compound"跑路"吗？关于这个问题，我们引用 Compound 的 FAQ（常用问题解答）来回答。

"Help! I can't access Compound!

The Compound protocol lives on the Ethereum blockchain, and is "always-on". In the event that MetaMask or the Compound Interface are malfunctioning, you can always access the Compound protocol manually."

　　上面这段对话的大意是：这个建立在以太坊（Ethereum）上的"银行"，可以最大限度地让用户自己来管理自己的资金。即便该银行的网站不可用了，用户仍然可以手动与部署在以太坊上，由数千个节点（都是不受 Compound 控制的中立节点）所保存的智能合约进行交互，提取自己的资金。

　　银行的另一个重要任务就是发行货币。从比特币开始，使用区块链技术打造出更好的货币，一直是从业人员努力的主要方向之一。随着各国政府对区块链和数字货币技术越来越重视，区块链将继续成为数字货币的底层技术而存在。可以预见，政府管理将更加明确，使链上的金融更加安全，也更具有公信力。

　　通过使用区块链技术，原来投入到 M0 货币制造和防伪的资金，可以用到其他地方，人们将获得"更便宜"的货币。受监管的数字货币或是由国家主导的数字货币将会出现，不同主权货币之间的流转将变得更加容易，跨境交易的摩擦将会得到进一步降低，令全球贸易进一步繁荣。

　　我们可以看到，区块链的引入可以解决跨境支付信息不对称的问题，快速建立信任机制，这会带来很多好处，包括跨境支付的效率提高、费用降低，实现实时点对点的结算。

　　我们可以期待，区块链技术将为新金融提供肥沃的土壤，这些新的金融科技会为我们的社会带来更大的繁荣，每个人都将享受到区块链带来的便利，就像今天每个人都能受惠于移动互联网一样。

（作者：杨耀东[①]）

区块链技术给证券行业带来的范式改变

　　自比特币于 2009 年年初问世以来，其底层区块链技术和理念对虚拟资产在世界的发展产生了深远影响。本文将会探讨区块链技术给传统证券行业带来的影响。

一、ICO 给传统证券行业的启示

　　以太坊创办人、人称"V 神"的 Vitalik 当年为了支持以太坊技术的发展，在以太坊网络上以预售以太币的方式来向公众募集资金。他通过这种方式成功地募集了足够的资金，并完成了以太坊的开发。

① 杨耀东，高性能区块链项目 QuarkChain 科学家；齐鲁工业大学和山东省科学院教授，曾任西安交通大学前沿科学技术研究院副院长；本科毕业于浙江大学，之后在美国代顿大学和弗吉尼亚理工大学分别获得硕士和博士学位；已经在 *Science Advances* 等国际著名杂志发表论文 60 余篇，出版了《区块链性能提升技术》一书；主持/参与了多项由科技部、教育部、自然科学基金委支持的科研项目（如：国家重点基础研究发展计划和基金委重点项目）；在多个国际学术会议和国内外著名高校做特邀报告，是教育部学位中心、国家自然科学基金委、中国科协、重庆市科委、黑龙江省科技厅等机构评审专家；长期担任多个著名期刊的审稿人，自然出版社旗下 *Scientific Reports* 杂志的编委，算力智库专家，建行大学区块链主题讲师。

V神的集资方式，以及以太坊的成功上线，激励区块链开发社区更多采取同样的方式，通过以太坊进行资金募集的活动，并且很快在全球流行。根据市场调查发现，通过这种方式发行的加密货币可以很便捷地在交易平台进行二级市场交易，并且深受交易用户的欢迎，使得这些加密货币快速升值。

巨大的财富效应，激励更多的人在全球范围内采用这种方式向公众集资，但这种行为不合规，因此很快受到各地监管机构的打击。到现在，这样的首次代币发行（ICO）的资金募集方式几乎已经不存在了，但是利用区块链技术以及在其之上运行的数字金融产品来进行资金的募集和交易，却给传统证券行业带来了非常大的启示。

现在这方面的发展正在各地按照合规的方式进行。这样的创新在证券行业中刚刚开始，但是其影响将是非常深远的。它正在从根本上改变资金募集和证券交易方式，正在给证券行业带来范式的改变。

二、区块链对一级证券市场的影响

在美国，注册公司最多的州是特拉华州。特拉华州在2017年8月1日通过法律，承认公司在区块链上登记的股东名册及他们持有的股权。公司所持有的股权可以直接从这样的一个链上分配到各个股东的账户当中。在区块链上登记并流通私募股权，比现有的方式有更强的优势。

在私募股权投资方面，由于信息的不对称性以及交易成本，现在的公司的早期投资者通常都是机构客户和高净值客户。能够参与早期投资的投资者数量少，因此融资效率低、成本高。但是在区块链上，链上的信息是对链上所有用户透明的，不论他在全球任何一个角落。因此能够参与早期基于私募股权进行投资的潜在用户数量就大幅增加，融资效率也大幅提高。

通过这种方式，优质的初创公司能更有效地募集资金。在私募股权的流动性方面，由于在链上能够进行24小时的点对点直接交易，私募股权的流通因此就比现有的方式高效得多。

最后，由于链上的信息不可篡改，并且全网透明，链上的每个参与者的行为都会被真实地记录下来。这就会有效地杜绝融资业务中的欺诈行为。

三、区块链对二级证券市场的影响

2016年前后，当区块链技术的价值刚被市场认识到的时候，各个行业都在探索如何将区块链技术应用于自己的领域。在证券行业中，这样的结论很容易得出。区块链技术提供"交易即结算"的功能，可以直接应用于目前的证券交易后的清算和结算。

基于中心化系统的传统清算模式已经明显地暴露出其弱点。区块链技术为解决这个问题提供了一个很好的技术手段。

从理论上来说，采用分布式记账技术来替代中心化的清算结算系统，能在业务上产生很多好处。这些好处包括：更快地完成交易后的清算和结算，这就能在更短的时间内真正地完成交易；由于不通过中心化的清算公司这样一个中介，所以清算成本会降低；由于客户进行交易的资金能够及时完成结算，所以用户的交易资金的使用效率就会更高；由于结算几乎能够在交易结束的同时完成，所以用户就能及时地操作其投资组合以降低市场风险。

在所有这些优势中，证券市场中总体成本的降低是最大的收益。证券市场普遍采用二级清算的模式，也就是清算所同其清算成员（通常是金融公司和零售券商）进行结算，清算成员再同其客户进行清算。所以现有的整个证券市场中用于清算结算的成本非常高，效率非常低。如果能实现点对点之间的直接交易和结算，那么整个证券市场中的成本就会大幅降低，效率就会大幅提高。这就是华尔街看重采用分布式记账技术来进行交易后结算的原因。

由于证券行业看到此方面应用会产生的巨大价值，所以在 2016 年前后，美国和欧洲都高调出现了此方面的创业公司。在美国，J. P. 摩根前高管、CDO 的发明者 Blythe Masters 牵头组建的公司叫 Digital Asset Holdings。这个初创公司马上就得到了华尔街的认可，很多金融公司成为其股东——包括澳大利亚证券交易所。

澳大利亚证券交易所正在考虑替换现有的、已经过时的清算系统，所以其希望率先采用区块链技术来支持交易后的清算结算业务。

在欧洲同时出现的公司是 SETL。SETL 也是由欧洲金融界的资深人士发起成立的。

四、全球证券市场与区块链技术的融合发展

在各国监管明确了其在证券领域对区块链技术以及数字金融产品的监管态度之后，全球此方面的发展开始在合规的框架之内进行。

在美国市场，目前主要的应用方式是采用证券型通证的方式进行融资和流通，这样的方式被应用在另类资产之中，比如不动产和私募基金份额。除融资外，美国市场中也出现了提供相关服务的公司，例如提供技术服务把资产通证化的平台和提供证券型通证交易的公司。

提供交易服务的平台就是采用分布式记账技术进行交易后的清算结算。所以在这个另类资产领域，区块链技术以及数字金融产品在一级市场和二级市场中的应用已经开始进行。但是，由于美国证券法规在此方面的高要求、高限制，因此此方面的进展并不快。现在已经有公司开始向美国监管部门申请成立数字证券交易所，力图完全将区块链技术和数字金融产品应用在证券行业。

在瑞士，瑞士股票交易所发起成立了新的瑞士数字资产交易所（SIX Digital Exchange）。这个新的交易所完全将分布式记账技术和数字证券应用在一级和二级市场中。这个新的交易所的业务预期在短时间内超过了瑞士证券交易所的业务。

五、区块链在证券业中的应用前提是合规

证券行业是金融行业的核心行业，是经济活动和社会活动的重要组成部分。因此，在这个领域中的任何创新型应用都不能妨碍业务的正常进行。特别是像区块链和数字金融产品这样的颠覆型创新，首先的应用应该局限在一个领域或地区之内，在合规的前提下，在不影响主流证券业务的前提下，逐步地探索进行。

为此，可以有两种选择方式：一种是像美国那样，将应用限制在目前的小的证券交易产品和小的交易者范围内；另外一种是在一个金融创新的沙盒之内（这个沙盒犹如一个新的地区），将区块链技术和数字金融产品应用于现有的证券业务。

这两个方式的目的都是将这种新型技术的应用限制在较小的范围内，经过不断的完善之后，再进行推广。 （作者：谷燕西）

区块链技术能否改变传统借贷行业

正如前文所介绍，区块链的透明性、可访问性、可追溯性、可分割性、即时付款、低成本、安全性、可靠性和去中心化架构，使其成为重塑金融服务的绝佳选择。自 2019 年以来，随着 DeFi 应用案例的增加，区块链技术正悄然加速对传统金融产生影响，本文将主要就 DeFi 在借贷行业产生的影响，以及它现存的问题做个简略的介绍。

一、DeFi 借贷：区块链相关的抵押筹资模式

区块链抵押贷款是通过抵押数字资产，以获取短期流动性的一种借贷行为。区块链抵押贷款是 2019 年区块链项目中最火的一项金融服务。它又分为两种：

（1）DeFi 借贷：以区块链技术为核心的借贷模式，它实际上改变了传统借贷场景的底层运作模式。

（2）中心化借贷：服务于目前区块链数字资产行业的借贷模式，它仍然属于传统模式的中心化抵押借贷。

从规模来讲，传统模式的中心化借贷远超 DeFi 借贷。但是从长远发展和规模来讲，DeFi 借贷更胜一筹。

（一）中心化抵押借贷

传统模式的中心化抵押借贷，类似于传统的抵押贷款模式，依托中间商建立的品牌或个体信用，将抵押物（比特币或是其他加密货币）通过托管来降低违约风险，为出资方提供一定程度的风险保障。

和传统模式不同的是，区块链中心化借贷的抵押物是比特币等数字资产。这一业务短期内满足了早期区块链数字资产投资者的流动性需求，但是实际上并未解决与中间人托管

相关的风险问题，而该行业的托管机构资质及现有规模有限，加上面临合规的不确定性，因此该项业务很难做到规模化与全球化。并且，由于中间商的存在，融资成本也未能有效降低。

（二）DeFi 去中心化抵押借贷

在 DeFi 市场，去中心化抵押贷款正逐步成为最流行的服务模式，通常所说的 DeFi 借贷也默认为这一方式。它具体又可以分为：标准化的活期抵押贷款产品和个性化的定期抵押贷款产品。

（1）标准化的活期抵押产品：适用于短期的灵活性借贷，比如融资方如果拥有数字资产（如以太币），便可以通过抵押以太币于智能合约来获得资金方的信任，通过智能合约借入资金。

智能合约在此代替了中间担保人的角色。和传统抵押业务最大的不同是，此时的"担保人"是计算机代码，而传统金融的担保人是第三方机构。

活期抵押贷款的"活期"指的是没有期限限制，只要贷款者的抵押物足以保证支付本息，贷款就是持续有效的。抵押物的种类通常是有限制的，因为需要控制风险。

这类产品很好地满足了交易商融资融券业务的借贷。比较著名的项目包括 Maker Dao 和类似于 Libor 货币市场的 Compound Finance。

（2）个性化的定期贷款：这种贷款更适合大笔资金的商业借贷，可用于抵押的数字资产种类也大大增多。它的利率根据抵押品风险和抵押率的不同而变化，并且可以在一个特定时期内锁定利率，这样更有利于参与方的财务计划，因此也更容易和实体资产相连接。

比如可以通过数字化应收账款来做抵押服务供应链金融，通过数字化住宅资产来提供房屋抵押贷款。个性化定期抵押贷款可以与传统的商业银行层面借贷进行对比，目前业界提供这方面服务的专业机构有 ETH Lend 及 DeFiner 等。

（三）DeFi 借贷下一站：无抵押贷款

需要指出的是，利用区块链技术实施无抵押贷款，在目前的应用场景中还没有实现。因为对于消费者而言，还没有一个很好的 DeFi 信用体系；对于企业来讲，也还没有完整的一套 DeFi 评级系统。但业界关于这方面的讨论和研究在不断进行之中，相信在不久的将来，无抵押贷款会很快地出现在 DeFi 借贷领域。

二、DeFi 借贷市场的现有问题及防范建议

（一）流动性低

相对于中心化借贷商的流动性来说，当下 DeFi 借贷市场的流动性是比较低的，因此很容易导致市场资产（价格）被操纵，而且可能导致一连串的连锁反应，这也是目前整个 DeFi 市场不成熟的一个重要指标。市场流动性和技术成熟息息相关。技术越成熟，安全性越高，越会促使流动性增强，流动性的增强又会使得市场更加稳定，反过来又进一步提升了安全性。

（二）在权衡借贷双方关系时存在不足

现在的 DeFi 借贷项目，从机制上看，大都是从保护出资方的资金角度出发的，这样无法合理地权衡借款人和贷款人的利益。例如 2020 年 3 月，全球各主要数字货币的币价急剧下跌，大量借款人的资产被迅速平仓（其造成的严重程度类似于 2020 年 3 月发生的石油期货事件），随后产生了一连串的问题，包括市场上借款方急剧减少。

如何公正、公平、合理地对借贷双方的权责利进行权衡，是 DeFi 平台团队要面对的问题，笔者认为这是 DeFi 借贷近期发展的最大阻力之一。

（三）安全性仍然有待提升

DeFi 领域频发的黑客袭击事件反映了 DeFi 处于创新的发展期，技术扩展和进步的空间很大。这反映了区块链技术在修补设计漏洞和市场价格操纵方面仍然有待提升。2020 年 4 月发生在 Lendf. Me 的黑客事件，曾导致 2 400 万美元等值的链上资产的丢失，这也将 DeFi 安全性的问题暴露无遗。

该事件也反映出，DeFi 技术团队需要具备三大能力：①开发商业化智能合约的能力；②要有完善的预警机制；③有完善的止损机制。相信这是行业竞争者未来需要面对的重要因素。

（四）提升 DeFi 安全性的建议

DeFi 安全流程的控制与能力，体现了技术团队的能力，也映射了产品对用户资金安全性的保护能力。安全性、预警性和资产保护机制都是 DeFi 产品的核心，但是为了让产品快速推向市场，产品开发中都很容易忽视这些关键。在此，笔者提出两个最重要的建议：

（1）做足安全测试流程。通常来说，DeFi 智能合约上线的国际行业标准，至少要经过内部测试、行业标准测试、测试网络测试、真实模拟网络环境测试、第三方审计和白帽黑客奖励①等。只有经过了这些步骤，安全性才有一定保障，项目才可大规模商业化。

（2）充分了解抵押物性质特点。DeFi 团队面临的一个很重要的问题，就是对抵押物种类和属性缺乏应有的了解。笔者认为，项目方不能在没有充分了解抵押物的种类、属性和特点的情况下，将 DeFi 产品推向市场，即使这和快速抢占市场的目标有所相悖。

笔者也在此给有关参与方提个建议：在选择 DeFi 产品的时候，一定要看一看项目方是否公布质量测试结果，是否有具体的提高测试结果的流程和步骤，并且关注项目本身的风控和流程有没有有效的预警机制，有没有保险合约来规避风险等。

三、DeFi 仍有机会挑战传统借贷模式

区块链和 DApp 开发的普及，引发了金融革命的新浪潮，如今加密数字资产已成为虚拟

---

① 白帽黑客奖励指邀请黑客来测试产品的安全性，并奖励发现系统漏洞的黑客，根据系统漏洞的等级不同，提供不同的奖励。著名的 DeFi 白帽社群有 hakerone。

资产的重要组成部分，其规模呈指数级增长。但和任何产业一样，在区块链开发的早期阶段，一定会存在许多亟待解决的挑战，例如网络的可扩展性，混乱的用户界面，缺乏法律地位，较差的社会认可度以及极高的价格波动等。

尽管面临不少的技术问题和运营难点，但 DeFi 借贷刚刚诞生 2 年便已经显示出对传统借贷模式的有力挑战。笔者相信，这些挑战最终将通过技术开发、资本投入、成熟的生态系统、教育、DeFi 生态自身的监管制度①逐步完善以及广泛的产业应用来解决。

（作者：吴建鑫）

区块链技术助力 KYC/AML：机制设计初探

随着科技的发展，一些金融创新的快速性、匿名性和跨境性对洗钱犯罪分子和恐怖分子的吸引力越来越大。

世界各国的法律不可避免地面临着监管滞后和来自黑科技的巨大挑战。监管机构和金融机构发现，传统的客户识别（know your client，KYC）和反洗钱（anti money laudering，AML）监管模式已经难以适应新时代的发展需求。

区块链技术的出现，为 KYC 和 AML 提供了新的思路。

一、现有 KYC/AML 流程的弊端

区块链最初是比特币和其他加密货币的代名词。但是，我们同样可以用区块链技术来解决一些业务层面的功能，例如用来改进金融机构的 KYC/AML 合规效率。

目前，大多数金融机构使用的 KYC/AML 流程存在一定的低效问题，其中包括：

（1）金融机构与监管机构之间由于信息不对称而导致的问题；

（2）金融机构内部以及金融机构和金融机构之间完成的 KYC/AML 合规工作的重复；

（3）大量时间和资源被用于人工验证和协调 KYC 文档的完成及核对，而不是用于评估客户风险。

对金融机构而言，一方面，遵守 KYC/AML 的合规流程需要巨额成本；另一方面，它们越来越多地受到来自客户的压力，要求加快审核速度。不幸的是，大多数情况下，当前的合规性计划是手动、零散、缓慢的，这些都会阻碍客户的业务发展，并有可能破坏与客户的关系。

二、区块链如何助力 KYC/AML

在介绍区块链如何提升 KYC/AML 的效率之前，我们先了解一下区块链的特点。

尽管区块链有多种定义和理解方式，但就金融机构处理 KYC/AML 而言，我们可以把

---

① DeFi 生态系统会建立有效的约束机制，来监管整个系统。与传统监管不同的是，其监管权归属于社区。

区块链理解为一个去中心化的大数据库，它通过分布式网络上的节点，记录并保存所有的交易记录。这些数据安全、可靠，无法被篡改或捏造。此外，这些数据还可以还原，并且有密码学追责证据；这些数据还可以具备多层级别安全权限管理和访问控制。区块链的上述特点已经在加密货币的运行中得到了验证，因此可以应用于金融监管。

分布式网络技术所提供的基于私人权限的模型，最适合处理 KYC/AML 合规流程。就笔者所知，金融机构在分布式网络开发上投入了大量的时间和金钱，并已使用此技术完成了许多成功的"概念验证"测试。例如，2018 年 6 月，Synechron 和 R3（代表多个行业和管辖区的 300 多个合作伙伴成员）测试了基于分布式网络的 KYC 合规系统。此概念验证完成了 300 个 KYC 交易，涉及 19 个国家和地区的 39 个参与者。作为该概念验证系统的一部分，金融机构能够请求访问客户的 KYC 测试数据，而客户可以批准请求或撤销请求。客户还能够更新他们的测试数据，然后在分布式网络平台上自动更新测试数据，所有获得许可的金融机构都可以在该平台上访问它。

具体来说，分布式网络可以在客户同意的情况下，允许金融机构共享客户的 KYC 数据平台，以解决金融机构的 KYC/AML 中固有的低效与重复工作问题。

与诸如比特币区块链之类的公共区块链不同，分布式网络平台由一组选定方组成，并且只能由一组选定方访问。使用这项技术，金融机构能够共享数字化客户信息来源，而不必分别和反复收集及验证信息。

分布式网络还可以简化金融机构和监管机构之间的信息交流。通过使用基于许可权限的私有分布式网络平台，监管机构可以安全、直接地访问金融机构的合规系统，并从金融机构那里快速获取合规报告。这种信息共享将使金融机构能够实时展示其合规性，从而提高对监管机构的透明度，并大大降低金融机构的合规成本。

我们可以用以下的例子来说明如何使用分布式网络实现 KYC/AML 合规流程。

步骤 1：客户端在 KYC/AML 分布式网络系统上创建文档。当 1 号金融机构首次启动基于分布式网络的 KYC/AML 系统时，客户必须一次性完成他/她在这个分布式网络里的客户资料的设置。

根据现有的合规政策，通常需要设置的客户资料包括客户身份证明（如身份证、驾驶证、护照等）以及所需 KYC/AML 的监管文档（KYC 数据）的完整版本。

这些资料上传至分布式网络后，将与 1 号金融机构的 KYC 数据进行验证。客户端文档和相关的 KYC 数据的存储位置是针对每个系统定制的。存储选项包括使用由第三方运营的集中式加密服务器，仅将数据存储在 1 号金融机构私有服务器上，或将文档上传到分布式网络平台本身。

步骤 2：客户与 1 号金融机构进行特定交易时，客户会授予 1 号金融机构访问他/她在分布式平台上的客户端文档的权限。然后，1 号金融机构手动验证客户端文档中托管的

KYC 数据是否有效（使用其现有的 KYC/AML 合规性流程）。当 1 号金融机构验证了 KYC 数据的真实性后，1 号金融机构可以将 KYC 数据的副本保存在自己的服务器上（而不是分布式网络平台上，因此，KYC 数据被视为"脱链"存储），并且也上传至分布式网络平台上。1 号金融机构在上传客户的 KYC 数据副本的同时，向分布式网络平台提供"哈希函数"（由字母和数字组成的代码，用于标识和表示此类 KYC 数据）。

最后，1 号金融机构将 KYC 数据的数字副本（需嵌入与上传至分布式网络平台的哈希函数匹配的哈希函数）传输到客户端文档。

至此，如果 1 号金融机构以任何方式更改（存储在分布式网络上的客户资料中的）KYC 数据，则此类 KYC 数据的相应哈希函数将立即更改。因此，在满足法律以及机构间的合作协议的情况下，其他金融机构可以依靠 1 号金融机构对 KYC 数据的审查，而不是必须自己审查 KYC 数据。

此外，如果客户或 1 号金融机构曾经修改过 KYC 数据，则此类 KYC 数据的等效哈希函数将与分布式网络平台上发布的哈希函数不匹配，从而导致系统自动向其他金融机构发出此类更改的警报。

步骤 3：客户通过单独或相关交易与 2 号金融机构交易

2 号金融机构要求客户端完成与 1 号金融机构所需的相同 KYC 文档。收到来自 2 号金融机构的此类请求后，客户端将向 2 号金融机构授予对"客户端文档"的访问权限。然后，2 号金融机构将检查并对比客户端文档里的 KYC 数据（以及嵌入其中的哈希函数）与 1 号金融机构上传到分布式网络平台的哈希函数。

如果两个哈希函数匹配，则 2 号金融机构可以确认它已接收到经 1 号金融机构验证过的未有任何更改的 KYC 数据。

如果哈希函数不匹配，则 2 号金融机构将需要手动验证 KYC 文档（根据其标准 KYC/AML 流程）。这可能是由于客户更改了最初上传到客户端文档的 KYC 数据，或将其他 KYC 数据上传到客户端文档的结果。

区块链技术的金融监管方案可以实现对客户身份信息的一次认证、数据重复使用、同步更新、实时监管等功能，从而使用于 KYC 的数据在不同平台上互通，降低整体合规成本，增强 KYC/AML 效率，推动线上金融的安全发展。

步骤 4：客户将更新的 KYC 文档上传到网络上

如果客户获得了新的驾驶执照或护照（或最初发布到"客户资料"中的 KYC 数据已更改），则必须在系统中上传并验证这些文件，这会给所有相关的金融机构造成潜在的低效率。

具体而言，客户应某个金融机构的要求更新个人信息时，仅将更新的文档提交给这个金融机构，然后由该金融机构进行验证，并证明其真实性。这个金融机构会通过区块链，向其他参与的金融机构广播此项更改（以新的哈希函数的形式）。

三、区块链助力 KYC/AML 的好处

区块链技术的金融监管方案与传统中心化的 KYC/AML 方案相比，具有以下优势：

（1）区块链加密技术实现客户身份信息安全可靠，可重复使用，节省客户信息认证成本。

（2）分布式网络技术实现同步更新和实时监管，提高了跨平台 KYC/AML 的效率。

（3）使用分布式网络存储信息更安全，因为单一节点上的数据安全隐患不会影响全网的数据安全。

在当今互联互通的世界中，人们以前所未有的速度共享他们的个人信息，由于 5G、物联网、开放银行和其他技术的进步，这种情况可能会持续下去。期望金融机构以快速有效的方式获取、处理和验证个人信息，同时保护此类信息免遭黑客入侵并遵守 KYC/AML 法规。分布式网络是金融机构可以用来满足这些要求的有效工具。

（作者：张峻铭[①]，兰澄澄[②]）

基于区块链的客户认证及合同鉴证平台研究

利用区块链进行客户认证，可能将是区块链技术对传统金融的一个重要贡献。

为确保客户身份和交易行为的真实性和可验证性，券商在业务过程中广泛使用基于 CA 数字证书和数字签名的技术。基于 CA 的数字证书在移动设备上签发和验签存在一定比例的终端兼容问题，而架构更为灵活的云签方案的合同验签和举证，由经营机构单方完成，有时难以得到客户的认可。

本文提出基于区块链的客户认证及合同鉴证思路，其中部分内容将以兴业证券的实际应用为例，介绍如何利用区块链技术分布式、安全透明和多方协作的特点，建立与行业监管机构、行业鉴证机构和司法鉴定机构等公共信息第三方的线上协作机制，在不低于 CA 云签方案安全性的前提下，实现链上身份验证、合同验签、线上合同鉴证和线上合同司法鉴定。

[①] 张峻铭，安托数字资产托管联合创始人，全球区块链与数字经济研究院院长，原毕马威中国咨询公司合伙人和原安永中国咨询公司高管，曾任 IBM 中国与渣打银行的高管。2018 年，张峻铭在泰国曼谷举办了全球区块链与金融科技高峰论坛，并发布《2018 全球数字货币发行与监管政策纵览报告》。

[②] 兰澄澄，安托数字资产托管风险与合规主管；公认反洗钱师协会会员，注册金融风险管理师；曾在安永、埃森哲、瑞士信贷、瑞穗银行任职；南洋理工大学金融学硕士。

一、研究背景

（一）相关研究

国内外的政府或金融机构使用区块链技术解决身份认证、合同鉴证和跨组织协同问题已有不少研究和案例。

（1）在身份认证领域，BitNation 项目（2018 年）支持用户通过区块链获得 Bitnation "世界公民身份证"，与传统模式相比，大大提高了记录效率和透明度。

（2）ShoCard 是一种全新的企业标识解决方案，通过提供多因素身份验证，用户可以无须密码而安全、简单地登录工作应用和云服务。

（3）ID Chain 项目利用加密算法将各种用户身份信息等重要数据加密记录在不可篡改的区块链上，通过简单的授权即可快速完成认证。

合同鉴证类应用是目前区块链技术最成功的应用领域之一，在利用区块链技术解决数据存证的安全性问题的同时，有效降低了监管机构、司法机构取证和裁决的成本。鉴于此类应用较为成熟，本文不再赘述。

在跨组织协同应用领域，腾讯公司和深圳市税务局（2018 年）共同完成的区块链电子发票系统，是较为成功的区块链生态体系应用成果。该系统通过区块链技术实现不同主体之间的有效协作，使得信息传递成本降低、效率提高、透明度增加和监管难度降低，综合管理成本大大降低，参与协同的各方均可在合作中获益。

（二）当前行业内客户身份认证、合同研签体系存在的不足

1. 未实现行业级身份认证互通，存在身份信息伪造可能

通常情况下，金融机构的大部分账户信息都存储于本地数据库，不同金融机构之间很难实现行业级身份认证的互通。证券公司收到客户开户信息后，会帮助客户提交数字证书申请，证书授权中心在发放证书时，不再对客户的真实身份进行认证，客户的身份认证过程仅由证券公司决定。

2. 证券机构间及机构内客户数字证书重复申请

在证券服务过程中，为提升客户体验或保证后续业务的正常运行，在证书丢失、不可用的情况下，证券公司会为客户重新申请数字证书，数字证书重复申请的现象很普遍，且证书的注销流程也很少被关注。

3. 合同鉴证过程效率较低且公信力不足

通常，证券公司相关业务流程和数据都是自己保存维护，在争议状态下的举证缺乏公信力保障；合同验签流楻为经营机构单方举证，有时候难以得到客户的认叫。

（三）基于区块链的客户认证及合同鉴证应用

在中国，兴业证券搭建了基于区块链的客户认证及合同鉴证平台，将区块链技术与现有的客户识别及合同鉴证相结合，协同具有公信力的第三方机构参与鉴证流程，可以实现

如下目标：

(1) 链上身份体系：身份信息上链，实现客户身份标识、验证、签名和验签；

(2) 客户信息认证：利用多方可信数据源，对客户身份进行验证；

(3) 关键信息存证：协议及合同签署、产品购买和链上证书使用等关键信息上链存证；

(4) 行业内协同：跨主体的多方通过链上数据实现业务协同，降低监管合规检查难度；

(5) 线上鉴证：客户在线上完成存证信息查验、合同鉴证和司法鉴定。

二、平台技术架构

证券行业对数据的安全性要求高，且数据交换频率较高，以可控、安全和高效为出发点，选择联盟链作为技术底层较为合适。联盟链有两大技术方向，分别为 PoA 共识机制下的以太坊和超级账本旗下的 Fabric 框架。

联盟链架构的以太坊与公有链版本的以太坊不同，不再采用 POW 的机制，而是允许联盟链发起部署时指定特定节点完成交易验证。所有链上共识都通过验证节点的投票完成，包括新的验证节点的加入与退出。由于所有验证节点在角色上不进行区分，同步上亦不做隔离，因此 PoA 机制以太坊需要依赖所有链上验证节点进行全局共识，来完成链的延长，故在交易处理的效率上，仅能确保上百笔峰值的 TPS。

在 Fabric 框架下的联盟链中，节点的角色被做了区分：分为 Peer 与 Orderer 节点。Peer 用于处理共识验证，Orderer 进行数据区块化打包。多个 Peer 节点互联实现多机并行处理，多个 Orderer 节点可实现负载均衡算法同步，因此在处理性能上优于以太坊 PoA 架构。对 P2P 数据层进行了改造，采用了 IPFS 分布式文件存储系统，有效提高了单点故障容忍度。此外，Fabric 框架下有 Channel（通道）的设计，能够将不同的节点进行通道分区，从而确保不同通道之间的数据实现相互隔离，可实现分场景的链上数据隐私保护。

（一）架构设计与功能

区别于传统的认证体系，区块链数字身份可以将身份的脱敏数据以凭据形式存储，并加入认证机构签名，以完成上链，从源头保证身份信息的准确性，并以区块链的不可篡改性解决机构间的信任问题。

由于客户信息仅能在业务需求范围内使用，该业务场景需要控制数据权限，因此架构设计还要满足分场景数据隔离的需求。综合对比两类技术架构之后，兴业证券在基于区块链的数字证书应用课题中选择了更具安全性、可控性、扩展性且更符合数据交换场景需求的 Fabric 框架。Fabric 的底层架构包含三大服务、四大组件：成员管理服务为整体区块链提供了身份认证、管理与审核的扩展功能；区块链服务则提供了共识、账本、通信和存储四项模块；链上代码则通过安全容器与注册表实现了各类链上智能合约的扩展插槽。

如图 4-6 所示，基于 Fabric 的开源框架，结合具体需求进行了部署上的结构优化。物理层、数据库、区块链层、服务层和应用系统均可通过 API 进行数据交换。各功能模块相

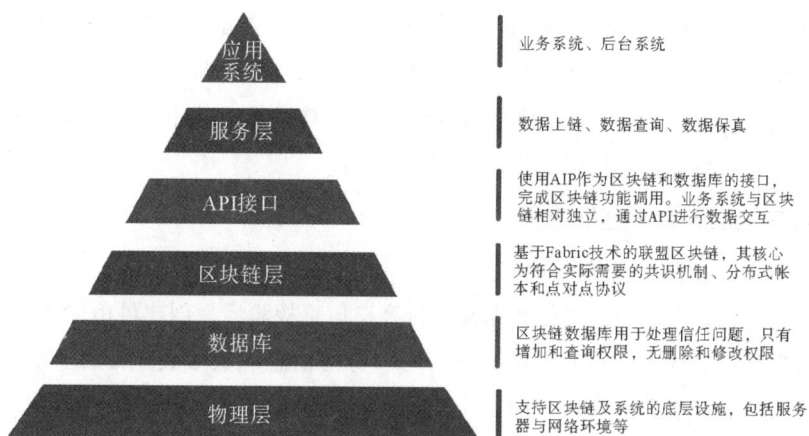

图 4-6　平台总体架构

对独立，不同的应用、功能甚至底层架构独立改造升级。

在安全层面，使用国密算法（SM2 算法）替代 RSA 算法，提升了自主应用中的安全保障。并将部署过程自动化、界面化、程序化，实现了冷启动与热更新，同通道中的节点账本数据自动更新的机制。

（二）应用部署与优化

如图 4-7 所示，基于架构中的不同角色，部署区块链的服务器分为 Kafka、Orderer 和 Peer 三种类型，它们相互协作来实现区块链数据在各节点间的一致性。Peer 节点负责处理交易数据，将合法数据提交给 Orderer。通过对数据进行排序和打包，Orderer 负责将数据上链，并下发给相应的 Peer 节点。Kafka 节点用于提升 Orderer 间的通信效率，是一组专门处理通信的服务器集群，不留存任何数据。

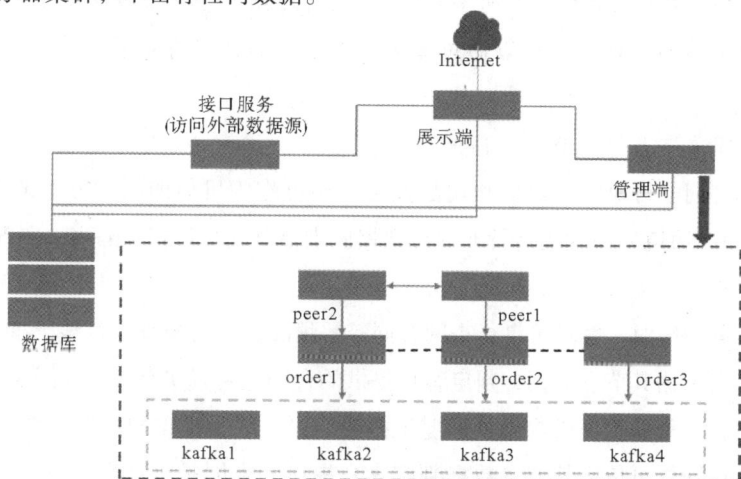

图 4-7　系统服务器架构

为了支持业务系统和后台系统的各类数据处理和客户交互，应用系统的服务器既包括了传统的数据库、对外接口服务器和展示端服务器，又加入了保全服务器，与区块链通过 API 进行交互，从而实现链上数据读取及向区块链传输数据。除了分布式的区块链底层之外，业务系统和后台系统均使用了集群化部署方式。

三、客户认证及合同鉴证应用

（一）身份认证及合同鉴证

通过该联盟链，利用外部可信数据源进行客户信息核验后，创建可信区块链数字证书，避免身份信息伪造和证书的重复申请，并将用户身份信息脱敏形成凭证后上链，授权节点方可访问身份信息，以此实现数据的安全流通，并由可信第三方在链上提供用户密钥托管服务，证书创建和身份核验流程如图 4-8 所示。

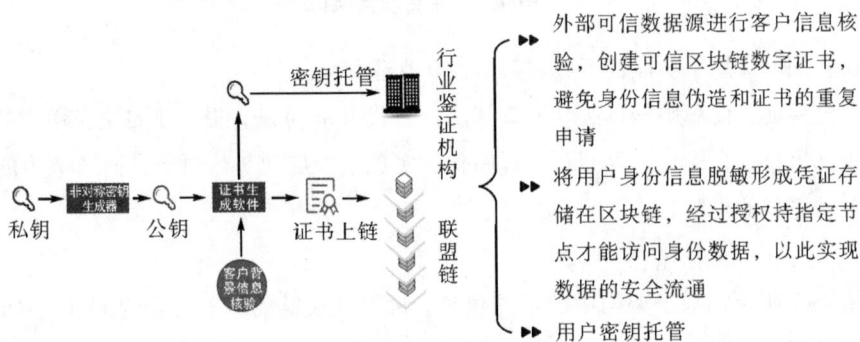

图 4-8　身份核验与证书上链

（二）电子合同存证记录

通过该平台，客户可自行查询所签署的协议、合同的存证状态和记录以及自身证书使用记录，兴业证券的管理人员可以通过管理端查询所有用户存证状态和记录，如图 4-9 所示。

（三）合同鉴证及司法鉴定验证流程

行业监管部门、行业鉴证机构和司法鉴定机构可作为可信的第三方上链，基于 Fabric 框架下 Channel（通道）技术支持行业内外数据区别上链同步且相互隔离，实现分场景的链上数据隐私保护。

在出现合同纠纷时，客户可自行查阅合同签署情况，如有异议，可线上提出合同鉴证。行业鉴证机构可依据其节点数据，判定客户提供的合同是否真实有效，如图 4-10 所示。

如客户不认可行业鉴证机构出具的鉴证报告，可在线上提出司法鉴定要求，联盟链中的司法鉴定机构同样可依据其节点数据判定客户提供的合同是否真实有效，并出具具有法律效力的司法鉴定意见书。

图 4-9　兴业证券电子合同查询示例

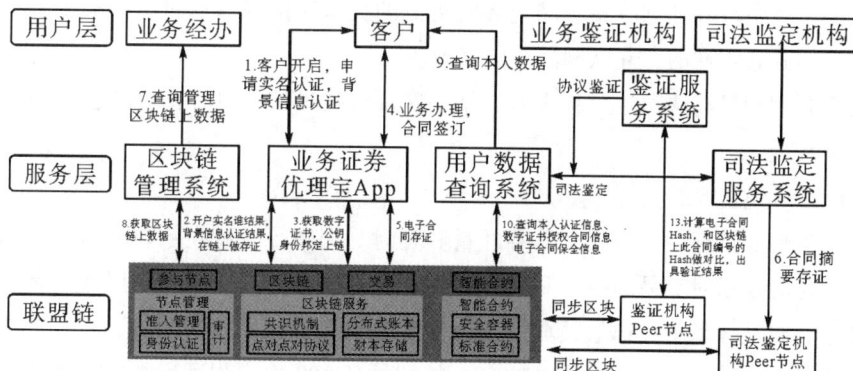

图 4-10　电子合同司法鉴定验证流程

四、区块链应用面临的问题和改进要点

通过基于区块链的客户认证及合同鉴证应用，可在一定程度上解决当前证券行业客户身份识别以及合同鉴证过程中存在的问题，实现数字证书的安全使用，并形成身份信息的安全流通，但依然存在一些问题。

（一）客户信息（隐私）保护

客户信息（隐私）保护是区块链应用中需要解决的重点问题。在本应用中，客户信息上链后，数据链上同步从单一节点变成多个联盟节点，存在数据泄露的潜在可能，因此本项目设计并采用了以下隐私控制措施：

（1）联盟链准入控制、联盟成员权限控制；

（2）原始信息链下存储，脱敏信息上链、摘要信息上链、标签信息上链；

（3）分场景数据上链，行业内外节点进行通道分区，不同通道之间的数据实现相互隔离。

（二）区块链证书法律有效性

根据《中华人民共和国电子签名法》，电子签名的有效性并不依赖于 CA 的使用，使用 CA 是电子签名有效性的充分条件，而非必要条件，基于区块链的数字证书的模型安全性不低于 CA 云签安全性，因此区块链证书可以满足《中华人民共和国电子签名法》对电子签名的法律有效性的要求。

（三）区块链存证的司法有效性

2018 年 6 月 28 日，中国首例区块链存证案在杭州互联网法院一审宣判，杭州互联网法院对基于区块链的电子数据存证方式予以认可，并在判决中较为全面地阐述了区块链存证的技术细节以及司法认定尺度。

更值得关注的是，2018 年 9 月 7 日，最高人民法院发布的《关于互联网法院审理案件若干问题的规定》第十一条规定：当事人提交的电子数据，通过电子签名、可信时间戳、哈希值校验、区块链等证据收集、固定和防篡改的技术手段或者通过电子取证存证平台认证，能够证明其真实性的，互联网法院应当确认。

从已有判例和最高法司法解释来看，基于区块链技术的信息存证方式已经得到了司法界认可。

（四）区块链应用的性能提升

区块链的性能指标主要包括交易吞吐量和延时。交易吞吐量表示在固定时间内能处理的交易数，延时表示对交易的响应和处理时间。兴业证券在其所开发的区块链客户认证及合同鉴证平台测试环境中，选取最典型的合同签署场景进行了性能测试，测试方案采用单交易多用户并发测试，设置并发用户数 50，持续循环 100 次，测试每个交易在不同压力下的响应时间、每秒响应交易数量及资源使用情况。在相同测试环境下，该平台与传统 CA 性能比较如表 4-1 所示。

表 4-1　区块链平台与传统 CA 性能测试比较

	完成动作	TPS
传统 CA	合同哈希签署	84.06
区块链	合同哈希签署并上链	27

从测试结果来看，在未经优化 Fabric 架构下，链上合同签署性能仅能达到传统 CA 的 1/3。针对该问题，项目组从数据并行上链和数据查询优化两个维度对系统进行了优化，优化后的合同经哈希签署并上链后可以达到 CA 系统相同水平。

五、展望

（一）基于区块链的点对点安全数据交换

区块链数字证书构建了基于私钥本地化的公钥数据共享交换与验证机制。在此基础上，证券公司之间以及证券公司与其他非证券金融机构之间还可基于相同原理构建点对点的安全数据交换网络。一家证券机构可基于客户投资情况与持仓数据，对其他证券公司输出客户投资风险评估结果，或向其他机构输出信用评估报告，在确保数据安全的情况下实现风险管理数据共享。

同时，链上数据交换以客户授权为基础，以分布式智能合约作为数据交换通道的触发开关，而实际数据传输则以会话密钥加密，通过 P2P 信道点对点完成传输。此类设计能够确保区块链上虽然对交易过程进行了全程记录，但原始数据并不需要脱离原始数据库，也不直接以接口连接，可以防止部分撞库攻击威胁。

（二）促进数据流通与验证的激励机制设计

在区块链数字证书中，每一笔链上交易的发起，将由数据使用方向数据提供方及授权方提供数字资产奖励的形式，促进数据交换流通的形成。对于类似于数字证书或 KYC 相关的身份信息，链上多方可通过私钥签名进行数据验证与加固，收益方也可相应消耗数字资产奖励多方验证行为。

传统数据交易的结算机制往往与数据交换之间存在异步的情况，产生核对与验证的成本。通过链上流通的形式，能够将资产交换与数据交换同步，实现了数据资产化和交易实时化。

（三）平台化的通用区块链基础设施与应用结构

通过将区块链的部署、权限设置、通道管理、应用设计与运维服务进行集合与产品化，形成通用的区块链基础设施平台，为数字证书应用、数据交换以及数字资产管理提供可靠、全面的工具。在数字证书、数据存证、验证、数据交换应用的基础上可进一步拓展区块链应用服务，在实现传统业务系统与区块链系统有效融合的同时，进一步提高区块链平台的易用性。

（作者：王玥[①]）

◆变革中的不确定因素：区块链在实体应用上的主要障碍与风险

从中央专门集体学习区块链到全国多所高校纷纷开设区块链课程，再到互联网巨头上马区块链项目，"区块链"已经成为炙手可热的话题。作为一种新兴技术，区块链能否成为产业推手，助力国家经济的高速发展，关键在于这项技术本身能否打破现有的瓶颈，给经济和社会带来产业、技术、资本三者之间的融合发展。

---

① 王玥，博士，兴业证券股份有限公司信息技术部总经理助理，CCSP、CISM、CISA、高级工程师，拥有 11 年证券行业信息安全、IT 基础设施管理经验，安全管理体系及制度流程建设经验丰富，多次承担并参与证券期货行业信息安全相关法律法规的论证、起草和修订工作。

一、以区块链打破互联网发展瓶颈

互联网，特别是移动互联网已经深入我们生活的方方面面。人们已经习惯了用手机进行支付，使用滴滴打车出行，从美团上订外卖，用微信进行沟通。这些巨大的成就是经过了数十年的高速发展才取得的，但如今的互联网也面临着发展瓶颈。经过多年的发展，互联网领域已经巨头林立，在巨头的版图中创业，变得非常困难。而在一些新方向中寻找机会，很快又会遇到"站队"（被巨头纳入旗下）的问题。曾经的互联网是创新创业的天堂，现在则机会十分有限，要想做出一番成绩很困难。而区块链与传统互联网相比，优势在于其能打破既有的"寡头模式"。

何为寡头模式？在中国的互联网行业中，阿里巴巴是当之无愧的巨头。2014 年 9 月 19 日，阿里巴巴在纽交所上市，敲钟人却并不是阿里巴巴的高管，而是阿里巴巴的生态伙伴。他们共有八位：两位网店店主、一位快递员、一位用户代表、一位电商服务商、一位网络模特和一位云客服，还有一位是来自美国的农场主。从这次敲钟人的选择，说明马云深知创造阿里巴巴辉煌成就的是包括买家（用户）在内的整个生态。但作为传统的互联网企业，整个行业生态的最大价值已经被"寡头"捕获，普通的参与者其实很难分享互联网快速发展带来的巨大红利。

而基于区块链构建的多中心经济，由整个生态的各方共同参与构建，并在区块链上进行可信的数据传输和利益共享。每个产业都可以在区块链上构建自己的行业生态，生态内所有应用都在区块链上实现互联互通。

打个比方，区块链是整个生态的血管，企业则是生态中的器官，数据血液相连，彼此密不可分。各参与方可以根据贡献来分享生态的红利，整个生态的利益将呈现更加合理的分布，充分激励各个环节的参与者，经济生态系统将更具生命力。笔者认为，这样的行业生态更有助于促进中国的初创企业发展，提升中国的创新能力。

二、制约区块链技术在传统行业应用的因素

虽然区块链能给传统经济带来众多好处，但现阶段区块链应用却没有大规模落地，那么，现阶段制约区块链技术在传统行业中运用的主要因素有哪些呢？

（一）基础设施的性能不足

最为显著的问题是当前区块链底层基础设施还不够牢靠，并不能支撑特定行业的业务需求。

这种不足主要表现在两个方面：①交易处理能力不足；②适应性不强。

我们首先来看看交易处理能力不足的问题。2017 年起，以太坊凭借智能合约的功能开始吸引了越来越多用户前来使用。随着需求的增加，以太坊上开始出现交易拥堵的情况，用户提交的交易在等待数小时后仍然不能被节点处理，给用户带来了很大的困扰，可见这

样的基础设施是无法真正支撑全球商用的。

如图 4-11 所示，Visa 网络可处理 56 000TPS（TPS 指每秒钟能处理的交易数量）的交易，而支付宝在"双十一"交易日实现了 200 000+TPS 的交易峰值处理能力。比特币和以太坊 10~20TPS 的处理能力与之相比还相差很多个数量级，甚至离物联网微型支付所需的 TPS 能力也相差很远。这表明目前的区块链无法安全地处理 Visa 等中心化支付系统发生的交易量。

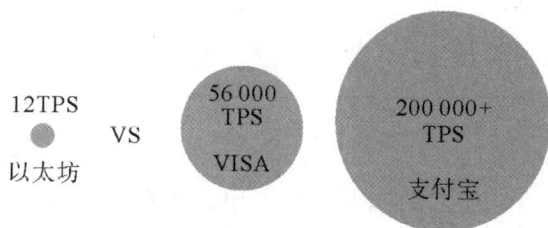

图 4-11 以太坊区块链的交易处理能力与人们常用的支付网络差距明显

然而，具有这种能力的系统（数十万 TPS）通常会牺牲去中心化特性，这是区块链技术必须提供的关键特性。区块链网络性能不足的问题为其未来的广泛应用带来了重大限制，所以很多区块链技术团队都在开发一个能够处理大量交易而不影响安全性和去中心化特性的底层区块链。

如果能搭建一个具有高 TPS 的区块链网络，那么另一个需要考虑的问题是，如何在一个网络中满足不同场景的需求，即适应性问题。目前的区块链通常采用单一的共识机制和虚拟机，并使用固定的账本结构和通证经济模型。但面对真实的商业环境时，人们的要求却是多种多样的，并不是某种单一的共识或是虚拟机可以满足的，如表 4-2 所示。

表 4-2 从交易模式，共识机制等角度对比五个公链项目的灵活性

公链项目	Ethereum	NEO	EOS	Cardano	QuarkChain
交易模式（虚拟机等）	EVM（Ethereum Virtual Machine，以太坊虚拟机）	NeoVM（Neo Virtual Machine，Neo 虚拟机）	WASM（WebAssembly 虚拟机）	EVM-like	分片：EVM/WASM/etc.
共识机制	POW（proof of work，工作量证明）	DBFT（delegate Byzantine Generals Problem，授权拜占庭容错机制）	BFT（拜占庭容错）与 DPOS（delegate proof of stake，代表权益证明）	PoS（proof of stake，权益证明）	根链：PoW 分片：PoW/PoS/etc.

表4-2(续)

公链项目	Ethereum	NEO	EOS	Cardano	QuarkChain
账本格式	Account-Based（基于账户）或者 UTXO（unspent transaction output，未花费的交易输出）				分片：Account-based 或者 UTXO
代币经济	挖矿：ETH 交易费：ETH	预挖矿：NEO；交易费：NEO Gas	区块奖励：EOS；支付 EOS 换取 RAM、CPU 和 NET 资源	挖矿：ADA 交易费：ADA	分片：基于代币经济设计不同的原生代币

仅仅从支付这件事情来看，人们就有各式各样的需求。比如，乘公交车支付车费时，人们追求的是快捷，谁也不愿意站在车门处等待 10 分钟才能确认转账成功。而进行大额转账时，追求的是安全，在这个交易场景中等待 1 个小时变得可以忍受。

因此，一个只有固定虚拟机和单一共识机制的网络，是很难满足生活中的多样化需求的。要解决这个问题，需要从基础构架入手，从一开始就要搭建一个具有相当灵活性和可扩展性的区块链。因为一些预设的关键参数要想在网络运行过程中再进行修改，是极为困难的。比如已经在运行的以太坊，为了把其共识机制从工作量证明调整为权益证明，进行了数年的开发，目前任然没有完全完成。

许多区块链底层项目针对这两个问题提出了解决方案，比如采用分片方案的公链 QuarkChain 就做了大量的开创性工作。通过分片技术，使用多个分片后，QuarkChain 可以具备强大的并行交易处理能力。由第三方进行的测试表明，QuarkChain 已拥有 30 万 TPS 以上的处理能力。分片方案同时还带来了极高的灵活性和可扩展性。不同于其他公链，QuarkChain 可以在不同的分片中部署虚拟机和多样的共识机制，也可以设计独立的原生通证和经济模型，大大提升了整个网络的适应性。

（二）链上生态难形成

要真正发挥出区块链的优势，需要所有的生态合作伙伴共同上链，而这就不仅仅是区块链技术本身的问题了。要将整个生态建在区块链上，需要能够根据行业痛点，在行业内进行资源整合和对接，从整体上推进区块链生态的构建，这些需要行业协会进行协调，行业中的龙头企业率先垂范，上下游企业认真学习并愿意使用区块链。

要让行业中的所有企业上链，还需要明确地告诉企业"上链给它们会带来什么好处？"

要说清楚这个问题，不仅需要我们熟悉区块链，还要对相关行业有深刻的理解，并且也需要能够搭建出满足行业运行需求的区块链基础设施，这需要有极深厚的生态思维和强有力的行业资源整合能力，还需要选择合理的组织形态。

大多数公链项目倡导的是完全的去中心化，但要面向行业搭建一条区块链，则需要根据行业特点选择合适的组织形态。在绝对的中心化和绝对的去中心化之间，还有很大的空间，不同的应用场景可以有不同的去中心化程度。

由政府提供的相关服务，比如抗洪抢险、建设高铁网络、抵抗瘟疫等则需要一个强中心来维护。从另一个角度来看，比特币的安全运行证明了一个强去中心网络也有其存在的价值，维护网络安全的成本极低。而为特定行业准备的区块链，更多时候是面对由多个参与方形成的多中心合作的情况，比如产业上下游之间的合作、产业的各个主体之间合作。多中心的区块链能帮助他们进行有效的业务互通、数据互通、交易互通，也能降低他们之间沟通的成本、互联的成本和信用的成本。

附：关于分片技术

分片最早来自数据库技术。当单个设备无法处理大型数据库中的数据时，可以将数据库中的数据进行切分，然后发送到不同的设备上进行运算以提高数据库的整体性能。分片用于区块链网络可以理解为把网络中的计算能力和存储空间进行划分。划分后，分区中的节点不再负责处理整个网络的交易，仅需处理其所在分区（也叫分片）中的交易，从而使得整个网络的交易处理能力得到大幅提升。

打个比方，许多顾客在超市购物后需要结账，由于只有一个窗口开放，很快排起了长队。看到这个情况，超市派出更多的收银员同时开放更多的窗口，顾客被分散到多个窗口进行结算，效率大大提高。

在中心化世界中，分片技术早已被谷歌、Facebook 等大型企业所采用，为全球数亿人提供多样化的服务。在区块链行业中，分片方案也被多个团队所关注，期待通过分片技术大幅提高区块链系统的性能。

与中心化的系统不同，在区块链中采用分片技术还要解决两个关键问题：

（1）不同分片间的通信问题；

（2）由于算力分散所带来的安全风险。

原本一个区块链网络中有足够的算力维护网络安全，但分成 100 个分片后，每个分片相当于一条单独的链，算力下降到原来的 1%。此时，对其中一个分片进行双花攻击就容易得多。

目前比较知名的区块链分片项目有：Zilliqa、QuarkChain、Harmony、Elrond 以及以太坊2.0。他们都在试图用不同的思路解决这些问题，期待打造出高性能区块链以早日满足各式各样的商业需要。

（作者：杨耀东）

◆ 分布式金融时代来临，DeFi 创新重塑该从何入手
——QuarkChain 创始人周期博士的独家专访

过去 10 年，以区块链为基础的分布式金融，对传统金融服务提出了有力的挑战。作为

分布式金融科技的主流方向之一，DeFi 网络的研发是全球区块链开发者们对区块链、传统金融服务、实体经济这三者进行有机联结的一个重要领域。

现有的区块链技术在支持 DeFi 网络方面还需要有哪些改进之处？中国企业和国际公司间的竞争目前处于什么状况？DeFi 的前景如何？该从何处提升它的效率？带着这些问题，本书主编陈宜飚博士对 QuarkChain 创始人周期博士①进行了一次独家专访。

问：可否以联盟链为例，谈谈你怎么看目前分布式账本技术在中国本土的发展情况，它和欧美国家的技术有什么区别？

答：从联盟链角度来说，中国本土企业和欧美企业其实是技术同源，但各有发展路线。同源主要是指海内外相当多的企业都是用 IBM 的 Hyperledger（超级账本）和以太坊的虚拟机作为底层技术。

当然，中国的 BAT 都有自己的区块链技术体系，特别是腾讯的微众银行主导做了一个基于以太坊技术的联盟链，颇有一些影响力。

从欧美国家来看，以 IBM 的超级账本为代表的联盟链是一大类，另一类则是以太坊的企业联盟（EEA）——它的一个主要参与方是 J. P. 摩根。虽然 J. P. 摩根和微众银行都是基于以太坊的联盟链架构，但两者的技术标准和技术路线有明显的差异化。

问：海内外企业的这种技术差异，是否会带来分布式账本的应用在使用上的不方便？

答：由于全球各地的法律不同，使用场景可能会不同。现在国内的应用研究比较活跃，而且有政府资金指导，对于溯源、取证、发票等应用很多。美国这边，J. P. 摩根主要是想做"摩根币"，用于公司内部清算。

在技术方面，中国在公链研究方面相对保守。在美国，公链的技术发展很快，特别是大公司开始入局（比如 Facebook 和 Libra），不少美国教授也开始做这方面的项目。

问：你怎么看海内外企业的这种技术和场景的差异，你们是否能从中发现机会？

答：QuarkChain 的专长是多链分片技术，我们一个很简单的场景就是可以把 J. P. 摩根和微众银行的联盟链优点结合起来。我们内部已做了很多这方面的研究，有关产品已经在内测，可以随时根据用户的案例进行开发和部署。

我们采用支持图灵的智能合约，支持跨片交易，还可以支持更大规模的扩容。在我们的方案里，每个节点只需处理与其分片相关的信息，就能够大量降低对存储、内存和 CPU 的资源要求。QuarkChain 目前可以实现非常大程度的扩容，如能实现成千上万的分片等，高吞吐能力意味着可以极大程度降低用户的手续费。目前，要想拥有这样的技术，还是比

---

① 周期，毕业于北京邮电大学，硕士保送至上海交通大学，后在美国乔治亚理工学院完成博士学位。他曾担任 Facebook 和谷歌工程师，是高性能和大规模分布式系统专家。其创办的 QuarkChain 在区块链技术研发方面处于国际领先水平，被称为"第三代区块链技术"。而 QuarkChain 网络使用的自主创新的玻色子分片技术 DeFi 网络，更被视为下一代 DeFi 网络。

较困难的。

问：作为从业者，你认为目前分布式技术推广是否存在难点，主要体现在什么方面？

答：分布式技术的难点：一是吞吐能力，同一时间处理账本的数量和大小；二是速度。我们看到，以太坊已经逐步出现饱和的状态。联盟链可能还好一些，但一旦交易量上升，仍然有可能出现饱和。所以，如何提升速度和吞吐量，这是行业研究的重点。

此外，如何实现跨链交易，新的区块链技术如何与原有技术相融合等，都是底层链研发者们应该考虑的问题。我们的分片技术在解决上述问题方面是一个比较领先的处理方案。

我需要提醒的是，分布式技术同样也受到硬件的限制。所以 CPU、网络、存储也要有所配合。很多传统数据库在处理区块链的大量数据的时候，其性能就下降很快。但这是一个系统工程，不是一朝一夕可以解决的。

问：在你看来，分布式账本技术与互联网技术这两者究竟谁给产业带来的变革更大？有什么区别？

答：这两者是相辅相成的。互联网是打地基，区块链技术相当于各种商铺和应用，它本身也依赖互联网的发展。

互联网主要是信息的流传方式，区块链是做成了一种价值流转的工具，所以很多时候人们说互联网是生产力的提升；但区块链是生产关系的提升，就分布式账本而言，它从技术手段上首次保证了人们财产的神圣不可侵犯。

当然，区块链也有一个过程，当相关的基建和人们的使用习惯转变后，才能更好地发挥它的作用。比如不少区块链技术人员不会把资产放在银行，而是转为数字货币放在那儿，因为他们更相信合约和技术对自己的保障。

问：能否介绍一下 DeFi 的情况，你觉得它最主要的使用场景有哪些？

答：DeFi 是一种另类融资方式。很多人持有比特币和以太币，他们不愿意卖掉，但他们又需要有流动性资产以维持生活和生存，因此就需要用到 DeFi，这涉及两种业务：第一，可以把手头的加密货币借出，赚取利息；第二，可以把加密货币用于借贷。比如你把价值 150 万美元的以太币抵押存入合约，可以拿到 100 万美元的 DAI 稳定币，因为 DAI 锚定的是美元，所以你可以用 DAI 稳定币来满足个人的开销。

如果用 DeFi 来抵押借款，它需要超额抵押，通常这一额度要在 150%，甚至更高；如果以太币下跌，就得补仓，所以这里有一定风险。但在外国，有些人愿意用这种方式消费。比如在阿根廷，由于外汇极度缺乏，就有人用这种方式借贷。这样，他可以在需要的时候才换美元，这样既可以保证生活，又能保证自己的币不贬值。

目前 DeFi 的一个问题是，它大部分的资产仍然是链上资产，并没有链下资产如房子、股票、黄金等。其实后者也是可以在链上做的，而且如果 DeFi 做得好，会比中心化的机构做得透明且有效，不会出现客户资金被挪用的情况，且交易即结算的方式更有效率。

问：你怎么看 DeFi 对传统金融的影响？对比银行贷款，DeFi 有什么优点？传统银行会不会采用这种模式？

答：DeFi 对于银行的影响可能要慢慢才会显现。理论上，它可以利用区块链给世界上所有的人提供银行贷款服务，包括托管我们的链上资产，而且它使用起来比银行有更多优点：①没有国界的局限性；②交易即结算；③不需要太多中间人操作。

传统银行不一定会用 DeFi，实际上它们的态度可能是既害怕又观望。比如 J. P. 摩根银行，它们现在非常积极地去了解区块链技术，但用区块链去颠覆自己的现有业务，它未必可以做到。反而是 Facebook，极有可能会绕过银行来实现自己布局全球金融的目的。

问：QuarkChain 在联盟链方面技术地位如何？你们是否打算把这种技术用在 DeFi 上？

答：我们敢说，我们的联盟链技术处于全球领先。联盟链上其实有很多资产是可以用于 DeFi 的。比如我们可以把碳排量、知识产权、房地产等都用于区块链管理。但我们要做的是超越 DeFi 的 Blockchain Finance，你可以简称为 BlockFi。

两者有什么区别呢？DeFi 号称是去中心化的，150% 的超额抵押，但其实它需要有 DAI，而且可以灵活的适应市场新规则。另外，DeFi 很多是链上原生资产衍生的，如以太币和 DAI；而 BlockFi 上的资产也可以是拥有大银行或是机构背书的资产。比如 USDT 参与的金融活动，其实就不叫 DeFi，因为 USDT 本身就是由中心化机构发行的。

我们的 BlockFi 更多是利用区块链工具来管理数字化资产（虚拟资产），除了融资，它还可以实现多场景的应用，同时 QuarkChain 也是首个支持跨链 DeFi 的可组合性的项目。

比如碳排放交易。一个工厂可以买一两年的碳排量，但它有可能用不了这么多，放在那儿也不划算，它就可以做一个融资方案，抵押给其他机构，当它逐步需要碳排量的时候，再去赎回来；而平时则把它用于抵押融资，增加现金流。

另外，电信频段的管理，要由中心化的机构来管，但是只要把组织规则设定好，我们其实也可以不用人来操作就可以参与。在数据流转、溯源以及去第三方信任等方面，都能实现。

BlockFi 还可以用于竞拍的场景。竞拍的时候，大家需要保证参与方的资金安全——这原本需要中间机构，但现在可以不需要这些中介机构了，BlockFi 还可以保证竞拍的公开、公平、公正。

最近由于比特币暴跌，连带 DeFi 也出现了一些问题。未来，如何在公链上提供相应的 BlockFi 支持，也会是我们的一个发展方向。

第五章

区块链与大数据数字资产产权交易

大数据交易最主要的关注点，是平衡数据隐私与开放数据之间的矛盾，以及确保数据所有权与使用权在交易后仍然得到明晰的界定并受到保护。区块链利用分布式账本对数据进行完整保存，其所具备的不可篡改、交易可追溯、点对点交易即结算等特点，可以大大提升大数据数字资产在产权交易中的效率。本章从大数据的发展谈起，探讨如何利用区块链提升数字资产交易的效率。

在全球范围内，从大数据到数字资产产权交易，正在成为必然的发展趋势。

笔者认为，随着全球迈入数字经济时代，大数据的发展将跨越四大阶段（如图5-1所示）：第一阶段是大数据的生产、存储、挖掘；第二阶段是快速进入的新基建与数字化阶段；第三阶段是数字资产化阶段；第四阶段是数字产权交易阶段，基本实现全球大数据到数字资产产权的交易闭环。

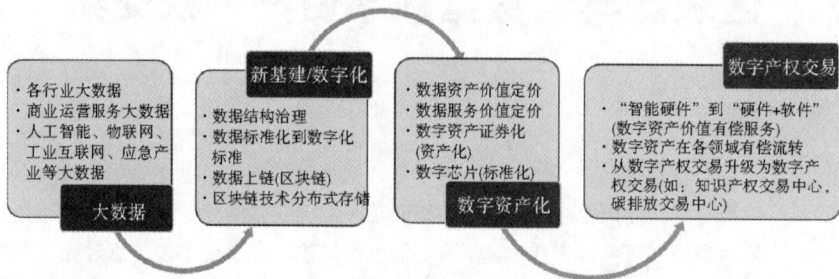

图5-1　大数据的发展将跨越四大阶段

◆大数据与区块链：融合兴起于全球新数字经济时代

在这个星球上，一个新的时代正在开启。它以大数据的形态存在，以权证数字化的特征为表现，不断提升数字资产产权的价值衡量体系，该体系以数字产权交易的价值进行流转，我们称之为"数字经济时代"。

在数字经济时代，从大数据到数字资产产权的竞争日益白热化，任何社会治理、商业发展都将在这个新的时代中，迸发出惊人的创新力量。很显然，数字经济作为经济发展和国家安全新动能的作用日益凸显，大力发展数字经济成为全球各国共识。

2001年以来，日本先后出台了《e-Japan战略》等多项战略，且在《创建最尖端IT国家宣言》中提出到2020年建成强大的数字经济国家的目标。

美国自2011年起先后发布了《联邦云计算战略》《大数据的研究与发展计划》《支持数据驱动型创新的技术与政策》等细分领域战略。2016年9月，G20杭州峰会发布的《二十国集团数字经济发展与合作倡议》指出，数字经济是效率提升和经济结构优化的重要推动力。

根据中国信息通信研究院发布的《全球数字经济发展纲要（2019年）——加速腾飞重塑增长》研究报告，如图5-2所示，发展数字经济成为全球各国共识。韩国、美国、英国、德国、中国、法国、印度等9个国家数字经济增长对GDP增长的贡献率超过50%，韩国高达100.8%，美国高达91.8%，英国和德国分别为76.5%和75.8%。

图5-2　全球数字经济发展纲要

来源：中国信通院。

数字经济时代的竞争也相当激烈。2020年1月6日起，美国企业应用于智能化传感器、无人机、卫星和其他自动化设备的目标识别软件均被限制出口，包括中国在内的多个国家被禁止使用来自美国的自动识别技术，继而是对芯片封装的封锁。全球一片哗然！中国更是紧急采取措施予以应对。

根据美国的《2018年出口控制法案》，加强对敏感技术出口的监管，是为了保护美国经济和安全等方面的利益。尽管这项措施没有具体说明针对哪些国家，但舆论认为，这些国家包括中国、俄罗斯和伊朗等被美国认为存在贸易问题的国家。本质上，美国的这项出口管制措施就是希望敏感技术"不要落入中国等竞争对手之手"。

在中国，发展数字经济已成为各级政府官员最重要的事情。2016年，国务院印发的《"十三五"国家战略性新兴产业发展规划的通知》提出，加快建设"数字中国"，推动物联网、云计算和人工智能等技术向各行业全面融合渗透。习近平总书记多次强调，要把握好数字经济带来的机遇，做大做强数字经济。

2020年3月，中共中央政治局常务委员会召开会议，强调加快5G网络、数据中心等新型基础设施建设进度，提出并强调"新基建"的概念。

近期，浙江、山东、海南、广东、贵州等17个省、市、自治区陆续出台数字经济发展规划，通过区块链技术等新一代信息技术，积极推动数字经济发展建设，抢占战略制高点。

浙江省提出，把数字经济作为"一号工程"来抓，出台多项举措推动智能制造、工业互联网、两化融合等发展，深入推进数字经济发展。

贵州省人民政府 2017 年 2 月发布《贵州省数字经济发展规划（2017—2020 年）》，提出加快谋划和布局数字经济，发展数字经济主体产业，促进三次产业数字化融合。

福建省人民政府发布《2018 年数字福建工作要点》，提出要进一步加快数字基础设施建设、政务数据共享开放和信息资源开发利用，推动数字经济不断发展壮大。发展数字经济，对贯彻落实党中央、国务院决策部署，深化供给侧结构性改革，推动新旧动能接续转换，实现高质量发展，意义重大，机遇难得。

2019 年 10 月，辽宁省沈阳市印发《沈阳市加快数字经济发展行动计划（2019—2021 年）》，沈阳市将以"数字产业化、产业数字化"为核心，牢牢把握大数据产业链、5G 产业、工业互联网、智慧城市新体系 4 条主线，致力构建良好数字生态，加快打造东北数字经济第一城。

不难看出，数字经济竞争的结果，正加速大数据与区块链底层技术的融合发展，并逐步在各国形成强大的生产力。

◆ 大数据的生产、存储及数据挖掘阶段

十年前，当笔者去拜访谷歌的时候，谷歌公共事务官员提醒我们，不要问及"服务器数量和数据量"之类的问题，因为这是高级机密。

那个时代，能进行全球互联网页面大数据运算的，只有谷歌、Facebook 等少数几个互联网巨头公司，他们把用户搜索的行为数据，以秒为单位进行存储，并招募了大量社会学家、人类学家进行行为预测。通过大数据分析，甚至可以预测"总统"的当选和影响"脱欧"的因素。

上述例子反映出，在大数据的生产、存储及数据挖掘阶段，互联网主要的任务是实现社会治理及商业发展的大数据化。目前，发达国家的大数据生产和存储已经相对成熟，随着超级计算机的发展，来自各方的大数据已形成了结构化特征，并具备超级容量的存储能力和数据挖掘预测能力。从某种程度上来说，数据存储维度与运算能力决定了一个国家的竞争力。

如何提升大数据的生产、存储与挖掘的能力？这需要从信息化的起源和进程历史说起。

历史上，大数据的价值是随着信息化进程和在生产关系中逐渐发挥巨大作用而被广泛认知和重视的。在这里不得不提及"计算机之父"约翰·冯·诺依曼，这位 20 世纪最重要的匈牙利数学家、计算机科学家、物理学家，以及以他名字命名的冯诺依曼体系结构——在这一结构理论中，最重要的是采用二进制作为计算机的内在数制，并设计计算机程序来

按顺序执行。通过这种方式，这位现代计算机之父、博弈论之父，让大数据的信息单元实现了有序化、智能化管理。

从计算机的发明到互联网的出现，是信息化的一个重要飞跃。互联网的出现，标志着人类从单机的信息化，进入到联网的信息社会时代。

互联网技术的早期应用，主要是解决人与人之间、商业服务与人之间的联络沟通。它一方面实现了信息对称的过程，帮助实现了大数据可视化；另一方面，重塑了流通环节，真正地实现了用户需求驱动生产的产业决策关系，并侧重通过大数据对用户画像进行描绘，以及对用户需求进行挖掘与预测。

例如，在社交网络中一个有趣的实验，对某个样本人物 A 进行大数据行为分析，并进行画像描述：如果数据量来自 10 个朋友，这 10 个朋友对 A 的描述，往往不如 A 自己对自己的认知；当数据量来自 100 个朋友对 A 的描述的时候，A 已经能够感受到通过大数据的挖掘，这 100 个朋友对 A 的描述，基本上和 A 对自己的认知是相同的；但当数据量来自 300 个朋友对 A 的描述的时候，A 已经无法认知所描述的结果是不是自己了。大数据的挖掘和预判通过互联网和更广泛的社交关系，已经更加科学和准确，而且超越了个人的自我认知。

随着互联网技术的发展和工业互联网的应用，人类生产活动、生活活动逐渐开始建立在以"物"为介质的沟通链条上。物联网、区块链技术的出现，使大数据的应用有了新突破，推动"信息互联网"向"价值互联网"转变，也使社会治理能运筹帷幄，决胜千里。以信息流的方式表达甚至代替人流、物流、资金流，以及生产制造过程的控制流程，极大地推动了社会经济活动的智能化和社会管理模式的高级化。

至此，大数据的存在形态将从互联网向工业互联网、物联网的产业融合发展，成为具有生产资料属性的生产要素。在过去的经济学定义中，生产力的三要素是劳动者、生产资料和劳动对象。而生产资料一般是指劳动对象与劳动工具、劳动资料，这些都是以有形的形态存在。大数据则以"虚拟形式"的数据形态成为现在社会中必要的生产要素，决定着经济发展和社会治理的成败。

与经济学上任何生产要素的提升一样，大数据的生产、存储与挖掘能力都离不开科技和人才支持，以及清晰的产权界定。

在这三者之中，大数据的产权界定无疑是重要议题，而区块链可以在数字化普遍的情况下，促进数字资产的价值衡量与产权交易体系，与大数据实现融合发展。

◆新型基础设施建设促进数字化进程

2018 年 12 月，中国把 5G、人工智能、工业互联网、物联网定义为"新型基础设施建设"，其本质上是信息数字化的基础设施。随后，"加强新一代信息基础设施建设"被列入

2019 年政府工作报告。

进入 2020 年，随着新冠疫情的爆发，全球经济面临重大结构性调整压力，中国也于 2020 年 3 月开始密集部署，加快 5G 网络、数据中心、区块链等新型基础设施的建设进度。

与传统基础设施建设相比，新型基础设施建设内涵更丰富，涵盖范围更广，更能体现数字经济特征，更加侧重于突出产业转型升级的新方向，无论是人工智能还是物联网，都体现出加快推进产业高端化发展的大趋势。

在新基建阶段，需要更科学地进行数据结构化治理，实现数据治理的标准化和建立数字化标准体系。人们将大量依托区块链技术对数据进行信息化治理，实现有价信息上链，将数字化信息进行分布式存储，以保障安全、不可篡改、智能合约化和透明化。

国际著名金融学家、北大汇丰商学院教授、香港国际金融学会会长肖耿认为：区块链与互联网都属于颠覆性技术，它们改变的不仅仅是生产力，更重要的是通过技术手段将市场交易成本推向零，并在这个过程中冲击所有中介服务、社会关系及经济金融制度。在新时代、新经济的发展中，区块链技术将带来社会治理的新制度、新政策和新措施。

在数字化发展的初级阶段，全球都经历了比特币的金融属性与其他基于区块链技术应用的"数字货币"形态。在经历了"空气币"画饼的市场检验后，90%的概念型数字货币将逐步被具备数字化价值基础的数字货币或数字资产取代。

无论是学术界还是政府管理者，均已认识到区块链底层技术才是新基建的关键要素，从大数据到数字化的过程，须由区块链技术进行数据治理和数字化体现，且既要有大数据的真正源头和数据治理的算法标准，又要有数字化的管理规范。

基于区块链底层技术的数字化生态体系，将逐渐形成新基建的核心竞争力，良币驱赶劣币，单纯以炒币为特征的区块链应用将被集体碾压出局，形成与数字经济相匹配的大数据生态产业集群和数字化应用基础。

在数字资产化的应用中，以区块链底层技术为核心的生态体系正在形成。如图 5-3 所示，以 IOV 区块链底层技术生态为例，已经形成了底层算法、数字芯片等核心技术，并逐渐成为行业应用标准，通过大量的区块链技术应用服务商为数十个区块链场景服务。

在新基建的发展初期，大量传统信息技术公司、软件公司正在以百米冲刺的速度与区块链底层技术服务商建立生态合作机制，快速推动生产、生活、社会治理的大数据进行区块链数字化治理和数据上链管理，以满足大量信息系统客户的区块链技术部署需求。

根据中科智能研究院的预估，全球区块链技术研发部署的市场规模将达到 1 000 万亿美元，是互联网市场的 100 倍。在如此巨大的蓝海市场中，各个国家以及各个行业得以进入空前的爆炸式数字化发展期，这将为下一步全球性的数字资产化夯实基础。

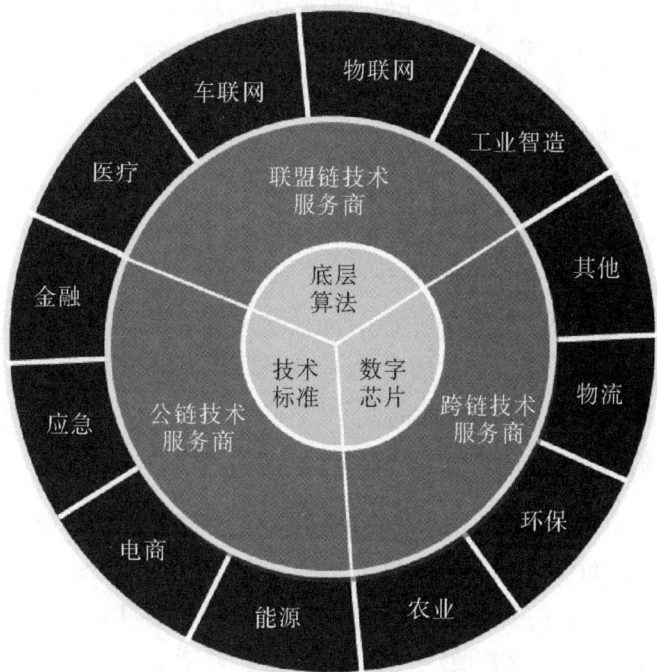

图 5-3　中科智能研究院区块链生态体系

资料来源：cniblockchain.com。

◆数字资产产权化的价值衡量体系：理论与案例分析

大数据从生产到价值流转，重要的发展阶段是数字资产的价值标准设计。在这个阶段，人们将建立数字资产的定价标准，并与数据服务价值进行锚定，逐步实现数字资产证券化（资产化）的目标。

在此过程中，"熵值理论"将得到很好的运用，从而精准地实现大数据转换为数字资产化的价值体现。

一、信息价值的理论分析

信息论之父香农在 1948 年发表了"通信的数学理论（a mathematical theory of communication）"。香农在这篇论文中提出，任何信息都存在冗余，冗余大小与信息中每个符号（数字、字母或单词）的出现概率或者说不确定性有关。香农借鉴了热力学的概念，把信息中排除了冗余后的平均信息量称为"信息熵"，并给出了计算信息熵的数学表达式：

$$H(x) = E[I(xi)] = E\{log[2, 1/P(xi)]\} = -\sum P(xi)log[2, P(xi)]$$
$(i = 1, 2, \cdots, n)$

式中，x 表示随机变量，与之相对应的是所有可能输出的集合，定义为符号集，随机变量的输出用 x 表示，$P(x)$ 表示输出概率函数。变量的不确定性越大，熵也就越大，把它搞清楚所需要的信息量也就越大。

在信息论中，熵是对不确定性的一种度量。信息量越大，不确定性就越小，熵也就越小；信息量越小，不确定性就越大，熵也就越大。根据熵的特性，我们可以通过计算熵值来判断一个事件的随机性及自无序程度，也可以用熵值来判断某个指标的离散程度，指标的离散程度越大，该指标对综合评价的影响越大。

信息熵的计算非常复杂，有多重前置条件的信息更是几乎不能计算的，但因为信息熵和热力学熵的紧密相关性，所以信息熵是可以在衰减的过程中被测定出来的。因此，信息的价值是可以通过信息的传递体现出来的。

二、数字资产产权化案例

在没有引入附加值（负熵）的情况下，传播越广、流传时间越长的信息越有价值。在现实工作中，大数据的价值可以通过信息熵的数学建模，对不同行业大数据的信息熵进行测定，以此建立不同行业之间的数字资产价值标准。数字芯片将同时被广泛应用于各个行业，并具体列装在不同数据结构的智能硬件中，以此加速数字资产化和数字证券化的安全和规范，形成规范的技术标准及运营壁垒。

来自互联网的社交及电商买卖体系，将通过统一的区块链 API 接口，把已有的大数据价值接入数字资产化体系，来自工业级数据的"智能硬件"将升级为"硬件+智能软件+数字资产"，以实现工业 4.0 在数字资产方面的确权价值。

如图 5-4 所示，以车联网大数据的数字资产化过程为例，通过智能网联汽车及车载智能硬件，可以采集汽车及驾驶人行为数据，包括构建全过程的数据采集、数据授权和数据管理等环节服务，实现汽车（车身数据、汽车出行数据等）、车主（生活、社交、消费等数据）、场景等车联网大数据上链，定义数据权属，增强数据可信度，对数据提供方实现数字资产激励，解决汽车生活消费信任度低、交易成本高和安全隐患等问题。

（一）实现大数据的治理和通过区块链进行分布式存储

（1）信息上链：通过区块链技术，将智能网联汽车的 5G 网络接入行为、车辆的远程诊断和即时运行故障预警等信息上链，为用户及监管端提供即时车辆网络接入信息、故障信息，远程数据查询等服务，实现智能网联各层面数据节点联动，实现车与场、车与路、车主与家人等信息联动。

（2）实现三急监控：通过驾驶行为大数据分析，可以实现在低层级自动驾驶阶段的三急监控（急刹车、急转弯、急加油），解决驾驶人不良驾驶行为问题。

（3）对优秀驾驶行为的奖励：通过大数据区块链治理系统，可以实现对优秀驾驶人进行数字资产奖励，该数字资产可以兑换成道路救援、维修折扣、加油折扣等应用，进而鼓

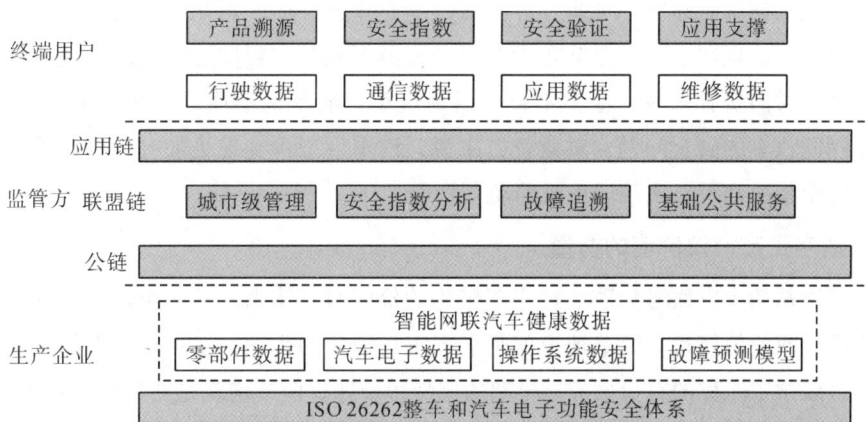

图 5-4　车联网区块链治理业务架构图

资料来源：广州智能网联汽车示范区运营中心。

励汽车驾驶人养成安全驾驶习惯。

（4）诊断与预警：通过汽车维修企业的服务评价系统，将车辆故障诊断预警信息即时与汽车服务商联动，解决车辆维修即时发现、即时服务能力不足的问题。

通过大数据区块链治理体系，实现车辆故障信息数据价值的有序使用，让信用好、消费者满意的服务机构更有机会服务，有效缓解以往业界存在的倒卖用户信息、恶意抢单等问题。

（二）进行智能网联汽车产品大数据溯源应用

通过区块链联盟链应用及跨链技术，把车辆配件信息及维修服务记录数据化上链，为整车厂商、车辆营销商、汽车配件商、售后服务商、监管机构等建立数据共识节点，进行数字存证，界定并记录生产、使用、流转、存储等环节全部数据信息，搭建共识机制，同步实现数据开放、隐私保护和数据安全，为社会治理提供核心基础应用与服务。

构建智能网联汽车功能安全评价指标体系，通过公链、联盟链的共同实施，实现对智能网联汽车整体功能安全的分析，给出汽车当前的安全参考分数，以此建立用户使用的信心，同时给监管方、厂商和第三方机构提供监管和服务指引。

（三）实现通信安全可靠性验证和建立城市级智能网联汽车安全验证虚拟平台

结合小规模分布式账本自带的安全属性，数字资产能有效提升网联车辆、路边单元以及边缘云节点等的身份识别和验证效率。在城市级虚拟平台中导入真实场景的数据，对城市级的车辆管理、交通规划、安全攻击以及社会治理进行仿真，通过虚拟仿真技术展示平台实现对城市级场景中出行效率、交通安全的提升作用。

车联网大数据的数字资产化，将能够把传统大数据的灰色交易（各个利益方私下非法获取的车主信息、车辆故障信息、车辆维修信息、保险信息、车辆质押信息等）进行合规化管理，形成数据价值标准，并通过车联网数字芯片进行标准固化，实现行业内恒定的车联网数字资产价值规则。这样能够在汽车服务流通领域一定程度地体现服务透明性，并提升服务效率。对消费者来说，他们不会再因为汽车智能系统不稳定、通信无保障等问题，担心智能网联汽车的安全问题。对监管方来说，汽车生态将实现更加有效的监管，对于故障追溯、安全指数都可以实现城市级的动态管理。

三、数字资产产权价值的衡量

我们可以从两个方面考量数字资产产权化的价值衡量体系，一方面是通过预期价值进行数字资产产权价值衡量，简单地说就是根据市场价值的预期，在一定共识信任度下进行发债，即金融学中所称的有价债券。早期的比特币金融价值结构就是典型的预期价值衡量，其解决了多种不可信任环境的交易问题。

随着各种实际交易的不断发生，比特币的共识信任越来越广泛，最后形成了数字资产的大规模流转和使用，预期价值与体现在债券上的账面价值也就越来越高。

数字资产产权化的价值衡量体系研究的另一方面是即时价值，或称之为账面锚定价值，是根据现有有价资产进行的锚定定价。例如 USDT、Libra 依托有价的金融资产，采用传统货币价值进行衡量定价和数字货币（数字资产）的发行。

随着越来越多行业级数字化场景的部署，数字经济市场也将在遵循能量守恒的原则下，将传统意义上的资产价值，通过大数据和区块链技术应用，实现数字化确权，并确定数字资产的规模和发行价值，为即将到来的数字资产产权交易做好准备。

◆数字资产产权交易平台及价值流转

数字资产产权交易，是数字经济在金融领域的表现形式。近年来，有多所国际股票交易所探讨开放数字货币交易的可行性与监管措施，但至今未有实质性动作。

笔者认为，出现上述情况的主要原因在于数字经济的规模和数字资产化的标准体系尚未成熟。但从长远来看，数字资产产权交易平台将成为超越单纯的数字货币交易所的数字资产价值流转机构，在实现数字经济的金融价值的同时，带给大数据流转服务的价值，以此提高社会治理效率和服务效率。

正如"知识产权交易中心""碳排放交易所"一样，具备金融牌照的数字产权交易中心将得到快速发展，甚至超越纽交所、港交所、火币、币安等传统的股权交易所和数字货币交易所，成为新的数字资产及数字价值流转的交易平台。

在全球范围内，第一家大数据交易所是中国贵阳大数据交易所（global big data exchange，GBDEX），该交易所于 2014 年 12 月 31 日成立，2015 年 4 月 14 日正式挂牌运营，D 轮融资估值近 100 亿元。贵阳大数据交易所意在推动政府数据融合共享、开放应用，激活行业数据价值，成为中国重要的数据交易市场。贵阳大数据交易所采用"一个交易场所+多个服务中心"的模式，已在山西、徐州、石河子、汕头、德阳、丽江、张家口、开封、枣庄、宝鸡、新乡 11 个省或市设立服务分中心。

贵阳大数据交易所提供数据确权、数据定价、数据指数、数据交易、结算、交付、安全保障、数据资产管理等综合配套服务。截至 2018 年 3 月，贵阳大数据交易所发展会员数目突破 2 000 家，已接入 225 家优质数据源，经过脱敏脱密，可交易的数据总量超过 150PB，可交易数据产品 4 000 余个，涵盖 30 多个领域。

数字产权交易中心的设计架构将以区域数字资产化为特征，在分布式存储机制下，建立更加安全、透明、可信的数字产权交易环境。

2020 年 3 月，清控科创战略投资中科公司（CNI Blockchain Technologies）推出清华数字经济产投平台，依托区块链底层技术，在中国建立数字资产产权交易中心，以"一个交易场所+多行业交易中心"的创新模式，参与中国的数字经济产业建设，并提供大数据的价值流转服务。此举标志着中国的区块链技术与数字资产的融合发展已经达到一个较为成熟的地步。

◆中国数字资产如何合规地出海

众所周知，中国对于加密货币和数字资产的监管相当严格，特别是对于具备自有知识产权的大数据信息，更是采取了直接的限制措施。

一、传统 VIE 架构概况

在传统私募股权投资领域，经历过互联网项目的人们都知道 VIE 架构，这是因为中国对于外资准入方面的历史原因形成的。中国接受海外美元基金投资的互联网业务公司，普遍会采用 VIE 结构，以达到海外上市、融资及帮助外国投资者规避中国监管准入限制的目的。

VIE 架构存在已久，但其一直处于"灰色"地带，虽然在一些部门规章中已有关于 VIE 架构相关内容的规定，但目前的中国法律并未对 VIE 架构做出界定。

二、VIE+区块链助力大数据出海

时隔 20 年，数字货币、数字证券的发行与监管，同样面临新的监管需求和准入限制。在货币是主权象征的体制下，中国人民银行发行数字人民币正在经历漫长的准备期，面临着来自全球的数字经济发展所需要的数字货币结算的巨大压力。

同样的压力，也存在于 BAT 等大数据机构的数字资产货币化的进程中。互联网时代的被动 VIE 到今天监管的主动创新求变，从"被动求变"到"主动求变"具有了不同的

意义。

基于此，参考 VIE 架构的经验，让中国的大数据公司能够实现数字货币或数字资产出海流动和服务，成为中国参与全球数字经济竞争的重要方式。

例如，我们可以在中国的自贸区或粤港澳大湾区，进行双层结构治理的监管架构设计，在海南自贸区、横琴自贸区进行数字经济发行与结算试点，在深港（深圳和香港）和广新（广州和新加坡）地区进行试点。将区块链底层技术的治理及数字资产的技术服务，留在中国境内，而将数字资产或数字货币发行流通权交给注册在新加坡、中国香港、韩国等数字货币监管合规的区域机构管理，通过 VIE 架构实现价值流转，回流到中国境内，这将能够短期解决市场竞争带来的压力。

例如，腾讯、阿里巴巴与 Facebook 的国际市场竞争。三方均是传统意义的上市公司，从资本市场融资发展，但一旦 Facebook 成功启动 Libra 之后，将获得来自全球的数字货币融资能力，进而展开新经济竞争布局。而腾讯或阿里巴巴只能坐等监管，或将贻误最佳战机。

总体来说，随着全球数字经济产业化的爆发式发展，大数据将能够建立科学的评价模型，并通过区块链技术的实施，满足数字资产化和数字产权交易的基础条件。通过数字芯片的列装和数字治理技术标准的建立，将保障数字资产的产权价值高效交易流转。5G、人工智能、工业互联网、物联网等新基建，将加速实现"信息互联网"到"价值互联网"的转变，最后形成数字资产价值，并重新定义金融。这是一个 1 000 万亿美元规模的庞大市场，这是一个新时代的开启，正如 20 年前互联网给了全世界惊喜一样，数字经济给了新时代的远见者和耕耘者一个巨大的历史机遇。（作者：齐宪威[1]）

---

[1] 齐宪威，吉林省九台人，硕士生导师，中国科学技术大学工商管理学硕士；广东中科智能区块链技术有限公司创始人，清控中科公司董事长，御途车联网 CEO；中国科学技术大学广东校友会副会长，前阿里巴巴华南大区总经理，阿里巴巴校友组织前橙会华南区域负责人；多项区块链技术专利第一发明人，广东省财政厅评审专家，多个地市政府数字经济发展顾问。

第六章

合规与发展： 重新定义金融所需要的
重要基础建设

本章主要介绍中国内地、中国香港地区以及全球主要经济体对虚拟资产的管理、分销、交易等业务的监管政策。

◆概述世界主要市场或地区对数字货币的监管政策与态度

一、全球数字货币监管概览

（一）全球监管政策发展概况

根据 CoinMarketCap 网站统计，数字货币已成为市值 2 000 亿美元的全球性市场。面对数字货币这一发展迅速的新生事物，各国或地区监管当局对其态度和政策也在不断发生变化。本文将对各国或地区的监管政策进行梳理，以飨读者。

（二）全球监管政策的异同

表 6-1 从数字货币的使用、交易方式、对挖矿的态度和对 ICO/IEO 的政策进行对比。

表 6-1　全球主要市场和地区监管政策对比

主要市场	作为支付工具	开设交易所	挖矿	ICO、IEO 政策
中国内地	禁止	禁止	禁止	禁止
中国香港地区	允许	严格管控	允许	严格管控
美国	禁止	严格管控	允许	严格管控
新加坡	允许	允许	允许	禁止
加拿大	禁止	允许	允许	允许
马耳他	未明确	支持	允许	允许
日本	允许	允许	允许	允许
泰国	禁止	允许	允许	严格管控
英国	禁止	允许	允许	严格管控

资料来源：根据 complyadvantage. com 以及其他公开资料整理。

（三）全球监管政策发展趋势

总体来看，各国和地区政府目前监管的重点主要是打击利用数字货币进行洗钱、欺诈、资助恐怖主义以及非法集资等犯罪行为。

随着对数字货币认知程度的提升，各国和地区开始根据数字货币的属性进行区别监管。预计未来会有越来越多的国家和地区认识到区块链技术的价值，重视和鼓励区块链技术在行业中的应用，利用区块链技术促进经济发展和创造新的价值，在监管方面也会对数字货币和区块链项目区别对待。

二、全球主要市场或地区的监管政策解析

（一）中国内地监管政策

1. 政策概要

中国对数字货币有较明晰的界定，分为由中国人民银行发行的数字货币（法定数字货币）和私人机构发行的数字货币（即以比特币为代表的去中心化的数字货币），亦称虚拟货币。在这里，我们所探讨的是后者，即以比特币、莱特币等为代表的虚拟货币。

中国内地对数字货币的政策主要以 2017 年 9 月 4 日为界。在此之前，对虚拟货币和区块链项目均没有过多的政策限制；之后，则将各式 ICO 列为非法，但对于区块链在实体经济中的应用，则抱着鼓励发展的态度。中国内地由此逐渐出现"链圈"和"币圈"的不同发展道路。

从全球范围来看，虚拟货币对于区块链项目（特别是非私有链项目）在实际产业中的落地应用起到了重要作用，因此不排除中国内地的监管部门有可能在条件成熟时，在确保虚拟货币处于有效监管的情况下，适当鼓励其在区块链相关的科技创新中的应用。

2. 重要监管事件

曾有一段时间，一些不法分子假借区块链技术大肆宣传，组织虚拟货币骗资，进行名不副实的虚拟货币发行，或为注册在海外市场的"圈钱"ICO 项目与虚拟货币交易平台宣传、引流和代理买卖服务等，极大地损害了投资人的利益。

有鉴于此，2017 年 9 月 4 日，中国人民银行联合七部委①发文，明令禁止针对中国公民的 ICO 集资活动②。之后，中国内地的 ICO 项目和虚拟货币交易平台被明令禁止。

2019 年 6 月，币圈 PlusToken 钱包被曝跑路。据官方数据，其资金池规模高达 200 多亿人民币，是目前币圈最大的跑路案件之一。有关案件也连累了火币交易平台。

2019 年 10 月，习近平总书记在中共中央政治局第十八次集体学习时强调，要把区块链作为核心技术自主创新的重要突破口，加快推动区块链技术和产业创新发展。

2019 年 11 月，中国人民银行发布《关于冒用人民银行名义发行或推广法定数字货币情

---

① 这七大部委是中国人民银行、中央网信办、工业和信息化部、工商总局、银监会、证监会及保监会。有关文件是《关于防范代币发行融资风险的公告》。

② 公告明确：第一，代币发行融资活动本质是非法公开融资，ICO 中的代币或"虚拟货币"不具有与货币等同的法律地位，不能也不应作为货币在市场上流通使用。第二，公告之日起，任何组织和个人不得非法从事代币发行融资活动，已完成代币融资的应清退。第三，代币融资交易平台不得再从事法定货币与代币、"虚拟货币"相互间的兑换业务，不得为代币或"虚拟货币"提供定价、信息中介等服务。第四，各金融机构和非银行支付机构不得开展与代币发行融资交易相关的业务（如账户开立、登记、交易、清算、结算等产品或服务等），不得承保与代币和"虚拟货币"相关的保险业务。第五，提醒社会公众高度警惕代币发行融资与交易的风险隐患。

况的公告》之后，全国掀起对虚拟货币交易所的排查整治之风。上海、深圳于 2019 年 11 月分别发布《关于开展虚拟货币交易场所排摸整治的通知》和《关于防范"虚拟货币"非法活动的风险提示》，全面排查和处置借区块链概念开展虚拟货币炒作的非法活动，见表 6-2 所示。

表 6-2　中国与虚拟货币有关的重点监管政策汇总

时间	条款	发行部门	主要内容
2013 年 12 月	《关于防范比特币风险的通知》	中国人民银行	明确将比特币等数字货币定义为虚拟商品，不具有法币和货币地位
2017 年 9 月	《关于防范代币发行融资风险的公告》	中国人民银行	将 ICO 定义为非法融资行为，取缔相关行为
2017 年 4 月	《互联网传销识别指南》（2017 版）	江苏省互联网金融协会	新增数字货币传销部分
2018 年 8 月	《关于防范以"虚拟货币""区块链"名义进行非法集资的风险提示》	银保监会、中国人民银行、中央网信办等	以发币为主要手段的集资活动并非基于真正区块链技术，谨防非法集资、传销、诈骗等行为
2018 年 8 月	《关于进一步开展比特币等虚拟货币交易场所清理整治的通知》	互联网金融风险专项整治工作领导小组办公室	要求各类商场、企业不得承办任何形式的虚拟货币宣讲活动
2019 年 11 月	《关于冒用人民银行名义发行或推广法定数字货币情况的公告》	中国人民银行	针对个别机构冒用央行名义，将相关产品冠以"DC/EP"在数字交易平台上进行交易的公告

数据来源：中国人民银行官网、网信办等[1]。

　　总体来看，中国内地的数字货币相关产业仍处于发展的初期阶段，而中国对加密货币和数字资产的监管及立法工作，均较一些发达经济体的灵活程度有所差别。在全球数字货币技术层出不穷的背景下，中国有关部门或需在监管合规与鼓励技术创新之间寻求新的平衡点。

（二）中国香港地区监管策略

1. 政策概要

　　中国香港地区宽松的金融环境给了数字货币较大的发展空间，同时也成为香港当地金融科技投资领域的热点。

---

① 资料参中国当地监管网站信息和资料。

2. 重要监管事件①

2017 年 9 月 5 日 HKSFC 发出《有关首次代币发行的声明》，称要审查发售或销售的数码代币是否属于《证券及期货条例》所界定的"证券"，才能决定其是否受到香港证券法例的管理。并明确规定，如果代币涉及：①股权或是拥有权权益；②债权或债务；③集体投资计划（即集资用于统一管理并可分享回报）中的一种，便属"证券"。该监管口径与前一天中国人民银行等七大部委发文的口径有所区别，因此不少 ICO 转至香港。

2017 年 9 月 29 日，HKSFC 发出《香港证监会推出监管沙盒》，以便有关企业使用金融科技来接受管理。同一天，HKSFC 发出《厘清<胜任能力的指引>内适用于负责人员的"相关行业经验"规定的通函》对负责人员（RO）从事金融科技业务的"相关经验"进行厘清，相当于给虚拟资产管理的合规主管提出了资质条件。

2017 年 12 月 11 日，HKSFC 发出《致持牌法团及注册机构的通函——有关比特币期货合约及与加密货币相关的投资产品》，明确了比特币期货的相关资产不受《证券及期货条例》管理（意即也不受 HKSFC 管理），但比特币期货要受监管，并需有 2 号牌（期货合约交易）方可经营。推广比特币期货的要申请 1 号牌（证券交易），而管理此类基金则要 9 号牌（提供资产管理），就比特币期货提供意见则需 5 号牌（就期货合约提供意见）。

2018 年 2 月 9 日，HKSFC 通过《HKSFC 告诫投资者防范加密货币风险》新闻稿，提醒 ICO 的风险。2018 年 3 月 19 日，HKSFC 公告《证监会采取监管行动叫停向香港公众进行的首次代币发行》，对首次代币发行人 Black Cell Technology Limited（Black Cell）叫停 ICO，并将代币归还香港投资者。

2018 年 11 月 1 日，HKSFC 发布《证监会阐述有关虚拟资产的新监管方针》，旨在将虚拟资产投资组织者公司及虚拟资产基金分销商纳入 HKSFC 的监管范围。该声明同时宣称可能监管虚拟资产交易平台的概念性框架。同一天，HKSFC 还发布《有关针对虚拟资产投资组合的管理公司、基金分销商及交易平台营运者的监管框架的声明》，对上述三类虚拟资产的经营提出方向性指引。另外，HKSFC 还发布《致中介人的通函——分销虚拟资产基金》，对 1 号牌和 9 号牌公司参与"虚拟资产"业务做出补充要求。

2019 年 3 月 28 日，HKSFC 发出《有关证券型代币发行的声明》，针对 STO 进行明确规定，提出中介人必须满足的三大条件②。声明指出："在香港，证券型代币可能属于《证券及期货条例》下的'证券'，并因而受到香港证券法例的规制。任何人如要推广及分销证券型代币（不论是在香港或以香港投资者为对象），除非获得适用豁免，否则须根据《证券及期货条例》就第 1 类受规管活动（证券交易）获发牌或注册。否则属刑事罪行。"

---

① 资料参考中国香港当地监管网站信息和资料。
② 三大条件是：第一，销售限制（只卖给专业投资人）；第二，尽职审查（针对发行人）；第三，须向客户提供的数据（针对 STO 的资产与风险）。

2019 年 10 月 4 日，HKSFC 发布《适用于管理投资于虚拟资产的投资组合的持牌法团的条款及条件》。该文件根据 2018 年 11 月 1 日的精神，对中国香港的"虚拟资产基金经理"（打算从事虚拟资产管理业务的已持牌公司）提出了具体的持牌条款和条件。

2019 年 11 月 6 日，HKSFC 发出虚拟资产期货合约警告，提醒在中国香港购买虚拟资产（例如比特币）期货合约的相关风险，称营运虚拟资产交易平台可能违法。同一天，HKSFC 发出监管虚拟资产交易平台的立场书，公布对虚拟资产交易平台将采取新监管方针。此举被视为即将给虚拟资产管理平台发牌。

（三）美国监管策略

1. 政策概要

截至本书成稿，美国证券交易委员会（SEC）尚未批准任何数字货币交易基金，也未批准任何数字货币。美国尚未对加密货币的属性做出统一规定，加上美国实行的分级监管制度，使得美国对于数字货币的监管比较复杂。

目前有少数交易所获得了授权许可，如纽约州对数字货币交易所实行严格管控；华盛顿州于 2017 年 4 月颁布 5031 法案，该法案规定华盛顿州所有货币交易所，包括虚拟货币运营商，都必须申请牌照才能运营，目前许多在华盛顿州开展业务的交易所已获得了相关牌照。其他州也都在 SEC 的规定下，积极采取措施，对数字货币交易实施牌照化管理。

2. 重要监管事件[1]

美国对比特币采取措施最早可追溯至 2012 年的国会听证会。2015 年，纽约州发放全球首个数字货币交易执照，随后更为数字货币监管设置了一个新的部门——研究与创新部，专门负责发放该执照。

2017 年 11 月，美国商品期货交易管理委员会（CFTC）宣布批准芝加哥期权交易所（CBOE）和芝加哥期货（CME）的比特币期货交易；2017 年 12 月，时任 SEC 主席的杰伊·克莱顿则将所有 ICO 都定性为证券。

美国税务局（IRS）则以税收为出发点，认定比特币和其他加密数字货币为财产而非货币，应依照资本增值税法进行监管，并于 2014 年出台规定，要求从事虚拟货币交易、投资与挖矿须履行纳税义务。不少大型数字交易平台因此移至海外以避开美国的税收政策。

美国财政部下设的金融犯罪执法网络（FinCEN）认为，数字货币更接近于货币。FinCEN 对数字货币的监管主要集中在防止不法分子利用数字货币犯罪和洗钱。在美国所有涉及数字货币的机构，都要求在 FinCen 上注册登记为货币服务机构，并需要在内部设置相应的监管部门，以防不法分子利用数字货币犯罪和洗钱。

2017 年以来，SEC 对数字货币产业的监管手段主要有发声明、起诉、调查等形式，它

---

① 参考美国当地监管网站信息和资料。

认为绝大多数项目的代币融资行为都是发行证券，相关业态都要在 SEC 注册，并起诉了部分项目。

2019 年 7 月，SEC 首次批准区块链初创公司 BlockStack 用"RegA+"方式公开对外发行数字货币，最终以每个币 0.30 美元的价格对外发行，募集 2 800 万美元。

2019 年 12 月，美国证券交易委员会批准了纽约数字投资集团（NYDIG）向机构投资者提供专注于比特币期货新基金的申请，并解释批准的三个原因：①该基金不直接持有数字资产；②该基金满足重大风险信息披露要求；③该基金不是每日赎回，从而减轻了意外流动性需求的风险。

2020 年 3 月，美国国会众议员提出《2020 加密货币法案》（Crypto-Currency Act of 2020），旨在明确相应的监管机构来监管一系列加密资产，使得美国的加密资产具有明确性和合法性。法案将数字资产分为三类：加密商品、加密货币和加密证券，分别由美国商品期货交易委员会（CFTC）、金融犯罪执法网络（FinCEN）和美国证券交易委员会（SEC）监管。

（四）新加坡监管策略

1. 政策概要

新加坡对数字货币的监管部门是金融管理局（以下称"MAS"）。新加坡允许全球加密货币公司在当地开展业务，包括支付、交易和区块链技术应用，但是禁止 ICO、非法融资、洗钱和资助恐怖主义等行为。

2. 重要监管事件①

2017 年 8 月 1 日，MAS 首次表明对 ICO 的立场，明确并界定了数字凭证和虚拟货币的概念和范围，并强调要防止不法分子利用虚拟货币进行洗钱或恐怖融资等不正当行为，最后表明如若属于《证券与期货法》管理范围的 ICO 项目，需要接受 MAS 的监管。

2017 年 11 月，MAS 发布《数字代币发行指引》，明确规定，若发行的数字代币代表投资者持有企业股权或资产所有权，或是可转换为公司债权，则受到证券期货法管制。

2018 年 11 月，MAS 再次明确，新加坡数字资产相关机构，包括数字资产交易所，若涉及提供被视为资本市场产品、证券或期货合约的数字资产交易，均需要获得相应牌照方可运营。

2019 年 7 月，MAS 发布数字牌照申请细则，将授予金融企业多达两个完整的数字银行牌照，以及三个专门针对新加坡中小企业和其他非零售领域的数字批发牌照，让业内人士看到了合规交易所面世的希望。此后，新加坡进一步完善了对数字货币领域的监管，截至 2019 年 12 月，共有 21 家企业申请数字牌照。

---

① 资料参考新加坡当地监管网站信息和资料。

2019 年 12 月，MAS 发布了有关防止洗钱和打击资助恐怖主义行为的通知，通知详细介绍了反洗钱（AML）以及针对数字支付令牌服务提供商的反恐融资（CFT）要求。

2020 年 1 月 28 日，MAS 宣布《支付服务法案》正式生效，该法案让新加坡成为少数几个对数字货币业务有明确监管的国家。该法案规定所有数字货币交易所、钱包以及 OTC 平台都属于数字支付相关服务商，必须满足相关反洗钱规定，并在申请相应牌照后才能合规化运营。

2020 年 3 月 16 日，MAS 进一步为数字代币支付服务供应商提供进一步的反洗钱和反恐融资指引，并建议数字代币支付服务提供商尽可能早地追溯以前的代币交易，以确定是否有可疑情况。

2020 年 3 月，MAS 公布 PSA 牌照豁免名单，近 400 家公司可在正式下达牌照前以豁免状态合法运营，数字货币支付服务豁免期截至 2020 年 7 月 28 日。

综上来看，新加坡现行的法规对数字货币进行分类监管，若属于资本市场产品，即证券，需要遵循证券和期货法案；若属于工具型通证（Utility Token），相较于证券则更为自由。但两者都需要遵循 AML 和 KYC 等法规。

（五）日本监管策略

1. 政策概要

日本是全球最早为数字资产提供法律保障的国家，日本通过不断修订相关政策和法规，使区块链行业向着规范的方向发展。

日本金融厅（FSA）负责数字货币的监管，成立数字货币交易所需要申请牌照。日本还成立了数字货币研究协会和行业自律协会，以促进数字货币行业的发展。得益于日本对数字货币的友好态度和宽松的监管政策，在 2017 年 9 月之后，日本成为全球数字货币交易量最高的国家。

2. 重要监管事件①

2016 年 5 月 25 日，日本内阁签署《资金结算法》修正案，将数字货币纳入法律规制体系，承认比特币为合法的支付手段，并于 2017 年 4 月 1 日开始实施。

2017 年，日本金融厅（FSA）颁布《支付服务法案》，对数字货币交易所实施全方位监管，所有在日本境内运营的交易所必须获得日本财政部与 FSA 的牌照授权。

2018 年 1 月，日本 Coincheck 交易所发生失窃案件，损失价值达 5.23 亿美元，引起日本金融厅的高度重视，随后从资金安全、人员管理、反洗钱系统等多方位对 32 个数字货币交易所进行全面检查。

2018 年 8 月，日本金融厅宣布对不同类型的交易所进行监管：①对于有牌照的交易所，

① 资料参考日本当地监管网站信息和资料。

频繁更新风控要求，继续进行入驻检查，如果发现问题则给予行政处分；②对于准交易所，基于他们提出的业务报告，切实评估发放牌照的可能性；③对于新申请牌照的交易所，要求提供更丰富的书面材料，并尽快开展入驻调查。这些措施让日本的数字货币监管体系开始走上更为严格的监管之路。

2019 年 3 月，日本内阁会议通过了有关加强对虚拟货币交易限制的《金融商品交易法》和《资金结算法》修正案，要求：①将虚拟货币更名为加密资产，但不强制要求交易所更改称呼；②应对虚拟货币被盗风险；③保证金交易；④ICO 监管；⑤其他规定，如禁止虚假广告、夸张广告及散布谣言、操纵价格等不正当行为。5 月 31 日，日本参议院全体会议正式通过了《资金结算法》及《金融商品交易法》修正案。此后，日本将"虚拟货币"更名为"加密资产"，以防止使用诸如日元和美元等合法货币进行错误识别。此外，日本还将虚拟货币纳入《金商法》的监管对象，以限制投机交易。

2019 年 6 月，日本金融厅发布修改版加密货币行业监管指南，针对加密货币交易所提出监管细化，对 ICO 融资行为进行规范，并进一步明确官方对加密货币行业的态度，提醒投资者应该关注交易所加密货币资产被盗的风险。

2019 年 8 月，日本金融厅再次发布名为《金融行政迄今为止的实践及未来方针》的主题文件，聚焦有关交易所注册监管的问题。日本金融厅加强对数字加密货币市场动向的掌握和分析，通过与有关部门、自主监察机构、海外当局进行合作，实施安全监管。

2020 年 1 月，日本金融厅发布关于提高虚拟货币交易所注册审查透明度的措施。同月，日本金融厅发文规定，为虚拟货币募资的金融企业符合金融商品交易法的限制对象。

（六）加拿大监管策略

1. 政策概要

加拿大对比特币、以太币等主流数字货币一直持友好态度，加拿大当地的一家主营加密货币投资的公司已获得监管机构颁发的首个比特币基金牌照。加拿大证券管理机构（CSA）表示在决定某项 ICO 是否适用证券监管规定时，需要具体问题具体分析。总体来看，加拿大的立场偏宽松，没有采取任何激进的监管措施。

2. 重要监管事件[①]

2018 年 6 月，加拿大发布新的针对数字货币反洗钱的草案，将数字货币交易与支付视作货币服务业务（money service business，MSB）。草案要求当转账金额达到 1 000 加元时，进行报告客户（KYC）的监管；金额达 10 000 加元时，则需应 MSB 要求，报告相应大额交易。2019 年 7 月，加拿大政府放宽了部分新的反洗钱法规，加密交易所只需报告超过 10 000美元的转账交易。

---

① 资料参考加拿大当地监管网站信息和资料。

2019 年 7 月，加拿大要求自 2020 年 6 月 1 日起加拿大加密货币交易所需要在金融监管机构 FINTRAC 注册，这意味着加拿大监管机构对加拿大境内的加密交易所拥有了更多的监管职能。

2020 年 3 月，FINTRAC 强调指出，为使用加密货币的企业建立"更强有力的 AML/CTF 机制"是近期的首要任务。

（七）马耳他监管策略

1. 政策概要

马耳他是欧盟成员国中对数字货币态度最友好的地区之一，马耳他曾多次表示欢迎数字货币交易所入驻，其政府亦积极为行业制定完善的规章制度。在马耳他，数字货币不被视为"货币"，马耳他的数字创新框架列出了四种分布式分类账技术资产（"DLT 资产"）：①电子货币（本质上依赖或使用分布式分类账技术）；②金融工具（本质上依赖或使用分布式分类账技术）；③虚拟令牌（通常期望为实用程序令牌）；④虚拟金融资产（"VFA"）。

2. 重要监管事件①

2018 年 4 月，马耳他通过法律，积极承认 ICO。明确规定，若投资者因错误信息而蒙受损失，有权要求虚拟货币发行企业承担赔偿责任。马耳他还通过法案，成立了专门负责虚拟货币业务的政府机构。

2018 年 11 月，马耳他推出了三项区块链法案，分别是 MDIA（马耳他数字创新局）条例草案、TAS（技术服务提供商法案）条例草案、VC（虚拟货币）条例草案。为区块链、数字货币和 DLT 技术建立了第一个监管框架。

2019 年 4 月，马耳他金融服务管理局（MFSA）批准了 14 个加密资产代理商的许可申请。同月，马耳他博彩管理局启动了加密沙盒框架第二阶段。

2019 年 7 月，马耳他金融服务管理局提议为 STO 制定综合立法框架。

（八）泰国监管策略

1. 政策概要

泰国的监管程度正朝着宽松的方向发展，泰国颁布了《数字资产商业法令》和《数字资产法》等多部监管条令，以规范化引导行业发展。

2. 重要监管事件②

2018 年 2 月，泰国中央银行禁止银行提供任何与数字货币交易有关的服务，以避免操纵市场、洗钱、逃税以及传销行为。

2018 年 3 月，泰国制定特别法，规范数字货币交易和首次代币发行，以避免操纵市场、

---

① 资料参考马耳他当地监管网站信息和资料。

② 资料参考泰国当地监管网站信息和资料。

洗钱、逃税以及传销行为。同月，泰国行政部和泰国内阁为监管加密货币临时通过了两项皇家法令草案。

2018 年 4 月，泰国证券交易委员会（SEC）颁布加密数字货币监管法案，提出投资准入要求，即泰国的 ICO 运营商须提供不少于 500 万泰铢的注册资金。

2018 年 7 月，泰国财政部开始发放数字资产交易资格证，正在进行相关业务的公司和有意愿参与该行业的公司均可向泰国证监会（SEC）提交申请。同月，泰国通过了《数字资产商业法令》。

2019 年 1 月，泰国财政部批准了四家数字资产业务的运营牌照。其中，比特币公司、Bitkub 在线有限公司和 Satang Corporation Co. Ltd. 被批准为授权数字资产交易所；Coins TH Co. Ltd. 被批准为加密货币特许经纪人和交易商；Cash2Coins Co. Ltd 和东南亚数字交易有限公司被拒绝。

2019 年 3 月，泰国 SEC 法规将 BCH、ETC 和 LTC 从授权组成代币配对的加密资产列表中删除。随后，泰国证券交易所（SET）计划在 2020 年推出其数字资产平台。泰国证券交易所在声明中指出，泰国资本市场将在两个领域开始向数字时代的转型：第一个领域将是资本市场基础设施的全面数字化，以便提供无纸化操作；第二个领域将是建立一个新的支持数字资产的生态系统，以创造新的机会，改变投资格局。

2019 年 3 月，泰国证券交易委员会（SEC）批准该国第一个 ICO 门户网站，该网站由外国公司运营，将为客户提供 ICO 筛选、背景调查、智能合约源代码确认和 KYC 等方面的服务。

2019 年 5 月，泰国 SEC 副秘书长宣布，2019 年颁布的《证券交易法》修正案生效，允许一级市场上所有类型的证券交易无纸化，为其他市场参与者提供机会，并支持完全数字化的股票。

（九）英国监管策略

1. 政策概要

对于数字货币、Libra 等新生事物，英国更多考虑的是如何监管，如何制定管理政策以及征税问题。英国希望把数字货币交易所提升至与证券交易所相当的管理标准，加大打击有关数字货币的非法金融活动，对数字货币交易所实行更严格的监管。英国允许区块链技术创新，2018 年 7 月，英国允许 29 个项目进入其全球金融技术监管沙盒。

2. 重要监管事件[①]

2015 年 3 月，英国政府率先提出监管沙盒。按照英国金融行为监管局（FCA）的定义，"监管沙盒"是一个"安全空间"，在这个安全空间内，金融科技企业可以测试其创新的金

---

① 资料参考英国当地监管网站信息和资料。

融产品、服务、商业模式和营销方式，而不用在相关活动碰到问题时立即受到监管规则的约束。

2018 年 3 月，Coinbase 首获 FCA 颁发的电子货币许可证（e-money license），允许他们在当地提供支付服务，发行能够用于银行卡和互联网及电话支付的数字货币替代产品。

2018 年 5 月，FCA 表示，正在调查 24 家涉足加密数字货币业务但未获授权的企业，以此判断他们是否能开展需要 FCA 授权的受监管经营活动。FCA 并不监管数字货币，但监管数字货币的衍生品，并表示，将视 ICO 结构组成方式逐个案例监管。

2018 年 6 月，英国 FCA 公开警告加密数字货币业务可能面临的风险。如果涉及被 FCA 视为"加密资产"的活动，就要加大对客户活动的审查力度，相应采取一些降低金融犯罪风险的举措，比如开展对关键个人的尽职调查，保证现有金融犯罪框架能充分反映加密货币相关活动。同月，FCA 发布指南指引银行处理与数字货币相关的资产。

2019 年 8 月，英国 FCA 确定了加密资产指导方针，明确了哪些代币属于其管辖范围。FCA 同意将 11 家区块链企业和数字货币公司纳入沙盒监管，亦体现出其较为强硬的监管决心。

2019 年 10 月，英国中央银行出台加密新规，明确指出 Libra 需要符合新规才能运营。

2019 年 11 月，英国更新加密税收指南，强调比特币不是货币，也不是证券。

（十）韩国监管策略

1. 政策概要

韩国曾于 2017 年禁止所有形式的 ICO，并禁止金融机构参与加密货币活动。但随着加密行业的发展，韩国对于加密货币的态度从明令禁止转向合规监管。

2. 重要监管事件

2018 年 2 月，韩国金融管理部门要求加密货币交易实名制，为防止虚拟货币被用于洗钱和其他犯罪行为，外国投资者和未成年人不可进行虚拟货币交易。

2018 年 7 月，韩国根据 G20 国家制定的"统一监管"政策，放宽了对加密资产的规定，指导金融监管局（FSS）的金融服务委员会（FCS）修订与加密货币交易商所有活动的有关指导方针。

2018 年 9 月，韩国政府禁止 ICO，认为通过发行加密代币募集资金的做法和"赌博"无异。

2019 年 1 月，韩国科学技术信息通信部和产业通商资源部开始实行信息通信技术产业监管沙盒制度，《信息通信融合法》和《产业融合促进法》也正式生效，允许企业获得"实证特例"和"临时许可"。韩国政府开始受理"以区块链为基础的海外汇款服务"等申请。

2020 年 3 月，韩国国会全体会议正式通过了《关于特定金融交易信息报告与利用等法律》修订案，将韩国国内数字货币交易所视为"金融公司"，并包含有关反洗钱和加密货币融资等法规。该修正案将于 2021 年 3 月正式实施，它为虚拟资产服务提供商（VASP）提供了韩国的反洗钱和反恐融资框架。此外。该法案要求所有虚拟资产服务提供商（VASP）在监管机构注册，并与一家银行合作进行存取和提取操作。

（作者：张峻铭，李孟炫①，黄宙有）

◆ 如何在中国香港地区开展新金融业务

区块链金融与虚拟资产管理：在香港地区展业前的必备监管知识

中国香港地区的金融监管涉及两大监管机构：一是中国香港金融管理局（HKMA），二是 HKSFC。两大机构对于金融科技以及虚拟资产的发展政策与监管，对区块链金融及虚拟资产管理在中国香港地区的发展起着举足轻重的作用。

一、监管当局对金融科技的总体发展政策

（一）HKMA 的总体发展及监管政策

HKMA 主要监管银行类的存贷款业务。但随着金融科技的兴起，它的监管范围也覆盖到以区块链金融为主的金融业务范畴。

HKMA 对金融科技的定义是"涵盖人工智能、区块链、云端运算和大数据在支付、结算及交收、存款、借贷及集资、保险、投资管理及市场支持等方面的应用"（HKMA 网站）。

对于以区块链为主的金融科技，HKMA 认为，需了解金融科技带来的好处与风险，并促使其稳健发展。此外，银行界的网络保安及数据保安措施亦必须严密可靠，以维持公众对银行系统及新型金融服务的信心。

为此，HKMA 于 2016 年成立了金融科技促进办公室（FFO），以促进香港地区金融科技业的稳健发展，并推动香港地区成为亚洲地区的金融科技枢纽。关于金融科技在互联网、移动数据，以及储值支付工具等领域的运用，均由 HKMA 来管理。

2018 年 9 月 27 日，时任 HKMA 副总裁的阮国恒进一步提出，将对金融监管和合规科技（Regtech）开放金融科技监管沙盒，让香港的银行和科技公司来测试它们的 Regtech 项目，或就这些新项目寻求金管局的监管意见。HKMA 从以下 4 个范畴帮助业界建立 Regtech 生态系统：

---

① 李孟炫，数字资产做市商 Bitflowing 比特流动创始人，全球区块链与数字经济研究院研究员；原初贝资本创始人，原移动互联网络科技 CTO、NEO（原小蚁）、GXC 公信宝、QTUM 量子链早期投资人；现主要为多家知名交易所提供做市商服务，并专注研究数字资产量化和流动性管理。

（1）打击洗钱及恐怖分子资金筹集领域。在这方面，HKMA 鼓励使用新科技提升银行打击洗钱及恐怖分子资金筹集工作的成效，运用 AI 和机器人进行数据收集和分析，有效监察和筛查客户交易。

（2）风险管理和合规。HKMA 考虑 Regtech 具体可以应用的范围。其通过包括压力测试、投资组合风险管理、诈骗风险侦测和网络保安等方法，看是否有必要向业界提供监管指引或厘清相关的监管要求。

（3）提升合规回馈速度。HKMA 研究"机器可读"（machine-readable）的监管模式，其目的是让香港地区的银行在需要向监管当局做出响应时，可借助系统解读监管的要求，从而更快、更全面、更有序地更新其内部合规指引和程序。

（4）监管科技（Suptech）。HKMA 自身研究如何更多地使用科技提升监管效率和成效。

二、HKSFC 对金融科技的发展及监管政策

HKSFC 主要监管与证券及期货相关的金融业务，例如资产管理、证券交易（外汇、商品、期货交易等）以及证券类别的融资（如股票 IPO 及债券融资）等。

（一）从机构设置上加强对金融科技的监管

从机构设置来看，HKSFC 对于金融科技的政策，从 2016 年 3 月 1 日同时成立"金融科技联络办事处"（FinTech 联络办）和"金融科技咨询小组"（FinTech 咨询组）开始，逐步变得明朗。

FinTech 联络办由 HKSFC 的风险及策略组主理，目的是鼓励从事金融科技发展和应用的公司和人士通过这个渠道与 HKSFC 沟通。

FinTech 咨询组则主要是集中探讨与金融科技有关的发展所带来的机遇、风险及对监管法规的影响。对于有意从事虚拟资产管理的人来说，更需要密切关注该小组发布的文件。

（二）通过授牌或注册进行规管

1. 香港地区的持牌业务

在香港地区，哪些业务需要持牌经营，主要由《证券及期货条例》（以下简称《条例》）规定。表 6-3 是本书成稿之际，证监会根据《条例》罗列的持牌业务类型。

表 6-3　中国香港证监会罗列的持牌业务类型

第 1 类	证券交易
第 2 类	期货合约交易
第 3 类	杠杆式外汇交易
第 4 类	就证券提供意见
第 5 类	就期货合约提供意见

表6-3(续)

第 6 类	就机构融资提供意见
第 7 类	提供自动化交易服务
第 8 类	提供证券保证金融资
第 9 类	提供资产管理
第 10 类	提供信贷评级服务
第 11 类	场外衍生工具产品交易或就场外衍生工具产品提供意见（注 1）
第 12 类	为场外衍生工具交易提供客户结算服务（注 2）

注 1：由《证券及期货条例》2014 年第 6 号第 53 条增补，截至本书成稿时，尚处于筹备阶段，尚未正式实施。

注 2：由《证券及期货条例》2014 年第 6 号第 53 条增补，截至本书成稿时，尚处于筹备阶段，尚未正式实施。

虚拟资产涉及上述业务中的一类或多类。比如，如果是 ICO 发行，就有可能涉及第 1 类业务（亦称 1 号牌）；如果涉及虚拟资产管理基金，则涉及 9 号牌业务；如果涉及虚拟资产交易平台，则涉及 7 号牌。

2. 香港地区资产管理业务的"持牌"与"注册"概况

（1）"注册"与"持牌"的区别。在香港地区，从事受规管业务的公司或需"持牌"，或需"注册"。两者的差别是：如果申牌公司是"认可财务机构"（主要指银行），便需要向 SFC 申请"注册"①。如果是"非认可财务机构"（主要指非银行类的金融机构如证券公司、资产管理公司等），则要向 SFC 申请受规管业务"牌照"。

不论是"持牌"还是"注册"，都必须是在香港地区注册的"有限公司"，独资企业和合伙制公司均不能在香港地区从事受规管业务。

（2）有十种情况可豁免申牌或注册。

中国香港证监会规定，若从业者从事的某类受规管业务是其他受规管业务的附带活动之一，则不需要申请牌照或注册。常见的有：

①持 11 号牌豁免 4、6、9 号牌。

持 1 号牌的公司，若因 1 号牌业务而顺带提供投资咨询（4 号牌）、机构融资咨询（6 号牌）或资产管理（9 号牌），则不需要持有后面的三类牌照。

②持 2 号牌豁免 5、9 号牌。

---

① 对于银行等机构来说，HKSFC 通常会豁免第 3 类业务（杠杆式外汇交易）和第 8 类业务（提供证券保证金融资）的"注册"要求。

持有 2 号牌的公司，如果附带进行 5 号牌或 9 号牌业务，则不需要拿 5、9 号牌。

③持 29 号牌豁免 1、2、4、5 号牌。

持 9 号业务的资产管理公司或银行，如因资管业务而需进行证券、期货交易或提供证券及期货投资意见，则不需就 1、2、4、5 业务申请牌照或注册。

④持 1 号牌豁免 8 号牌。

持 1 号牌的公司，可以不需要申请 8 号牌，便可提供证券保证金融资业务。

⑤内部使用的信贷评级服务不需要持牌。

如果信贷评级结果只供内部使用，且不会公开给公众，则不需要持 10 号牌。

⑥与专业投资者的交易可豁免持牌。

如果只为专业投资者（PI）提供服务及交易，则在非认可的期货市场为这些 PI 提供期货交易时不需申牌或注册，对于与 PI 的证券交易也有类似规定。

⑦为集团成员服务可以豁免持牌的规定。

SFC 豁免从业机构对同一集团的全资附属公司、全资母公司、以及全资母公司的其他全资附属公司提供服务时，就 4、5、6、9 类受规管业务申牌或注册。

⑧专业人士的持牌豁免

香港地区的执业律师、专业会计师等为客户提供的意见或建议若涉及证券投资意见（4 号牌）、期货合约意见（5 号牌）、机构融资（6 号牌）或是资产管理（9 号牌），则不需要向证监会申请牌照便可以开展业务。

⑨广播业者和新闻工作者可豁免持牌

媒体公司通过报刊、杂志、书籍或其他媒体，抑或是电视或广播等渠道，向公众提供证券、期货、机构融资意见，或是发布相关的分析及信息数据，不必申请牌照。

⑩信托公司可部分豁免持牌。

根据香港地区《受托人条例》注册的信托公司，以某集体投资计划（即内地的公募基金）代理人身份执行一些与证券交易相关的业务时，无须申请 1 号牌。信托公司根据其职责向客户提供证券投资意见、期货合约意见、机构融资意见或资产管理意见，则可以豁免就 4、5、6、9 号业务持牌或注册。

（三）虚拟资产管理公司需向证监会申牌

虚拟资产管理业务在香港地区属于"资产管理"业务（即 9 号牌业务）范畴，而"虚拟资产"又属于 HKSFC 置于金融科技监管沙盒的业务范畴，因此它同时要受到 HKSFC "监管沙盒"的规管要求。

对于打算在香港地区开展虚拟资产业务的非银行机构来说，需要掌握以下几点：

1. 向 HKSFC 申请成为持牌公司

根据 HKSFC 的现行要求，想成为香港地区的持牌公司，必须满足以下条件：

（1）法律地位要求：必须是在香港地区注册的有限公司，或是在香港地区公司注册处注册的海外公司。

（2）两名负责人：每一类别的牌照须有两名负责人员（RO），而且其中至少一名是根据《证券及期货条例》定义的执行董事，必须有一名常驻香港地区，以便 HKSFC 随时联络。证监会 RO 还有一定的资质要求：①学历、行业资格；②"相关行业经验"；③管理经验；④通过相关的本地监管架构考试。

（3）大股东资质：大股东指的是所有持有 10% 或以上权益的公司股东。大股东必须符合 HKSFC 的"适当人选"标准（主要是学历、工作履历、管理经验、诚信记录、信用记录、破产记录等方面）。

（4）核心职能主管要求：至少设 8 个主要部门，部门核心职能主管（management in charge，MIC）必须由董事会任命且通过，并向 HKSFC 报备。虽然 MIC 可以担任多个核心职能，同一核心职能也可以由多于一个主管担任，但是"整体管理监督"和"主要业务"的核心职能主管必须担当受规管活动的负责人员（RO）。

（5）财政资源：公司注册资本及速动资金必须满足 HKSFC 的财政资源规定。

（6）持牌代表：公司所有从事持牌业务的人员必须是持牌代表（RO 也要成为持牌代表）。

满足上述条件后，HKSFC 还会通过问卷形式审核公司的业务规划，并对有关人员的背景展开调查，整个审核流程大概需要 6~9 个月。

2. 满足 HKSFC 的"沙盒监管"资质要求

根据 HKSFC 的政策，要从事虚拟资产管理，公司获牌后，还要申请"沙盒监管"。

（1）公司需能证明，自己具备使用创新科技的基础，并且真诚和认真地致力于利用金融科技进行受规管活动。

（2）公司的业务活动会给投资者带来更优质的产品和服务，并令香港地区的金融业受惠。

（3）在满足上述两项资质后，HKSFC 可能还会就金融科技的使用施加新的发牌约束，包括：

①限制企业可服务的客户类别或每名客户的最高风险承担；

②可能要求公司制订适当的投资者赔偿计划；

③可能要求公司定期接受 HKSFC 的监督性审核；

④HKSFC 还可能就原有 RO 在金融科技领域的"相关行业经验"进行审核。

3. 满足对虚拟资产业务的政策规定

HKSFC 与虚拟资产可能相关的政策文件主要有以下几项：

（1）《关于公布证监会沙盒监管的通函》（2017 年 9 月 29 日）。

（2）《有关针对虚拟资产投资组合的管理公司、基金分销商及交易平台营运者的监管框架的声明》（2018年11月1日）。该声明还有两份附录性文件也很重要：①《适用于管理虚拟资产投资组合的持牌法团的监管标准》；②《可能规管虚拟资产交易平台营运者的概念性框架》。

（3）《适用于管理投资于虚拟资产的投资组合的持牌法团的条款及条件》（2019年10月4日）。

（四）不同虚拟资产业务面对的不同监管措施

（1）虚拟资产管理公司。要从事资产管理，首先得申请9号牌。要是9号牌公司持有的资产超过10%涉及虚拟资产，便需要向HKSFC汇报并报备。HKSFC可能会施加新的监管标准——这些标准会以发牌条件的形式通知公司。

（2）分销虚拟资产基金。在香港地区，如果公司想分销（完全或部分）投资于虚拟资产的基金，则须申请第1类受规管活动（证券交易）的牌照。除此之外，该类公司还必须满足HKSFC在2018年11月1日《致中介人的通函——分销虚拟资产基金》内就分销虚拟资产基金所应达到的标准与作业手法。

（3）虚拟资产交易平台。HKSFC于2018年11月1日发出一份声明①，阐述有关可能监管虚拟资产交易平台的概念性框架。在这个框架文件中，"虚拟资产"被界定为以数码形式来表达价值的资产，例子包括"加密货币""加密资产"及"数码代币"。

2019年11月6日，HKSFC发表"立场书"，阐明关于虚拟资产交易平台的新监管框架。HKSFC表示，在香港地区营运并为至少一种证券型代币提供交易服务的平台，可向证监会申请发牌。

（4）首次代币发行（ICO）。截至本书成稿，中国香港证监会尚未就某项虚拟资产是否属于"证券"发布具体而清晰的政策指引。如果持牌公司想协助发行公司进行ICO，建议咨询专业律师的意见。

根据HKSFC的相关规定，若个别ICO所发售的"加密货币"被认定为《证券及期货条例》所界定的"证券"，那么就该币提供交易服务、投资意见、资产管理等，就都有可能会被列为"受规管活动"而必须申牌。

（5）比特币期货产品。对于在芝加哥商品交易所上市的比特币期货产品，中国香港证监会将之视为传统投资产品，即"期货合约"，因此须获发牌才能经营②。 （作者：安扬）

---

① 声明指HKSFC于2018年11月1日发布的《有关针对虚拟资产投资组合的管理公司、基金分销商及交易平台营运者的监管框架的声明》。

② 对该部分内容有兴趣的读者，可参阅HKSFC2017年12月11日的《致持牌法团及注册机构的通函——有关比特币期货合约及与加密货币相关的投资产品》一文。

如何看中国香港证监会关于对数字货币交易平台和虚拟资产的政策演变

香港地区的数字货币行业在过去几年经历了巨大的改变。如今不管是市场对数字货币的接受度，还是法律法规的定义或币种的演变等都与过去几年截然不同。同时数字货币交易平台的定位也因为市场动向而不停地改变。

一、数字货币交易平台："无监管"时代的发展

香港地区最初的本土数字货币交易平台可以追溯到 2012 年。当时交易平台主要是提供主流币的交易并从中收取手续费，监管机构对其的关注度也相对较低，直到 2014 年才首次在立法会的会议中进行讨论。

之后，随着比特币等主流币越来越受到投资者欢迎，数字货币才被中国香港金融管理局在 2015 年的新闻稿中以提醒投资人的形式提及。这也是香港地区的金融监管机构第一次确认比特币"并非法定货币，而是于虚拟世界创造的'商品'"①，同时大致确定了数字货币未来几年的业界走势。

随着首次代币发行（ICO）的崛起，香港市场开始看到了大量非主流币的出现，而交易平台也于这几年以收取上币费的模式获得了很可观的利润。这也确立了交易平台必须先从代币发行方收到由律师事务所出具的法律意见书，以确认其发行的代币不是证券（并争论只是虚拟商品）的标准化市场模式。

该模式也在一定程度上得到 HKSFC 的认同，其于 2017 年出具了声明，称"留意到，香港及其他地方有愈来愈多首次代币发行"而"当中所发售或销售的数码代币可能属于《证券及期货条例》所界定的'证券'，并受到香港证券法例的规管"，同时警告业界"就该类数码代币提供交易服务或提供意见，或者管理或推广投资数码代币的基金，均可能构成'受规管活动'"。

HKSFC 指出，"从事受规管活动的人士或机构，不论是否位处香港，只要其业务活动是以香港公众为对象，便须获证监会发牌或向证监会注册。"

尽管 HKSFC 表示了"留意"，并提出从事受规管活动的机构必须持牌的要求，但由于代币发行难以被明确认定为"证券"，因此此类 ICO 并没有被证监会的声明所阻吓。2016—2018 年，香港市场仍然充斥着各式各样的代币。

HKSFC 在 2018 年首次公开采取监管行动，对 7 家位于香港地区或与香港有联系的加密货币交易所发出警告，之后叫停了一个首次代币发行项目。

基于各种理由，在 2018 年，首次代币发行的市场开始逐渐回落，业界开始看到了名为

---

① 原句为"金管局重申，Bitcoin 并非法定货币，而是于虚拟世界创造的'商品'"。

反向 ICO（Reverse ICO）的做法，并由一些有实业的公司进行发币融资。此举包括了很多交易平台，它们争先恐后地推出自己的平台币，以吸引投资人在其交易平台进行交易，并维持交易平台的交易量，这也成了当时业界口中的交易平台战争。但这并没能阻止熊市的到来，为了保值，市场上也慢慢看到不同的稳定币的推出，以作为投资者们风险对冲的工具之一。

二、通过"沙盒监管"谨慎出击

到 2018 年下半年，国际市场慢慢偏向了证券代币发行（STO），卖点是它拥有首次公开募股的安全性，同时享有首次代币发行的弹性和流动性。但与之相伴的是大量法律和合规上的问题，且这也与 HKSFC 在 2017 年的声明不完全一致。因此香港业界开始形成了一股力量，推动法规上的改革。

传统金融业的一些企业，包括一些券商和基金管理公司，也开始关注数字货币行业并投身进来，希望推进证券币的发展。似乎是为了响应市场变动，HKSFC 于 2018 年的 11 月发出了震荡市场的声明并首次对数字货币的市场进行规管。

该声明具有重大的意义：它除了打下监管基础，对希望提供数字资产管理服务的资产管理持牌机构施加发牌条件的监管外，也阐述了一个概念性框架，即将会在证监会的"监管沙盒"内，探索虚拟资产交易平台是否适宜受到监管，并会观察有意从事有关业务的平台营运者在"沙盒"环境中的运作情况，以及它们能否符合建议的监管规定。

"沙盒监管"的主要目的是为业界提供一个受 HKSFC 监控的环境，以便让他们继续运作。HKSFC 同时可以借此机会从业界的角度了解市场做法，并审核其是否对数字货币的市场（主要针对证券币）进行监管，以符合市场的动向。

为了吸引业界与证监会合作进行"沙盒监管"，2018 年 11 月的声明也提到了"会考虑向合资格的平台运营者批给需受发牌条件所规限的牌照"的可能性。此举不仅给业界提供了新商机，也给业界吃了一颗定心丸，即 HKSFC 在数字货币及相关交易平台的监管方面，并不完全跟随中国内地的管治方针。此声明发布后，大量的数字货币交易平台开始进入香港市场，或在香港地区成立新的交易平台，希望可以获得证券币的相关牌照并立于市场前端，以获得商业先机。

三、从"沙盒监管"迈向主动出击

2019 年，HKSFC 对证券币市场一改之前观望的态度，于 2019 年 3 月推出了新的声明，确定了其对证券代币发行的看法。

该声明明确阐明：进行证券代币发行的过程需要符合现有的法规，也列出了一些进行证券交易的持牌机构（1 号牌）须采取额外投资者保障措施，同时定义证券币为"复杂产品"。

这一声明意义重大，尽管它代表香港证监会从守望转向主动监管，似乎给人感觉是收紧监管。实际上，它通过证监会的监管，向符合资格的行业服务商提供了一条正规经营的通道。这无疑是业界的一支强心针，并更加稳固了证券代币发行的做法。这形成了现时业界出现的一些传统金融业 1 号牌机构愿意提供证券币相关服务，而多个数字货币交易平台努力与其达成合作关系，以准备进入后期的证券币二级交易市场。

基于在当下的数字货币市场内允许运营证券币交易平台的国家屈指可数，业界对中国香港证监会的政策演变基本上持积极态度。

尽管市场会在一定程度上受 HKSFC 监管，但究其根本，市场需求及导向起着较大的作用。业界普遍认为，证监会之前所采取的行动并没有与业界已有的做法有太大的出入或造成干扰。因为总体而言，证监会的声明大部分都不过是加深业界的现有认知而已。

当然以上市场的发展分析在法律的监管下也一直在动态改变。但在本书成稿时，香港地区依然不存在一条明确针对数字货币的法律，立法会也暂时没有释明会对数字货币进行立法的意向。

就业界实务而言，大多时候业界都是依赖着市场做法和 HKSFC 的声明或法规进行合规方面的工作。2014 年的中国香港立法会会议中曾提过"任何虚拟商品营运者在业务中经营涉及货币兑换或汇款服务，必须按《打击洗钱及恐怖分子资金筹集（金融机构）条例》向海关关长申请经营金钱服务的牌照"。这刺激到业界人士开始考虑合规上的准备，亦出现了多个业界人士尝试申请金钱服务牌照（MSO 牌照）的情况。从律师事务所的角度来看，当时有关申请金钱服务牌照的相关法律服务的咨询也有所增加。

可是，当时香港地区的监管机构对于数字货币的定义还没有达成一致意见，导致了后来在中国香港立法会会议的 1 个月后，中国香港海关也发出了声明，指出比特币及其他类似虚拟商品都不是金钱，所以不受海关的规管。虽然如此，许多交易平台为了控制风险，依然选择申请金钱服务牌照并确保所有交易平台上的法定货币出入都通过一家金钱服务持牌公司进行。

从法律的角度来看，因当时的声明只针对比特币及其他类似虚拟商品，所以业界开始以比特币为模型并发各种带有支付性质的数字货币，这也是后来许多首次代币发行的主要模式。这也开始了从法律上定义数字货币并确认不会违反主要以证券法为首的一系列的法律的市场做法。

现在，香港地区的多个交易平台都有一套自己的上币守则以筛选合适的数字货币到自己的平台上交易，也有一个内部的上币团队（listing team）专门去与 ICO 项目方对接并了解有关项目所需的全部数据，而项目方也需要在过程中委任一家律师事务所出具法律意见书，以确认数字货币不是证券和没有违反一些重大法律和法规。但基于区块链独有的性质，业界很难确定该寻找哪一个司法管辖区的律师出具该法律意见书，所以也形成了后来大量的交易平台只接受交易平台本身有比较多业务的国家的律师出具的法律意见书。

现在，一些比较主流的交易平台都对其可接受的律师事务所及法律意见书的内容有一定的要求，而这些被接受的律师事务所通常都是比较大型的国际律师事务所，并同时向项目方表明只有符合所有要求才能进行上币。虽然如此，市场上还是有很多由不同国家的律所出具的法律意见书，业界也暂时没有一套完整的市场方针，是否可以接受完全是交易平台做了风控和商业上的衡量后自行决定的结果，因为比较小型的交易平台很难要求项目方支付昂贵的律师费以获取法律意见书（因此也必然自行减少交易平台的上币费用）。这也导致了现在市场上项目方如果希望在一些比较主流的交易平台上币，则需要支付比较大的开支。这些主流的交易平台也一定程度上主导着法规方面的市场做法。

如同前文所述，很多交易平台都在后期推出了自己的平台币。为了吸引用户，各个交易平台都借用平台币以实行一系列的用户获利模式，包括交易费回赠、手续费打折及随机空投。这在法律上引起了比较多的问题，因为这与过往的市场做法有冲突，即数字货币不再只是以支付为主要功能。过往的非证券法律意见书变得比较难出具，而 ICO 项目变得需要在项目初期拉入法律团队对数字货币提供结构和功能上的意见，以防被定义为证券币。很多大型的律师事务所也开始因为自己律师事务所内的风控而拒绝出具法律意见书或对法律意见书的使用做了很多限制。

随着熊市的到来，交易平台也被倒逼着思索其他的获利模式，很多交易平台开始推出一些限时比赛、抽奖活动等。这类活动也引起了很多其他的法律问题，包括赌博法和推广生意的竞赛牌照等。截至本书成稿时，交易平台对于寻找新的获利模式没有丝毫进步，并开始跟一些第三方平台合作。2019 年深受瞩目的 Staking 就是一个比较好的例子，当然，这也伴随其独有的法律问题。

同时，交易平台也开始接受不同的稳定币的上币申请，以提供更多的风险对冲的工具给用户。这引起了 HKMA 的注意，其开始密切关注稳定币是否会违反香港地区的《支付系统及储值支付工具条例》。鉴于有关条例对于整个稳定币的架构有一定的要求，这也使市场上的稳定币利用各种不同的方式以防受到额外的监管控制，这也让交易平台对稳定币的合规工作变得相当困难。HKSFC 对以上非证券币发展的参与呈比较被动的状态，一直都持观望的态度。虽然采取过监管行动但没有积极推进和颁布新的管治法规，仅仅是发出警告。

但对于业界来说，因为首次代币发行市场的惨淡，且利用各种方法去尝试延长非证券类数字货币都解决不了问题，所以业界开始探讨证券币的可能性，这直接引起了香港证监会的高度关注。因此导致其于 2018 年 11 月终于积极地对业界进行规管并在 2019 年 3 月发出有关证券代币发行的指引，驱使交易平台重新检阅内部的架构和营业模式。

因为证监会提出的发牌原则有许多限制，这令很多希望进入"沙盒"的交易平台需要重新调整其营运模式，有些交易平台更是重新推出新的交易平台以便把业务分开，方便他们维持过往的业务但同时保留向证监会申请牌照的可能性。

虽然证监会给出的政策带有很多限制，但基于过往数字货币产业给大众的形象都是比较负面和不受法律监管的，所以业界一直都很乐意跟监管机构合作以改变过往的形象。这也导致了尽管短期内 HKSFC 发牌的可能性不大，且发出的牌照用途比较局限（一些限制包括只能提供交易服务给专业投资人和需要购买市场上供应不多的保险等），许多交易平台还是愿意支付相关的服务费并高薪聘请高级管理人员。

四、通过传统基金管理机构吸引人才，提高市场专业性

除了上述针对证券币发行的监管外，鉴于当时市场上开始出现越来越多的数字资产基金，也有一定数量的 9 号牌公司表示有意提供相关服务，HKSFC 于 2018 年 11 月发布的声明中明确表示会对 9 号牌的数字资产管理业务进行监管。2019 年 10 月，HKSFC 正式发布《适用于管理投资于虚拟资产的投资组合的持牌法团的条款及条件》，详细列出对 9 号牌提供数字资产管理业务的监管要求。虽然 2019 年 10 月的声明与 2018 年 11 月的声明没有冲突，但也使 HKSFC 的意向趋于明朗化。

从声明来看，HKSFC 对 9 号牌公司的组织与管理架构提出额外要求，需要 9 号牌具备足够的人力及技术资源和经验，并且其主要职责（包括风险管理和合规职责）需要适当划分。同时，高级管理层（董事总经理或其董事局主席，行政总裁或运作方面的其他高级管理人员）也需要对数字资产管理业务的管理负责。

业界普遍认为此举会导致资源比较紧张的 9 号牌公司更难开展新数字资产管理服务，同时由于市场上拥有相关经验的持牌负责人员和高级管理层不多，这会导致 9 号牌公司寻找适合人选负责的过程非常困难。

而且，业界很多公司均依赖算法交易等自动化工具进行数字资产交易，以应对数字资产的 24 小时市场交易模式和减低成本，但划分主要职责的结果将间接要求数字资产管理公司对算法交易等自动化工具采取更进一步的人力监管，这大大提高了公司成本。

由此可见，HKSFC 的监管方向是希望只有资源充足的 9 号牌公司才可以提供数字资产管理服务，同时公司可从国外聘请员工、引进人才（但前提是必须拥有相应牌照），以提高数字资产行业的专业性。

在提供数字资产委托账户管理服务时，9 号牌的责任也扩展到需要对基金投资人进行评估，并确认其是否具备在数字资产或相关产品的知识和该基金投资人所选的投资范围是否合适，这与 1 号牌的责任规制是同等水平的。

另外，数字资产的服务也需要有一定的透明度，9 号牌需要定时向客户提供各种披露信息，包括在客户委托合同里需要包括的某些特定条款。不难看出，证监会的要求是想进一步推进数字资产管理服务的专业性，并确保大众的利益能得到相对程度的保护。

总而言之，监管机构对于数字货币和交易平台的管治一直都与市场走向进行着拉锯战。

虽然两方互相影响并一步步促使另一方采取监管或修改业务的行动，但很显然，这些改变都是业界希望看到的。这些改变除了可以更容易赢得大众对数字货币市场的信心，更可以开拓以往没有的新市场，并有望推动数字货币成为主流的投资产品。

（作者：余沛恒①，黄颖麟②）

作者特别声明：

本文的内容并不构成专业意见（不论是法律意见或其他意见），亦非全面。林余律师事务所和余沛恒律师事务所，概不力因获取或依赖本文中的信息而导致的任何损失负责。阅读本文，并未表示您与林余律师事务所和余沛恒律师事务所之间建立律师—客户关系。

本文受版权保护。您可出于个人使用目的阅读文章内容并进行复制。您还可以在适当情况下，将合理摘录的副本免费提供给您的联系人作个人用途，但须注明其来源于林余律师事务所和余沛恒律师事务所，且文字内容不得以任何方式修改，并需向其传达本警告内容。除非经过林余律师事务所和余沛恒律师事务所事先书面同意，否则对本文内容的任何其他使用或复制行为均不获允许。

香港虚拟资产交易平台（交易所）牌照申请：政策背景与步骤解读

HKSFC 对于目前创新的区块链和数字资产交易领域创新的监管框架，体现在其极具革新性地提出了"虚拟资产"的概念，以及基于"虚拟资产"这一概念形成的较为完整的监管框架。虚拟资产包括传统的完全不带证券属性的纯数字货币，比如比特币等，也包括带证券属性的证券代币。

HKSFC 利用虚拟资产这一概念，从保护投资人的角度出发，积极探索合适的监管途径和规管方法，构建了比较完整的监管框架，基本涵盖了数字资产中介人业务的各个领域，包括分销业务、基金业务和交易平台。

若中介人从事的业务为数字资产分销业务，则其需要向 HKSFC 获得 1 号牌；若中介人从事的业务为数字资产的资产管理业务，则其需要向 HKSFC 获得 9 号牌。若中介人从事的是虚拟资产交易平台业务，则其需要向 HKSFC 获得虚拟资产交易平台牌照，也即 1 号加 7 号牌照。

本文尝试详细介绍下虚拟资产交易平台牌照的出台背景、申牌条件、申请方法和细则

---

① 余沛恒，林余律师事务所和余沛恒律师事务所的创始合伙人。他在英格兰获得法律学士学位，并在英格兰和威尔士以及中国香港地区获得律师资格。近年来，余先生对区块链产业产生了浓厚的兴趣，他的热情和见解得到了各个专业机构的广泛肯定。余先生是香港律师会的创新科技委员会（即技术委员会）成员，并获委任为香港发明创新总会的名誉法律顾问，亚洲金融科技师学会的名誉法律顾问，粤港澳大湾区科技金融协会的名誉法律顾问。余先生不时代表比特币社区与中国香港立法会议员、香港金融管理局及财经事务及库务局会面。

② 黄颖麟，注册海外律师（英格兰及威尔士）。

等，力争给读者一个较为完整的牌照申请概览。

一、虚拟资产交易平台发牌政策的出台背景

2017 年年底，伴随着比特币的火爆行情，虚拟货币交易市场极度繁荣，很多交易平台纷纷在香港成立，越来越多的投资人跑步入场交易。2018 年之后逐步兴起的证券通证概念，也逐步吸引了主流投资人的关注。2019 年，随着 Libra 的横空问世，中央银行数字货币的研究热潮，以及大力发展区块链技术被定为国家发展战略之后，很多投资人进入区块链和数字货币领域，直接参与二级市场（数字货币交易所）买卖数字货币。但是很多数字货币或代币，其实并无任何资产和权益作支撑。许多项目发行方，发行代币之后就跑路，让投资人损失惨重。

HKSFC 从保护投资人利益的角度出发，多次公开发文提醒投资人注意风险，提醒中介人业务风险，甚至主动发监管函到交易平台，要求停止不合规业务。在打击非法交易平台活动的同时，HKSFC 紧跟监管发展趋势，努力创建新的监管框架，来规范代币投资市场。

HKSFC 于 2019 年 3 月 28 日出台了证券代币分销牌照规管声明，同时于 2019 年 10 月 4 日规定基金从事投资虚拟资产，需要申请"资产管理"牌照。对行业有较大影响力的是其 2019 年 11 月 6 日发布的虚拟资产交易平台牌照，并公布了详细的申请细则（"立场书"）。

二、虚拟资产交易平台的发牌申请条件

（一）对申请主体的要求

申请主体必须是单一主体。拟申请牌照的公司，或集团公司，其在香港从事虚拟资产交易平台业务的主体，必须满足单一主体要求，不能有多个平台。

（二）对申请人的资金要求

注册资本金 500 万港元，公司速冻资金不低于 360 万港元。同时，HKSFC 的申请细则中，还要求公司必须拥有至少 12 个月的运营资金。

（三）对申请人的人员配置要求

2 名符合要求的证监会负责人员（responsible officer），同时公司需要有一名合规主任（compliance officer）及投诉处理主任（compliant officer）。

公司管理层架构必须符合香港持牌金融公司的要求，就各个核心职能，指派一名合乎资格的管理人员（manager-in-charge）。其主要有八大核心职能：

（1）整体管治；

（2）关键业务线；

（3）运营控制及检讨；

（4）风险管理；

（5）财务和会计；

（6）信息技术；

（7）合规；

（8）反洗钱及打击恐怖主义融资。

以上人员根据职员素质可以兼任部分职位，但根据公司的管治方式，一般角色冲突的岗位建议分别指派不同的人员（比如业务线和合规、反洗钱岗分开），避免公司的利益冲突和防火墙问题。同时，一般来说，运营交易平台的公司，还需要配备相应的客服人员。若平台是 24 小时不间断交易的话，还可能需要配置夜间及非工作日的客服人员。基于香港专业人员的薪资一般不菲，配置一个完整的合乎要求的管理和运营团队，需要不小的成本投入。

（四）对申请人的场地要求

持牌金融公司需要租用独立的办公场所，场所需要有清晰的招牌及标识，不能误导客户。办公场所需要有独立分割的功能区划分，做合理的隔离。一般来说，前台人员的办公区和中后台人员的办公区域需要隔离，合规团队的办公区域和业务人员的办公区需要隔离。另外，公司需要有独立妥善存放客户资料的资料室，安全妥当地保管客户的资料（一般来说与客户有关的资料需要保存至少 7 年，电话录音资料需要保存至少 6 个月），以备监管部门调查取阅。

（五）对申请人的设备要求

办公室需要准备合理的安防设备，录音电话，独立网络等。其中安防、网络和机房等设备管理，需要有书面的管理政策并有效实施，防止网络入侵，确保公司及客户的资料和财产安全。

（六）对申请人的证券代币要求

交易平台必须上线至少一个带证券性质的虚拟资产，也即证券代币。交易平台同时需要就每一个虚拟资产的上线做严格把关，包括：①对该代币项目的管理和技术团队做背景调查；②该代币是否被其他国家或地区的政府监管；③总量、市场供应量、流动性、交易过往记录（如有）；④该代币项目在技术上的特性；⑤项目的未来发展方向等做严格审查，并做到审核的公正、公开和透明。

（七）申请人必须购买的保险

HKSFC 要求持牌虚拟资产交易平台为其客户的虚拟资产购买必要的保险。就客户的虚拟资产，HKSFC 要求其至少 95% 必须存放于冷钱包中，而存放于冷钱包中的虚拟资产需要绝大部分（98%）被保险保障。平台运营方需要为平台的虚拟资产购买足额的保险，以充分保障投资人的资产安全。

（八）对申请人可以服务的客户要求

客户必须是专业投资者。专业投资者的定义在香港证券与期货条例中有明确定义，一般来说对于个人（自然人）需要满足金融资产不低于 800 万港元的基本要求。

（九）对客户的合适性测试

交易平台需要对客户做必要的"了解您的客户"（KYC）的义务。在给平台客户做
KYC 的过程中，平台需要审核客户是否满足专业投资者的要求。同时平台还需对客户做一
个基本的风险判定，判定客户为高风险客户、中风险客户或低风险客户。针对不同风险级
别的客户，平台需要制定相应的书面政策去跟踪了解客户的交易行为，并定期对客户进行
风险评估。在交易产品的合适性问题上，平台需要以问卷形式调查客户，以确定：①客户
是否在过去三年有五笔或以上的虚拟资产交易经验；②客户当前从事的或过去工作经历中，
有无和虚拟资产交易相关的工作；③客户是否参加过虚拟资产相关的知识培训等产品合适
性评估。若客户未有以上相关经验或经历，则平台需要给客户做一定的知识培训；

（十）对申请人的限制：不可提供融资借贷等形式的任何杠杆业务

由于虚拟资产价格的波动性较大，鉴于交易虚拟资产本身是一件风险较高的投资，
HKSFC 要求交易平台不可提供任何形式的杠杆业务（如融资借贷、期货交易、合约或衍生
品交易等）。

（十一）对申请人的反洗钱及打击恐怖主义融资要求

交易平台必须有足够的反洗钱措施，以防止客户的洗钱行为，并打击恐怖主义融资。
交易平台必须设立反洗钱主任，制定公司的反洗钱和打击恐怖主义融资的相关书面政策，
并就有关的客户反洗钱行为和恐怖主义融资行为（如有），独立地报告给香港相关的政府
机构。

（十二）申请人的自营交易限制

交易平台不可以有自营交易。

（十三）对申请人客户资产的保管要求

交易平台需要将客户的资产托管到其旗下的一间持牌信托公司下面托管。交易平台需
事先成立一家全资子公司，并以该子公司申请一张由香港地区公司秘书处颁发的"信托与
公司服务"牌照，然后将平台所有的客户资产，托管到该信托持牌主体下面。

（十四）对申请人的持续财务汇报责任要求

交易平台需要每月向 SFC 报告期财政资源的变动情况，即 FRR（financial resource re-
port），以便 SFC 及时了解交易平台的运作情况。一般来说，上一个自然月结束后 2 周内，
平台需要提交该 FRR 给 SFC。交易平台的年报，需要在首次发牌后的第 18 个月提交给
SFC，之后的年报需要在该会计年度结束后 4 个月内呈报给 SFC。除此之外，SFC 可以随时
要求交易平台提供财务报表，以便不时监察平台的运营情况。

三、申请方法、步骤和时间

（一）申请方法

虚拟资产交易平台的牌照申请方法，和 HKSFC 的其他牌照申请办法及流程并无太大的不同。一般都是透过公司指定的负责人员或合规主任来负责申请牌照。当然也有相当多的牌照公司是聘用外部合规顾问公司或律师来帮忙处理牌照申请事宜。虚拟资产交易平台牌照比较创新，很多市场上的第三方顾问公司也并不清楚里面的申请细则及要求，目前行业也并无先例可循。所以各家也都是根据自身的情况，采取最优的方式来搭建牌照申请团队。需要注意的是，整个申请材料，除极个别的技术文档外，都需要用英文撰写。

（二）申请步骤

向 HKSFC 申请虚拟资产交易平台牌照的申请步骤如下：

（1）聘任合适人员，搭建牌照申请团队；

（2）填写申请表格，及撰写商业计划书；

（3）多轮回答 HKSFC 的问询和疑虑；

（4）HKSFC 发放有条件限制的牌照；

（5）运营方彻底满足 HKSFC 的牌照要求，申请处理牌照上的限制条件；

（6）获得正式牌照。

（三）申请流程持续的时间

整个申请流程一般预期是 6~9 个月。但是正如所有的牌照申请一样，这个流程完全取决于 HKSFC。

结语：

尽管 HKSFC 的虚拟资产交易平台牌照要求比较严格，对平台运营方提出了较高的门槛。

但是基于未来虚拟资产发展的巨大潜力，以及中国香港的金融中心的领导地位，同时中国香港又是粤港澳大湾区的金融领头羊，大湾区及整个亚太地区项目众多，未来以虚拟资产作为融资和交易途径的项目也会越来越多。HKSFC 的合规监管，会让整个虚拟资产交易平台变得合规、有序、安全，也给投资人尤其是主流投资人极大的入场信心。未来会有越来越多的人加入 HKSFC 虚拟资产交易平台的这张牌照申请中来。　　（作者：干立青[1]）

读者需要留意的是，本文仅代表作者根据 HKSFC 的公开资料做出的研读，不代表任何机构和个人的观点，更不代表 HKSFC 的观点和看法，论述也仅供读者做简要参考，不构成任何投资建议。其中若有错误疏漏之处，敬请指出。

---

[1] 干立青，博士，GlobalSTOX COO 和 HKBA 共同主席，拥有丰富的虚拟资产交易平台设计及合规管理事务经验，曾任中泰国际金融科技部副主管，香港理工大学博士。

◆虚拟资产管理能否规避反洗钱与客户识别

在传统资产管理行业中，对潜在客户和交易对手进行身份识别（KYC）以及反洗钱（AML）尽职调查，是给客户开户或是与交易对手进行交易前的指定动作。

然而在虚拟资产管理中，由于加密货币的去中心化特点，KYC 与 AML 将会面临较为尴尬的局面。究竟是否需要对客户及交易对手进行 KYC 和 AML，各国的政策指引如何，是虚拟资产管理人员应掌握的内容。

一、KYC 和 AML 在虚拟资产管理行业里的作用

加密货币和数字资产为当今世界提供了一种全新的价值思考方式。简单来说，在这些以区块链分布式账本为基础的虚拟资产世界里，没有像中央银行那样的货币发行机构，也没有中心化的证券监管机构。然而，借鉴传统中心化的金融机构业务模式，遵守那些没有争议、长期运行的反洗钱和了解客户（KYC）协议，在虚拟资管领域也同样重要，这也是目前防止犯罪的最有效方式（尽管它有时也饱受争议）。

（一）匿名未必能保护投资者

除了打击洗钱，KYC/AML 协议还有助于打击非法毒品交易、终止恐怖主义融资和预防贩毒。当然，这样的措施会引起虚拟资产领域的一些抵制，因为许多早期加密货币的使用者，坚信完全匿名才是区块链世界里的一项基本原则。

虽然绝对匿名在理论上对某些人具有吸引力，但它会带来许多麻烦。当加密货币交易所遭到黑客攻击时，匿名的特性会保护犯罪者。例如，当 Mt. Gox 交易所在 2014 年遭到黑客攻击时，数亿美元的"损失"资金可以追溯到账户，但这些账户无法与个人关联。不仅如此，匿名还可以让罪犯进行洗钱，同时也会让操纵价格变得简单很多。从某种意义上来说，匿名的特性助长了一些犯罪行为，同时也降低了加密货币成为稳定价值储存手段的可能性。

如果是个人投资加密货币，KYC/AML 可能并非要点。但作为虚拟资产管理从业人员，首要秉持的应该是对客户的诚信。如果连客户和交易对手是谁都不知道，又如何秉持诚信？

（二）KYC/AML 让大机构放心入场

从某种角度来看，KYC 和 AML 并不会破坏区块链的"去中心化"特点。相反，两者有可能通过激发大众对网络的更大信心和鼓励大众更多参与区块链技术，促使更多的中心权力下放。

区块链社区有可能对此观点有不同看法，但如果这个问题可以达成普遍共识，那么大型金融机构或许也会进入虚拟资产管理市场。大型银行和金融公司可能会投资波动性较大的虚拟资产，但它们不愿意因此背负法律风险。而 KYC 和 AML 为这些机构的进场扫清了实

质性障碍，从而有望给区块链技术带来更大、更安全的投资来源。

目前全球约有一半人口使用银行服务，随着发展中经济体走上世界舞台，银行用户的数量只会增加。随着全球化进程的推进，这些新增的银行用户将跨越大洋和国界，进一步增加本已很高的汇款和国际汇款需求。AML 和 KYC 协议可以促使银行更稳健地投资加密货币，并鼓励他们的客户也这样做，从而向全球半数人口开放投资数字货币的机会通道。

即使是没有银行账户的人也可能从中受益：银行参与数字货币将为数字货币的交易带来更强大的基础设施和更易于访问的接口。只要有手机和互联网，许多没有银行账户的人也可以获得首次投资资格，并搭建属于个人的金融信誉。

二、全球反洗钱监管概况

（一）反洗钱金融行动特别工作组公布虚拟货币指南

反洗钱金融行动特别工作组（FATF）在 2019 年 6 月发布了最新的虚拟货币指南。该指南将帮助世界各国和虚拟资产服务提供商（VASP）了解其反洗钱和反恐融资（AML/CFT）的义务，并有效地实施。

FATF 要求，各国评估和缓解与虚拟资产金融活动提供者有关的风险；对于 VASP 需要采取许可或注册制，并使其受到本国主管部门的监督；VASP 应遵守与传统金融机构相同的相关措施。这一指南的发布，说明在全球范围内，越来越倾向于把虚拟货币当成具有典型金融属性的虚拟资产。

在最新的虚拟货币指南中，颇有争议的当属旅行规则（travel rule）：要求 VASP（包括虚拟货币交易所和钱包提供商）在每次进行资金转移时，彼此共享用户信息（包括发件人和收件人的姓名，地理位置和账户信息等）。

该指南来自 FATF 对虚拟货币领域的观察，即"犯罪和恐怖分子滥用虚拟资产的威胁"有可能发展成严重的全球性问题。该指南旨在防止恐怖分子和洗钱者使用虚拟货币绕过现有的监管和制裁措施。它将给 FATF 的成员 12 个月的时间来采纳指南。

虚拟资产本身具有跨区域性，链上交易实际上是无国界的，这对单一国家监管带来了很大挑战，这也是联合监管出台的根本原因。各国政策发展水平参差不齐，所以 FATF 牵头的跨国联合监管很重要。

虽然 FATF 的指南不具有法律约束力，并为当局提供了一些将新标准解读为本地法律的空间，但是有严重分歧或拒绝遵守规则的国家将被列入黑名单，有可能使它们脱离重要的投资关系和全球贸易往来。尽管并非每个国家都是 FATF 的成员，但将其列入黑名单会对各国产生重大后果，因此各国都希望可以避免此事的发生。

在 2020 年 2 月召开的 G20 财长峰会上，20 国财长和央行行长就诸多热点问题进行讨论。会议结束后，由 20 国财长和银行行长组成的集团发表联合公报，其中关于加密货币的声明为：在 2019 年《二十国集团领导人大阪峰会宣言》的基础上，敦促各国对虚拟资产和相关服务提供商实施最近通过的 FATF 标准。

（二）美国对 FATF 指南的配合

美国一直是实施 AML 政策的最强支持者之一。美国政府将严格执行与 FATF 指南类似的加密货币规则，要求共享客户信息，打击洗钱活动，保护美国金融系统不被非法分子使用。

Travel Rule 最早由金融犯罪执行网络（FinCEN）于 1996 年发布，作为 AML 标准的一部分。美国根据反洗钱法——《银行保密法》（BSA）制定了 FATF 指南的概念。2013 年，FinCEN 决定将 BSA 应用于加密货币行业。FinCEN 确认了 BSA 的 Travel Rule 的适用，在 2019 年发布了 VASPs 指南。

（三）欧洲配合 FATF 的"旅行规则"

2020 年 1 月，瑞士金融市场监督管理局将身份不明的加密货币交易所的交易门槛从 5 000 美元（5 000 瑞士法郎）降低至 1 000 美元（1 000 瑞士法郎）。新的《金融服务法》符合 FATF 的 Travel Rule 门槛，旨在降低加密货币市场中洗钱的风险。

欧盟第五项反洗钱指令（5AMLD）要求交易所在当地监管机构进行注册并证明其合规性，该指令于 2020 年 1 月生效。这些指令建议采取类似于 FATF 的 Travel Rule 的措施。

（四）亚洲对 FATF 的配合

在亚洲地区，为加强 AML/CFT 的监管，中国香港地区拟将加密货币服务提供商等纳入监管框架。

日本、韩国和新加坡采纳了 FATF 指南，迫使加密货币服务提供商遵守新的 AML 框架。2020 年 1 月底，新加坡宣布了其《2019 年支付服务法案》（PSA）。与欧盟的 5AMLD 定义不同，PSA 要求数字支付代币（DPT）服务（包括买卖加密货币的业务和交易所）遵守可用于 FATF 的 AML 规则。根据 FATF 指南，新加坡将 Travel Rule 的门槛定在 1 000 美元左右（合 1 500 新加坡元）。

尽管各国加密货币服务提供商都试图配合 FATF 的规则，但仍然有加密货币的投资者认为，加强监管为去中心化的世界蒙上了一层阴影。对于某些加密货币爱好者和隐私权主义者来说，加密货币的本质是允许用户匿名和不受监管。FATF 指南完全与早期加密货币采用的去中心化和匿名性核心原则相抵触。

如果考虑到不法分子也会利用去中心化的原则，网络犯罪和缺乏安全性则对于加密货币相关的机构以及希望进入加密货币的普通消费者构成威胁。

三、新加坡金融管理局的 KYC/AML 措施

新加坡政府除了满足 FATF 的指南之外，为了进一步加强数字货币及支付业务领域的 AML/CFT 监管，新加坡金融管理局（MAS）还发布了一些咨询文件，内容涉及 PSA 中 AML/CFT 及其他事项的拟议修正案。

MAS 还在 2019 年发表了一份咨询文件，提议允许支付代币衍生品在认可的交易所进行交易，并根据《证券和期货法》对交易活动进行监管。

PSA 于 2020 年 1 月 28 日开始实施，将 AML/CFT 措施适用于所有三类支付服务提供商：货币兑换牌照、标准支付机构牌照和大型支付机构牌照。

（1）货币兑换牌照。仅限于货币兑换服务，因业务商业规模较小，涉及的风险也较低，因此该牌照的监管范围也较小。

（2）标准支付机构牌照。监管 7 种服务（开户、境内转账、跨境汇款、商业采购、电子支付、DPT、货币兑换）任意组合而成的商业机构，但对支付或转账额度上限有要求，由于额度较小，这一牌照的申请要求也较低。

（3）大型支付机构牌照。监管超过标准支付机构牌照所设额度的所有业务。因涉及的金额更大、风险更高，牌照审批要求也更严格，监管范围也更广。

MAS 监管的 7 种服务所涉及风险有：洗钱及恐怖主义融资，因破产导致顾客或商家的财产损失，碎片化和互相操作性的限制，科技及网络风险。其中洗钱及恐怖主义融资和科技及网络风险是监管关注的重点。

由于以前新加坡的法案并不监管境内转账、商业采购及 DPT 这三项业务，因而，新修订的 PSA 会很好地填补这一空缺，并更好地规范行业操作。这项法案让新加坡成为对数字货币业务有明确监管的国家。这一新法案下，所有数字货币交易所、钱包以及场外交易（OTC）平台都属于数字支付相关服务提供商，必须满足相关 AML/CFT 的规定，并申请相应牌照以合规化运营。

新加坡的新框架与 FATF 指南保持一致。MAS 认为，由于 DPT 交易的匿名性，快速性和跨境性，它们具有较高的洗钱和恐怖主义融资风险。

此外，MAS 根据商业模式简化了国家之间、实体之间的交易"经纪"业务，此类业务并未实际接受或接收任何转移资金，因此扩大了跨境服务监管范围。

在新加坡，为了解决 AML/CFT 风险，MAS 建议扩大 PSA 的监管范围，使其包括其他数字代币服务提供商的活动：比如 DPT 的转移服务或者托管 DPT 钱包服务，恐怖分子和洗钱者可能会将 DPT 转移或挪用为非法资产收益。

因此，MAS 将扩大 DPT 服务的定义，使其包括接受 DPT 的任何服务，即将其转移到另一个地址或账户，或安排这种转移的服务提供商，无论是位于在新加坡境内还是境外，并且要求这些 DPT 服务提供商采用 AML/CFT 的措施，以缓解 DPT 服务带来的 AML/CFT 风险。

MAS 要求 DPT 服务提供商采取强有力的措施，以检测和阻止通过新加坡金融系统的非法资金流。此类控制措施包括金融机构需要识别和认识其客户（包括实际收益拥有人），进行定期账户审查以及监视和报告任何可疑交易。可以在 MAS 的《通知 PSN02 预防洗钱和打击恐怖主义融资——数字支付代币服务》中找到针对 DPT 服务提供商的 AML/CFT 要求，其中包括：

（1）风险评估和风险缓解；

（2）客户尽职调查；

（3）依赖第三方；

（4）账户和转移；

（5）保持记录；

（6）提交可疑交易报告；

（7）内部政策、合规、审计和培训。

四、总结

从各国监管当局针对加密货币的 AML/CFT 的措施中，我们可以看出当局在努力为全球数字资产和加密货币市场带来法律确定性和信心。只有在合规监管的框架下，数字资产和加密货币的使用以及流通才能够获得大范围的普及，金融生态系统才会得到健康发展，否则金融创新将仅仅会被用于非法活动和灰色地带。　　　　　　　　　　　　（作者：张峻铭，兰澄澄）

第七章

新金融的未来发展分析

本章以启发性思考结尾，对通证经济和数字资产的未来，以及它们对于人类社会生产关系的进一步促进进行深刻思考。

◆数字资产、通证经济与投资者权益的经济学思考

投资者买债券时获得债权，买股票时获得公司分红权与投票权。那么投资数字资产的时候，能获得什么权益呢？

在从事数字资产投资之前，投资者最好先思考一下上述问题。实际上，数字资产是处于一个通证经济之中，这个通证经济有自己的范畴，有时也可以称为币圈，但它又不局限于此，因为通证经济与国民经济的其他领域又会有所交叉。所以，投资数字资产所能获得的权益，与通证经济以及国民经济之下的权益息息相关。

一、通证经济的来源

（一）"通证"一词的解释

要了解这些权益，我们首先要理解，通证经济从何而来。这个问题就好比区块链从何而来。追本溯源，世上本没有"区块链"，而是研究比特币的技术人员在研究比特币的过程中将其技术里"块"+"链"的结构加以提炼，从而造就了"Blockchain"（区块链）这样一个名词。

而"通证"则是对应于区块链技术衍生出来的"Token"一词，以意译和音译相结合，由中国最大的IT社区和服务平台（Chinese Software Developer Network，CSDN）副总裁孟岩先生提出的一个中文名称。

除了通证之外，"Token"一词其实也有其他多种中文翻译。比如有中文翻译为"代币"，但笔者感觉这样的称呼容易让不了解比特币以及其他币的人感到莫名其妙。因为其中的"代"字，其含义很模糊，而"币"字，则又与货币联系紧密，有可能令人误会。相对而言，"通证"的译法，显得更形象，可以理解为进入某一领域或者使用某些服务而使用的通行证明，如图7-1所示。

简单地讲，一个通证可以被赋予一种或多种权利。如果把比特币理解为一个全球覆盖的支付系统，那么"比特币"这个"通证"被赋予的权利就是对这个支付系统的使用权，因为每次发生转移支付时，支付方都需要付给矿工一点比特币，作为结算的酬劳。

再举一个例子，以太坊（Ethereum）的目标是成为全球最大的开放式计算机系统，以

图 7-1　通证的含义

太坊的通证 ETH，其所代表的本质是对以太坊计算系统的使用权，每调用一次以太坊网络来执行代码，就要消耗一定数量的 ETH。

（二）通证经济的需求之源

那么为什么这些开放的系统需要通证呢？答案是我们这个经济社会发展的驱动力——"利益"二字。

人都是趋利的，作为一个开放的系统，如何吸引别人来提供资源，如何吸引别人来用，这都涉及如何"激励"的问题。一个系统开放，意味着"好人"和"坏人"都可以进来，那么就要使用一些手段让那些企图攻击系统的人受到"惩罚"，或者让那些想作弊的人付出的成本大于其获取的收益。

一个好的社会制度可以让"坏人"变成"好人"，而一个坏的社会制度可以让"好人"变成"坏人"。当一个系统中的"激励"与"惩罚"都与通证相结合时，我们所说的"通证经济"（Token Economy）也就应运而生。

为了更深一层地理解通证经济，这里首先抛出一个由马克思《资本论》演化而来的形象对比，那就是人工智能可以提升生产力，而区块链与通证经济则可以改变生产关系。

现代社会的生产关系是，雇主通过购买设备和聘请人员来生产产品或提供服务，所得的收入归雇主所有。而通证经济中的生产关系则是，一个系统网络按照约定好的程序代码运行，利用通证来激励为网络提供各种资源的人，从而赋予这些人对网络的使用权。通证的持有人即是网络的所有者，通证使得生产者与消费者达到了统一。而该系统依然满足互联网的定律，即使用的人越多，网络的价值越大。在这样一套正向循环的过程中，网络价值与个人价值也通过通证绑定到了一起。

这里以 Facebook 为一个反例，以便大家理解其中的区别。Facebook 自己不创造任何内容，而是利用全球 24 亿人上传的个人信息从中获利。其所得利润与这些内容的创造者没有一点关系，而是被分配给了公司的股东。假如有一个与 Facebook 相同的系统，这个系统在收入分配时，是按照每个人对这个系统所做出的贡献而分配的，那么用户是会选择哪个呢？

现实也是如此，Facebook 是全球推进通证最激进的互联网巨头。它在 2019 年上半年宣布了一个叫 Libra 的通证项目，虽然其通证现阶段只是与一篮子法定货币锚定，或者与单一法定货币挂钩，但也是巨头能迈开步子走阻力最小的一步了。

二、数字资产的赋权

（一）常见的通证赋权

通过上面的解释，投资者应该明白，通证按照不同的激励形式设定，可以对应到当今社会中的不同权利之中，一个通证可以同时拥有多种权利，如图 7-2 所示。

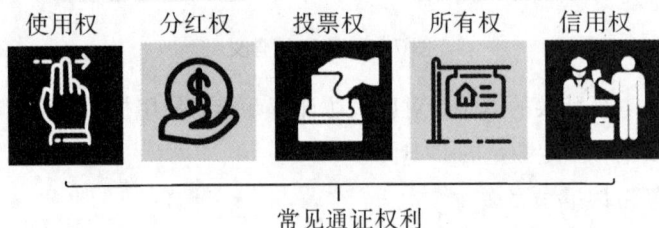

图 7-2　常见的通证权利

常见的通证权利包括：

（1）使用权。使用通证即可享用系统的服务，服务程度不同，可能会存在优先权。例如，比特币系统中愿意支付更高交易手续费的用户，其支付将被系统优先确认。

（2）分红权。系统如果能对外创收，那么收入可以被分配给所有通证的持有人。例如：币安交易所发行的平台通证 BNB，其中就约束了会将交易所每个季度净利润的 20% 用于回购 BNB，来间接分红给 BNB 的持有人（这里与股权相似）。

（3）投票权。某些系统会将系统发展的重要决策通过链上治理的形式让渡给所有通证的持有人。例如系统的一些重大升级，所有的通证持有人可以公投是同意或者拒绝（类似于股权）。

（4）所有权。这类系统有一个更细致描述的单词叫"Tokenization"。它往往是利用现有法律与智能合约的共同约束，将某个资产的所有权使用通证来切割，背后的原理与资产证券化"Securitization"一致，是将单一的大额资产进行切割，以便一般的公众有购买力来持有。黄金、房地产，甚至股票这些资产都有项目方在进行通证化的尝试。

（5）信用权。流通性好的通证，例如比特币和以太坊，已经有了市场定价。当这些通证被作为抵押物锁定在智能合约中时，其可以作为信用的证明，为这些个人提供相应的信用证明。

（二）数字资产中的权利与价格

在经济社会中，人的权利往往都是可以被定价的。当人类赋予通证权利时，通证也就产生了价值。

以这种视角来看比特币，其价值也就容易理解了：假如一个公司可以帮全球的人实现价值的快速转移支付，这个公司值 2 000 亿美元，是不是很合理？如果你对 2 000 亿美元没有概念，那么想一下蚂蚁金服，它也只是主要做了面向中国人的支付系统，现在的价值也已经超过 2 000 亿美元。当然，这里的模拟并不严谨，只是让大家有一个直观的感受。

在一个区块链项目的实际运营中，通证可以从项目的发起、运营、宣传、推荐、法律顾问、审计服务、融资扩张、再到上市流通的各个环节进行激励。虽然这些通证直接对应的权利还是使用权，但最终在被激励者看来，对应的还是股权、期权和交易权。例如，优质的项目方以通证来支付给律师和审计相应的服务费用，律师和审计往往将拿到的这些通证通过交易所卖出，换回法定货币。而在项目发起时，创始团队会自己持有部分的通证，类似于一个计划上市公司的股票期权。

（作者：陈文昊[①]）

◆数字代币如何重构生产关系

经历了 2017 年数字代币金融市场的牛市后，更多人知道了区块链、比特币，市场也出现了底层链技术团队、交易所、资本等区块链的行业生态，但 2018 年熊市的到来，数字代币金融市场的泡沫破裂，让不少人把区块链又当成投机来看待。

新的技术从出现到应用，必然需要一个过程。2000 年互联网泡沫，在 10 年后的 2010 年 PC 互联网达到了一个巅峰；2010 年新兴的移动互联网，到 2020 年的现在依旧在高速发展。

2017 年开始吸引大众注意的区块链，也许也需要一个 10 年才能不断地探索和发展新的应用方向，而对生产关系的重构，是区块链技术对未来最有影响力的一方面。

一、区块链的技术本质

区块链是一项分布式数据库和程序的一项技术，一般把分布式数据库称作账本，把分

① 陈文昊，香港城市大学信息系统学硕士，现为香港环球证券通证有限公司（Global STOX Limited）业务拓展经理。他从 2017 年开始投资加密货币市场，曾任香港城市大学区块链商务创新研究中心项目经理，主要研究方向为区块链的经济模型、区块链通证经济设计和区块链行业。

布式运行的程序称作智能合约。采用分布式技术，解决了传统互联网单方对数据库、程序绝对掌控权的依赖；采用去中心化的方式，把权力按照算力（POW）、持有人（POS）、代理人（DPOS）等机制公开透明地分配给每个参与者。

二、区块链技术改变的底层逻辑

区块链的技术，实现了人类社会的信息承载、运行机制、信息传输的去中心化，由于这三个底层逻辑的改变，开启了产生新事物的序章。

区块链产生的第一个爆发性应用是比特币。比特币出现的前提，是因为区块链技术解决了货币中心化发行、通过互联网高效流转的问题。在 2008 年全球金融危机刚过去不久的背景下，社会迫切需要一种不受中心化团体控制又可以高效运行的货币体系，比特币正好在这种情况下产生。比特币的出现，代表着资产实现去中心化形式的存储和流转的可行性。

区块链第二个代表性的应用是以太坊，它是第一个图灵完备的区块链平台。以太坊的出现，让程序脱离团体控制的中心化服务器和作为公开源码方式的运行成为可能。

三、生产关系的演进

每一次生产关系的改变升级，背后都有生产力的跃进式发展，也代表着人类文明的再一次进步。从历史上看，人类社会的生产关系，依次从原始共产主义、奴隶制、封建制、资本主义、共产主义形式发展。

互联网的出现，让生产力以指数级增长成为常态：一名程序员写的软件，可以让超过百万人买单和使用；一位老师讲授的课程，可以同时让百万名用户使用和学习；一位艺人的才艺表演，可以让百万人同时观赏。生产力如此以指数级别提高，必然会带来生产关系的再次升级。

四、区块链如何重构生产关系

在互联网时代的生产体系中，生产角色，主要由生产者、消费者、平台拥有者、平台创造者组成。其中，平台是最有价值的生产数据，也是最能给资本带来整个生态价值的资产。互联网巨头的出现形式，代表着资本拥有平台的所有权，包含拥有平台的连接、数据、规则制定、利益分配、管理等权限。以资本团体拥有平台所有权的形式，必然会导致平台的垄断性、分配机制制定不平衡性和运行机制不公正性。

区块链技术的出现，让资产以去中心化的方式存储和流转成为可行，也让程序以去中心化的形式运行成为可能。互联网平台的收益权、所有权，除了被资本垄断，也可以以去中心化发行和分配的方式存在。其连接、运行机制、利益分配机制、运行规则和执行，也可以以公开代码的智能合约形式去执行。当然，作为平台的创造者，必须拥有合理的利益回馈机制才有持续的动力。

比特币平台的生产关系中，生产者是投入矿机、电力参与挖矿的矿工，获取的回报是按照公平的机制产出分配的比特币，消费者是比特币的购买者、用户，同时作为比特币的持有者，持有比特币就是持有比特币平台的所有权，也能同时享受比特币平台发展时资产上升的红利。而比特币的创造者，因为拥有足够多的比特币，也有足够的动力为比特币进行开发和维护升级。

以太坊平台的生产关系中，劳动生产者也是投入矿机、电力、网络资源参与挖矿的矿工，消费者是使用以太坊转账、创建智能合约运行的用户，以及购买和持有以太坊的用户。持有以太坊的用户，即是以太坊平台的拥有者，除了可以享受平台发展带来的投资收益，还可以拥有投票权以及未来 POS 实行时的新币产生的分红权。以太坊的开发团队，也就是平台的创造者和改进者，为生态作出相应的贡献时，可以得到以太坊基金会的奖励回报。

区块链对生产关系的重构，主要体现在平台拥有权、收益权的去中心化，平台生产奖励机制的完善，对平台消费者和参与者的奖励绑定，以及对平台创造和改进者的奖励等方面。

一个优秀的区块链项目和平台，一定拥有一个新的区块链的生产关系，即使创始人离开，也不影响其平台的发展和壮大。

五、未来区块链重构生产关系的发展

未来区块链会如何重构生产关系，目前业界都在兴奋且不安地进行各种猜测。我们从现有的一些行业进展，可以看到区块链正在对传统金融行业的生产关系产生影响。

币安交易所的 BNB，就是一个交易所的项目，它采用区块链的方式对平台生产关系进行改进，BNB 的持有者既可以用 BNB 当作手续费折扣，享受平台的产品服务，也可以成为平台发展的受益者，享受交易所手续费收入带来的投资收益。

新浪微博发布的社交 App "绿洲"，其平台采用中心化的方式开发，但是基于区块链技术，使用了数字代币 "水滴"，水滴的总量有限，其发行和分配是基于用户为平台贡献价值获得的奖励，虽然不是完全去中心化的生产方式，但是代表着互联网公司对区块链式的生产关系的一种尝试。

面对不断兴起和发展的去中心化和半中心化生产关系的区块链平台，会有越来越多的公司和团体尝试着用新的生产关系方式重构和推出产品。这些改进方式既可以是彻底的替代和实现完全的去中心化，也可以作为一种部分改进优化的形式和原先的资本所有制的生产关系并行存在。

（作者：张峻铭，李孟炫）

鸣 谢

奇点财经有限公司

奇点财经（www.sfl.global）是香港首个面向全球的多语种金融财经信息门户网站，创立于2018年的奇点财经已取得长足进步，得到世界各地金融领域专业人士的认可。目前已是中国海外最具影响力的金融科技资讯平台，同时也是香港期刊传媒公会（Hong Kong Magazine Media Society）创会期刊。

奇点财经采编团队拥有丰富的财经媒体经验，借助互联网科技手段，全天候报道全球宏观经济与金融市场信息，内容重点覆盖大中华经济圈、全球ESG投资、绿色金融、人工智能及区块链技术革命的信息。

奇点财经秉承独立客观的媒体立场，为广大读者用户传递真实、有用的行业信息，为用户的知识进步和财富积累而不断发展，提供最优质的产品体验。

奇点财经下设"奇点专栏"，重点推介全球财经领域顶级专家、学者及行业精英的重要观点，收获众多忠实受众，迅速扩大专栏作者的影响。

纵横资产管理有限公司

纵横资产管理有限公司（www.axiscm.com.hk）是香港历史悠久的资产管理公司之一，总部设在香港。公司持有香港证监会颁发的4号和9号牌照。

除了资产管理和投资研究业务外，公司近年来亦在发掘虚拟资产管理的商机。随着去中心化的数字金融模式的兴起，公司内部的投研团队已经先行对其投资模型、风险控制、交易执行进行系统性研发以及适应性应用。等待相关资产市场配备系统和合规成熟的时机，纵横资本集团能够因资产管理模式的升级，迅速地拓展并部署更高效、更优质、更稳健的投资战略。

优德宝商学院

优德宝商学院是优德宝国际控股集团专门为内部员工、代理商、加盟商、从商人士打造的一站式服务平台，从企业管理、人才管理、营销战略、传统文化四大模块全面培养出色的中国企业家，致力于帮助中国企业做大做强做长。

优德宝商学院的使命是为中国企业保驾护航，帮扶企业家成长，其愿景是成为中国企业的"黄埔军校"，为中国培育合格的企业家。商学院始终坚信"空谈误人误己，实干赚钱兴邦"，商学院会为企业家提供保姆级的商业服务，教授商业体系，提供合适舞台，对接商业资源，提供商业机会，让每一个毕业学员获得四个到——学到，悟到，做到，赚到。

◆专家撰稿人团队（按拼音顺序排名）

我们谨此感谢以下撰稿人的贡献：

安扬、陈万丰、陈文昊、陈宜飚、干立青、谷燕西、黄颖麟、黄宙有、蒋新、陆昱谦、兰澄澄、冷波、李孟炫、李桑桑、刘涛、吕尚西、潘致雄、齐宪威、王剑、王玥、吴建鑫、杨耀东、余刚、余沛恒、黄颖麟、袁惠邦、张峻铭、张明洋、朱虹桥。上述作者从各自行业及领域，为本书的成功出版付出了辛勤的努力，做出了重要的贡献。为了加快本书的出版与发行，各位作者均将（除署名权之外）著作权慷慨统一转授予本书的版权人。对此，谨对以上所有专家作者表示最诚挚的谢意！有关各位撰稿作者的信息，可参考相关章节的作者介绍。